중독 조절을 위한 독서치료

임성관·김은하·양경미·이현정

KB140579

임성관

2004년 2월에 휴독서치료연구소를 설립해 2020년 3월까지 소장으로 일했으며, 현재는 경기대학교 교육대학원 사서교육전공 조교수로 근무 중입니다. 더불어 휴독서치료연구소 고문, 한국독서교육연구학회 회장, 한국도서관협회 독서문화위원회 위원, 천안시공공도서관 및 작은도서관 운영위원회 위원, 국립어린이청소년도서관 도서관이야기 편집위원, 국방부 진중문고 분야별 외부 추천 전문가, 경기도교육청 사람 책, 법무부 소년보호위원, 문화체육관광부 및 한국예술인복지재단 인증 문학인으로도 활동하면서, 47편의 책과 72편의 논문을 발표하는 등 우리나라 독서문화진흥을 위해 다방면으로 노력하고 있습니다.

김은하

대학원 석사과정에서는 청소년상담을, 대학교에서는 국어국문학과 특수교육을 전공했습니다. 현재 휴독서치료연구소 연구원으로 활동 중이며, 아동, 청소년, 성인, 장애인, 물질중독자와 연계된 프로그램을 학교, 도서관, 군부대, 소년원 등에서 진행했습니다. 성남중앙도서관, 분당도서관, 인천마약퇴치운동본부, 성남시중독관리통합지원센터 등에서 독서치료, 미술치료, 푸드 아트와 관련된 프로그램을 운영하고 있습니다. 『청소년을 위한 독서치료 1, 2』와 『독서로 풀어가는 난독증 1』, 『우울 극복을 위한 독서치료』의 공저자이며, 『독서치료 프로그램이 지역아동센터 초등고학년의 스트레스 해소에 미치는 효과』논문도 있습니다.

이현정

대학원 석사과정에서 청소년교육전공을, 대학교에서는 유아교육과 청소년교육을 전공했습니다. 현재 휴독서치료연구소 연구원으로 활동하면서, 학교, 도서관, 정신건강증진센터 등에서 아동 및 청소년, 성인 정신 장애인들을 만나 독서심리상담, 푸드심리상담, 독서지도 프로그램 등을 운영하고 있습니다. 공저서로 『우울 극복을 위한 독서치료』가 있습니다.

양경미

대학에서는 중어중문학을 전공했으며, 현재 휴독서치료연구소 1급 독서심리상담사로 활동하고 있습니다. 주로 학교, 도서관, 복지관, 문화센터 등에서 독서 관련 프로그램을 운영하고 있으며, 『미디어의 쓸모』, 『그것은 행복의 손짓이었다』의 공저자입니다.

중독 조절을 위한
독서치료

임성관 · 김은하 · 이현정 · 양경미

Contents

들어가기 [6]

중독에 대한 이해와 독서치료 [8]

첫 번째 중독 [46]
초등 고학년의 인터넷·스마트 폰 과몰입 조절을 위한 독서치료 프로그램

두 번째 중독 [114]
도박 문제 청소년의 미래 설계를 돕기 위한 독서치료 프로그램

세 번째 중독 [184]
성인의 약물 중독 회복을 위한 독서치료 프로그램

네 번째 중독 [258]
노인의 알코올 중독 조절을 위한 12단계 독서치료 프로그램

나가기 [326]

중독 조절을 위한
독서치료

들어가기

"불행해서 중독되고, 중독되어 불행해진다."

이 문장은 2019년에 개봉했던 영화 '중독'의 메인 카피로, 김상철 감독은 중독의 문제는 개인의 건강이나 질환의 문제이기 이전에 우리 사회의 문제라고 말한다. 즉, 중독의 문제는 단지 치료가 어려운 질병의 문제가 아니며, 우리 사회에 숨겨져 있는 산업논리와 약자에 대한 강자의 일방성과도 맞닿아 있는 중요한 사회문제라는 것이다.

그러나 분명 중독은 개인의 문제다. 왜냐하면 분명 어떤 한 사람에게 발생된 중독의 문제는 가장 먼저 그 자신이 일상생활을 하지 못하게 만드는 등의 부정적 영향을 끼칠 것이기 때문이다. 그런데 개인의 문제였던 것이 점차 가족과 사회로 번져나가기 때문에, 결국 사회 전체의 문제가 될 수밖에 없다. 또한 역학관계를 따져보면 개인과 가정, 사회가 모두 결부되기 때문에 중독의 문제는 곧 사회문제라고 할 수 있는 것이다.

그렇다면 사람들은 무엇에 중독이 되어 있을까? 과거에는 주로 알코올이나 마약류와 같은 물질들을 습관적으로 사용하는 것만을 중독이라고 여겼으나, 점차 그 종류 또한 다양해졌다. 그 예로는 알코올 중독, 약물(마약) 중독, 흡연 중독, 도박 중독, 일 중독, 섹스 중독, 종교 중독, 수집 중독, 정치 중독, 쇼핑 중독, 게임 중독, 인터넷 중독, 투자 중독, 스마트폰 중독 등이 있는데, 이런 양상들은 '물질 중독'과 '행위 중독'으로 구분할 수 있다. 즉, 중독 상태인 사람들은 어떤 물질이나 행동에 과하게 몰입되어 있는 상태라는 것이다. 물론 자신이 좋아하는 것을 알고 있다는 것, 나아가 그것을 계속 추구하고 있다는 점은 긍정적으로 해석할 수도 있다. 그러나 일은 물론 사람들과의 관계마저 끊어지게 만들고, 최종적으로는 그 물질이나 행위와의 연계만 남기 때문에 문제가 되는 것이다.

이어서 중독은 접촉 기간이나 발생 경과에 따라 '만성 중독'과 '급성 중독'으로도 나눌 수 있다. 만성 중독은 각성제나 마약, 시너, 알코올, 납, 수은 등과의 관계가 오랜 시간 동안 지속되어 어느새 익숙해져 버린 상태로, 증세도 급격히 심각해지지 않지만 쉽게 낫지 않는다. 또한 급성 중독에는 수면제, 농약, 연탄가스 중독 등이 포함되는데, 증세가 갑자기 빠르게 진행되는 성질이 있어서 경우에 따라서는 사망에 이르기도 한다.

정리를 하자면 중독은 '물질'과 '행위', '만성'과 '급성' 등으로 구분 지을 수 있는데, 그밖에도 다양성을 추구하는 현대인들이 무엇엔가 '홀릭(holic)이 되었다'거나 '매니아(mania)가 되었다'라는 용어들을 자주 사용하고 있기 때문에, 중독의 요소는 점점 증가하고 있다고 해야 할 것이다.

잉글랜드의 학자이자 설교가였던 토마스 풀러(Thomas Fuller)는 "바다에 빠져 죽은 사람보다 술에 빠져 죽은 사람이 더 많다."는 말을 남겼다. 이는 그만큼 우리 주변에 중독 상태인 사람들이 많다는 의미로, 왜 그렇게 많은 사람들이 중독 상황에 빠질 수밖에 없었는지, 그렇다면 그에 대한 예방과 치료는 어떻게 이루어져야 하는지에 대해 생각해 보게 만든다.

이 책은 '애도', '우울', '관계', '자살'로 이어진 '주제별 독서치료 시리즈' 다섯 번째 권으로 '중독'을 주제로 하고 있다. 문학작품의 힘과 치료 장면에서 이루어지는 상호작용들이, 중독자들의 삶에 조절과 균형 잡힌 생활을 위한 마중물이 되기를 바란다.

2022년 12월
균형 잡힌 삶을 생각하며

| 중독에 대한 이해와 독서치료 |

1. 중독의 개념

21세기 현대에 들어와서 자본주의와 신자유주의의 창궐, 인공지공(AI)의 인간 대체 문제 등이 떠오르면서, 인간은 근원적이며 존재적인 불안의 문제로 위협을 받고 있다.[1] 빅터 프랭클(Victor Frankl)[2]은 이미 20세기 중반에 현대 사회에서의 집단 노이로제 현상으로 '실존적 공허'의 만연과 이로 인한 우울, 중독 등의 증가를 경고한 바 있다.

그래서인지 요즘은 '중독'이라는 말을 흔하게 듣는다. 매일 커피를 마시지 않으면 하루를 시작할 수 없는 경우 '커피에 중독되었다'라고 하고, 하루라도 운동을 하지 않으면 큰 일이 벌어질 것처럼 운동에 집착하는 사람을 향해 '운동에 중독되었다'라고 한다. 여기서 중독의 의미는 단순히 자주 사용한다는 반복의 의미 또는 정도에 지나친 어떤 행동을 의미한다고 볼 수 있다. 사실, 이러한 중독의 의미는 우리가 학문적 차원 혹은 '중독'을 중독성 질환으로 접근할 때와 다소 차이가 있는데, 학문적으로 중독을 정의내리는 것은 연구자마다 강조하는 점이 달라 한 가지로 정의되지 않는다.[3]

중독은 역사적 문헌에 오래 전부터 기술되었고 정신과 임상에서 주된 전문 분야 중 하나이지만, 중독이라는 현상이 질환으로 간주된 역사는 비교적 짧다.[4]

---

1) 구민준. 2021. 『중독의 상보적 통합 치유 모델 연구』. 박사학위논문. 서울불교대학원대학교 심신통합치유학과 심신치유교육학전공. p. 1.

2) Frankl, V. E. 2004. *Man's Search for Meaning*. London: Rider. p. 111.

3) 최삼욱. 2014. 『행위중독』. 서울: 문성인쇄.

4) 박서연·강웅구. 2014. 중독이란 무엇인가 II : 병태생리를 넘어서. 『J Korean Academy of Addiction

포털 사이트 Daum[5]에서 '중독'을 검색하면, '술이나 마약 따위를 계속적으로 지나치게 복용하여 그것이 없이는 생활이나 활동을 하지 못하는 상태'라는 정의와 함께, 영어 단어로는 'addiction', 'addicted', 'poisoning', 'intoxication', 'addictive' 등으로 표현할 수 있다고 알려준다.

그런데 그 중 'intoxication'은 "외부로부터 물질(알코올, 약물 등)을 섭취한 결과로써 도취된 상태의 뜻으로, 결과적으로 나타나는 행동은 일시적 황홀감, 불분명한 발음과 운동 기능의 손상부터 비효율적인 수행, 판단 불능, 사회적 기능 저하 등 부적응 행동이다."[6]라는 뜻을 갖고 있다. 또한 'addiction'은 "인터넷 중독, 게임 중독, 도박 중독, 섹스 중독과 같이 갈망이 생겨 반복적으로 약물을 투여하거나, 그것에 생물학적인 의존을 하고 행동을 하는 중독으로, 이것은 '탐닉', '열중'이라는 뜻"[7]을 담고 있다. 여기서 'addiction'의 라틴어 어원은 'addicene'로, 이 말의 의미는 "양도하거나 굴복하는 것"을 뜻한다. 고대 로마의 법정에서 중독자(addict)는 잡혀서 감금된 노예나 주인에게 넘겨진 사람을 의미했다. 노예는 어떤 사물들에 대한 소유권을 잃어버린 사람이 아니라, 자기 자신에 대한 소유권을 상실한 사람들이다.[8]

이어서 메리암 웹스터 사전[9]의 정의에 따르면, 중독(addiction)은 "신체적, 심리적 또는 사회적으로 해로운 영향을 끼치고, 금단이나 금욕 시 일반적으로 잘 정의된 명확한 증상(불안, 자극성, 떨림 또는 메스꺼움 등)을 유발하는 습관성 물질, 행동 또는 활동에

Psychiatry』, 18(2): 47-52.

5) Daum. 2021. 출처: https://search.daum.net/search?w=tot&DA=YZR&t__nil_searchbox=btn&sug=&sugo=&sq=&o=&q=%EC%A4%91%EB%8F%85

6) 서강훈. 2013. 『사회복지 용어사전』. 파주: 이담북스.

7) 두산동아 편집부. 1998. 『동아 신콘사이스 영영한사전』. 서울: 두산동아.

8) 김병오. 2003. 『중독을 치유하는 영성』. 서울: 이레서원. p. 15.

9) 메이람 웹스터 사전. 2021. 출처: https://www.merriam-webster.com/dictionary/addiction.

대한 강박적, 만성적, 생리학적 또는 심리적 욕구"이다.

또한 뉴에이스 국어사전에서는 중독을 "독성이 있는 물질을 먹거나 들어 마시거나 접촉하여 목숨이 위험하게 되거나 병적 증상을 나타내는 것, 술, 아편, 담배 등을 반복적으로 즐겨, 그것을 피우거나 마시거나 맞거나 하지 않으면 신체적, 정신적으로 정상적 상태를 갖지 못하게 되는 것"[10]으로 정의하고 있다.

다음으로 미국중독의학회(The American Society of Addiction Medicine)의 2011년 정의에 따르면, 중독이란 뇌의 보상, 동기, 기억과 관련된 신경회로의 일차적인 만성 질환으로, 이러한 회로의 기능 이상으로 인해 발생하는 특징적인 생물학적, 생리학적, 사회적, 정신적인 발현이 나타나게 되며, 물질 사용이나 행위를 통해 병적으로 보상을 추구하는 것이라고 하였다.[11]

이어서 미국정신의학협회(American Psychiatric Association)는 행위 중독 개념을 수용하여 2013년 5월 발표한 정신 질환의 진단 및 통계 편람 제5판(Diagnostic and Statistical Manual of mental disorders 5th edition)에서, '물질 관련 장애(Substance Related Disorders)'를 '물질 사용 및 중독 장애(Substance Use and Addictive Disorders)'로 재명명하고 '비물질관련장애(Non-Substance-Related Disorders)'의 하위 항목을 새롭게 만들었으며, 이전의 '병적 도박(Pathological Gambling)'을 '도박 장애(Gambling Disorder)'라는 이름으로 이 새로운 하위 항목에 포함시켰고, '행위 중독(Behavioral Addictions)'을 뇌의 보상 체계를 활성화하는 반복적인 과도한 행동 패턴으로 기술하였다.[12]

---

10) 금성출판사 사서부. 2003. 『뉴에이스 국어사전』. 서울: 금성출판사.

11) American Society of Addiction Medicine. Public Policy Statement : Definition of Addiction [Internet]. Available from: http://www.asam.org/for-the-public/definition-of-addiction.

12) American Psychiatric Association. 2013. *Diagnosric and Statistical Manual of Mental Disordesr*. 5th ed. Arlington, VA: American Psychiatric Publishing.

마지막으로 중독에 대한 학자들의 정의를 살펴보면, 먼저 Anne Wilson Schaef(1986)[13]는 중독 과정을 "점진적으로 죽음으로 향하는 과정"이라고 했다. 왜냐하면 중독은 처음에 어떤 행동을 호기심으로 시작하여 점점 준비된 마음으로 습관적으로 행동함으로써 자신을 파괴하는 속성이 있기 때문이다.

또한 김교헌(2017)[14]은 "특정한 대상 물질이나 행동을 장기간에 걸쳐 과도하게 사용하여 자신이나 주위에 피해를 초래하고, 이를 조절하려 하지만 통제력을 상실하고 반복하는 '자기 조절 실패 증후군'을 의미한다."고 하였다.

이어서 김성이(2012)[15]는 "일단 사용하기 시작하여 해로운 결과가 있음에도 불구하고 스스로 조절하지 못하고 강박적으로 사용하는 상태를 addiction이라고 말한다. 이러한 개념에서 볼 때 약물 이외에도 음식, 사랑, 도박, 사람, 일 등에 대해서도 중독이 될 수 있다."고 하였다.

이 외에도 많은 학자들이 중독에 대한 개념을 정리했는데, 종합하자면 결국 중독은 한 사람의 삶을 파괴하여 죽음에 이르게 하는 자기 조절 실패 증후군이라고 할 수 있다.

---

13) Schaef, W. Anne. 1986. *Co-Dependency : Misunderstood-Mistreat*. San Francisco: Harper & Row. p. 25.

14) 박상규·김교헌 외. 2017. 『중독의 이해와 상담실제 2판』. 서울: 학지사. p. 15.

15) 김성이. 2002. 『약물중독총론』. 파주: 양서원. p. 46.

2. 중독의 유형

Schaef[16]는 중독을 '물질 중독(substance addiction)'과 '과정 중독(process addiction)'의 두 유형이 있다고 하였다. 물질 중독은 '섭취적 중독(ingestive addiction)'이라고도 한다. 의도적으로 우리 몸 안에 섭취된 물질들에 대한 중독이기 때문이다. 몸과 마음이 이 물질들에 대하여 의존성(dependency)을 발전시킨다. 중독적 물질은 알코올, 마약, 약물, 음식, 니코틴, 카페인 등이다. 이러한 물질들은 대개 기분을 전환시키는 화학 물질들이다. 과정 중독은 사람이 구체적인 일련의 행동들과 상호작용들의 과정에 빠져드는 것을 말한다. 인간 생활의 거의 모든 과정들은 중독을 발생시키는 작용물이 될 수 있다. 일반적인 과정 중독들에는 일, 관계, 로맨스, 섹스, 돈, 종교, 쇼핑, 소비, 도박, 운동과 걱정 등이 있다. 과정 중독은 물질 중독보다 회복이 더 어렵다. 그것은 물질 중독의 원인이 대개 과정 중독으로부터 오기 때문이다. 중독을 치료받고자 하는 사람들은 물질 중독이나 과정 중독을 멈추는 것이 중요하다는 것을 알고 있지만, 멈추는 것이 어려운 이유는 모든 중독들 안에 '숨겨진 중독적 과정(underlying addictive process)'이 있기 때문이다.

이어서 Archibald D. Hart[17]는 중독을 다음과 같은 네 가지 유형으로 분류하고 있다. 첫째, 자극(흥분)시키는 중독은 각성과 황홀감을 주는 활동에 중독되는 것을 포함한다. 몸과 마음은 사람이 중독될 수 있는 즐거운 감정을 제공하는 여러 가지 심리 과정을 통해 자극받을 수 있다. 우리들은 어떤 사고의 과정에 의해 신체 내부에서 흥분성의 화학물질을 분비하게끔 만든다. 사업에서 경쟁해야 하는 도전에 일어선다든가, 논쟁적이 된다든가, 경기 전에 자신을 심리적으로 준비시킨다든가 하는 것과 같은 사고과정이 이것에 속한다. 둘째, 진정시키는 중독은 자신을 가라앉히고 신경의 긴장을 줄이며, 불안을 줄여주는 그 어떤 것도 포함시킬 수 있다. 과식이나 어떤 특정한 음

---

16) Schaef, W. Anne. 2000. Addictive system. *The way*, 40(4). p. 355.

17) 아치볼트 하트 지음, 윤귀남 옮김. 1997. 『숨겨진 중독』. 서울: 참미디어. pp. 32-38.

식 형태(예를 들어 탄수화물이나 지방)에 중독되는 것, 특정 스포츠나 장거리 달리기와 같은 신체 활동에 중독되는 것 등이 이 부류에 속한다. 셋째, 심리적 욕구를 만족시키는 중독의 예는 권력을 획득하려는 분투, 무력하다는 느낌을 극복하려는 노력, 자기 가치를 증명하려는 노력, 심지어 자기 징벌에 가담하려는 노력 등이다. 대인관계 문제의 경우 이전의 거부당한 경험, 불안감, 혹은 부적합한 부모 역할에서 유래된 저변의 욕구를 가지고 있을 수 있다. 넷째, 독특한 식욕을 만족시키는 중독으로, 식욕은 감각기관의 지각이 유전적인 요인을 통하여 독특하게 조합된다든가, 어떤 특별한 물질에 대한 맛이 만들어지는 어린 시절의 학습을 통해 감각이 독특하게 조건 지어진다든가, 아니면 그 물질에 대해 신체적으로 갈망하게 되는 신체 내의 어떤 결함이 있다던가 하는 것 등으로 볼 수 있다.

또한 John Bradshaw[18]는 중독을 '섭취 중독', '감정 중독', '생각 중독', '활동 중독', '의지 중독', '재연' 등으로 분류했다. '섭취 중독'에는 비만, 비만하거나 마르게 되기를 반복하는 장애, 신경성 식욕부진증, 폭식증 등이 있다. '감정 중독'에는 격노, 슬픔, 두려움, 흥분, 종교적 외로움, 기쁨, 수치심과 죄책감이 있다. '생각 중독'은 복잡한 생각과 정신적 활동을 감정변이의 수단으로 사용한다. 추상적인 일에 사로잡혀 계속 생각의 꼬리를 물면서 중독이 반복되는 것이다. 생각은 중독적 행위의 일부이며 또한 이미 그 자체로도 중독이다. '지적화(知的化)'가 되는 것도 실질적인 면과의 접촉을 피하고 자신의 느낌을 난해하게 일반화하여 스스로를 지적인 느낌으로 전환시켜 자신을 기만한다. '수다스러움'과 '일일이 열거하기'도 자신의 견딜 수 없는 치욕스러운 과거와 그간의 외로움을 피하기 위한 방법이다. '정신적 망상'에 사로잡히는 것은 자녀나 배우자에게 집착하는 등의 상호의존적인 관계에서 흔하다. '활동 중독'은 우리가 흔히 접하는 일, 쇼핑, 저축, 성행위, 독서, 도박, 운동, 스포츠, 중계 관람, TV 시청, 애완동물 돌보기 등으로, 어떤 특정한 강박적 중독적인 행동들로 무엇인가를

---

18) 존 브래드쇼 지음, 김홍찬 외 옮김. 2002. 『수치심의 치유』. 서울: 한국기독교상담연구원. pp. 147-170.

함으로써 그가 수치스러워 하는 욕망이나 느낌, 충동의 두려움으로부터 떠나기 위함이다. 이런 행동들이 삶 전체를 위험에 빠뜨리게 하지 않는 한 중독이라 부를 수는 없으나, 완전히 몰두하면서 자신에 관한 것을 돌보지 않을 경우는 중독이다. 이런 일은 모두가 내면에 수치심과 존재적인 고독 및 고통을 덮기 위한 것들이다. '의지 중독'은 의지를 의지로 통제할 수 없는 상태이며, 중독 자체가 궁극적으로는 중독의 의지에 중독된 것이다. 정서가 수치심에 묶이게 되면 그의 지성은 한쪽으로 치우치거나 공정치 못하게 된다. 이러한 병적인 수준의 의지가 되면 충동적으로 행동하면서, 더 이상 자신이 분열되거나 약하다고 생각하지 않으며, 충동적인 행동의 순간에는 자신의 욕구를 제대로 충족시킬 힘이 있어 강하다고 느낀다. 이러한 의지는 자기중심적이면서 극단적이 되게 한다. '재연'은 종전의 파괴적인 관계를 계속하거나 아니면 자신을 학대하여 끔찍한 상처를 주었던 수치스러운 관계를 되풀이하기, 범죄 행위의 반복, 그리고 과거에 자신이 당했던 그대로를 아이에게 반복한다든지 아니면 갑자기 공포가 엄습해 온다고 느끼는 증상 등이 포함된다.

마지막으로 강경호[19]는 중독을 '약물 남용', '돈에 대한 집착', '음식물 장애 중독', '감정에 대한 중독', '생각에 대한 중독', '활동에 대한 중독', '의지에 대한 중독' 등 7가지로 분류하였다. 이 가운데 '돈에 대한 집착'은 과도한 소비 및 돈에 대한 지나친 욕심과 축재 등이 있으며, '음식물 장애 중독'에는 이상식욕항진증, 신경성 식욕부진증, 폭식으로 인한 비만 등이, '감정에 대한 중독'에는 분노, 슬픔, 두려움, 과도한 흥분, 종교적 외로움, 가장된 기쁨, 수치심이나 죄책감 등이, '생각에 대한 중독'에는 지나칠 정도로 세밀함, 염려와 걱정, 쉬지 않고 말을 함, 음란한 생각들, 생각이 끊임없이 흔들려 정하지 못한 생각들이 있다고 하였다. 또한 '활동에 대한 중독'에는 수치스러운 욕망이나 느낌, 충동의 두려움으로부터 떠나고자 시도하는 어떤 강박적·중독적인 모든 행동들이, '의지에 대한 중독'에는 지배하려는 행동, 지배당하려는 행동, 자기가 당한대로

---

19) 강경호. 2002. 『중독의 위기와 상담』. 서울: 한사랑가족상담연구소. pp. 16-23.

반복하려는 행동, 남을 돌보거나 뒤치다꺼리를 하는 행동 등이 있다고 했다.

이상과 같이 중독의 유형은 누가 어떤 기준을 바탕으로 분류했는가, 그 안에 어떤 항목들을 포함시켰는가에 따라 달라진다. 그럼에도 비슷하거나 반복되는 내용들이 확인되지만, 시대 변화에 따라 추가가 되는 등 달라지는 부분들도 있다.

3. 중독의 원인

중독은 정신적 질환이기 때문에 치료의 대상으로 보기도 하고, 중독을 증후로 보고 그 원인은 중독자의 낮은 자존감, 분노, 역기능가족 체계, 사회적 기술들의 결함 때문에 환경에 적절히 적응하지 못하기 때문에 걸린다고 보는 견해도 있다.[20] 그러나 복잡다단한 환경 속에서 살아가는 현대인들 자체도 다양하기 때문에, 그 원인 또한 어느 한 가지로 예단할 수는 없다. 그럼에도 중독의 원인은 신경생리학적, 심리학적, 사회 환경적 측면에서 찾아볼 수 있다.

1) 신경생리학적 측면

(1) 유전적 문제

중독의 유전적 원인을 밝히기 위한 가족 연구에 따르면, 알코올 중독이 없는 일반 가족에 비해 알코올 중독이 환자가 있는 가족에서 알코올 중독이 더 많이 발생했으며, 알코올 중독 환자 자녀의 경우 일반 가정에 비해 알코올 중독 발생이 3-4배 높았다고 한다. 또한 양자 연구를 통해 생물학적 부모가 알코올 중독일 경우 양부모가 알코올 중독일 경우보다 알코올 중독에 걸릴 확률이 4배 이상 높았으며, 쌍둥이 연구에

---

20) 최삼욱. 2017. 『행위중독 : 인간의 행동이 중독의 대상이 되다』. 남양주: 눈출판그룹. p. 57.

서도 중독에 걸릴 일치율이 높게 나왔다고 한다.[21] 유전은 중독만이 아닌 모든 문제 상황에서 가장 먼저 따져보는 가장 기본적 측면이다. 또한 부모가 특정 질병이나 장애를 갖고 있는 경우 자녀에게도 같은 문제가 발생할 확률이 일반인의 4배 이상이라는 점 또한 이미 널리 알려져 있는 내용이다.

(2) 뇌의 문제

중독의 생물학적 요인 중 하나는 '뇌'의 문제이며, 중독에 빠지는 것을 촉진하는 것은 중뇌 피질변연 도파민계(dopaminergic system)라고 할 수 있다. 사실 도파민이 무엇을 하는지에 대해서는 아직 명확히 밝혀지지 않았지만, 중독 환자들의 뇌에 대한 연구를 통해 도파민이 중독과 관련이 있다는 것을 알 수 있다. 다양한 중독 환자들의 뇌액 속에 있는 도파민의 양을 조사해 보면 감소해 있는 것을 발견할 수 있었고, 사후 뇌 검사에서도 중독 환자의 뇌가 변화되어 있었다고 한다. 즉, 중독이 뇌를 변화시킨 것이다. 이렇게 반복적인 물질 사용과 행동이 뇌를 변화시키고, 계속되는 중독 행동에 따라 뇌는 점점 더 많은 영향을 받게 되어 균형을 잃게 되며, 금단 증상이 나타나고, 내성과 같은 민감화와 같은 적응성 변화들을 만들어 낸다.[22]

2) 심리학적 측면

(1) 정신분석적 원인

중독과 관련된 특정한 성격 특성은 없지만, 일부 정신분석가들은 자아(ego)의 취약성, 자존감을 유지하는 것의 어려움과 같은 성격의 구조적 결함을 지적하면서, 중독의 대상이 이렇게 결여된 심리적 성격구조를 채워주는 기능을 한다고 보았다. 또한 중독자들이 자존감, 정서 조절, 자기 자신을 돌보는 능력에 문제가 있다고 보는 관점

---

21) 강웅구 외. 2009. 『중독정신의학』. 서울: 엠엘커뮤니케이션.

22) 마이클 쿠하 지음, 김정훈 옮김. 2014. 『중독에 빠진 뇌』. 서울: 해나무.

도 있다. 그러나 이러한 정신분석적 설명은 정신분석가들의 임상적 경험과 이론적 논의에 주로 의존하고 있다. 따라서 정신역동적인 이론의 가장 큰 약점은 임상 사례의 실증적 연구나 경험적 자료가 매우 부족하다는 것이다. 다음은 중독자들이 사용하는 가장 대표적인 방어기제들이다.[23]

① **부인** : 부인은 가장 일반적으로 사용되는 방어기제이다. 중독과 관련되는 것은 어떤 것이라도 부인함으로써 중독자들은 고통과 상처에서 자신을 보호한다.

② **합리화** : 중독자는 자신의 중독 관련 행동 등을 정당화한다.

③ **외향화** : 중독자는 자신의 문제 혹은 자신의 좋지 않은 행동을 가지고 다른 사람을 비난한다. 이들은 자신의 중독 행동이 다른 사람들의 문제 때문이라고 믿는다.

④ **최소화** : 중독자는 어떤 사건을 별로 중요해 보이지 않을 때까지 축소시키려고 한다.

⑤ **선택적 회상** : 중독자는 상황에 대해서 자신이 기억하고자 하는 것, 예를 들면 자신의 생각을 지지하고 자신의 행동을 정당화하는 사실들만 기억한다.

⑥ **기분 좋은 회상** : 중독자는 때로 그 상황에서 좋았던 것만을 기억한다. 그들은 중독 상황이었을 때 자신이 한 말이나 행동을 정확하게 기억하지 못한다.

⑦ **억압** : 고통스럽고, 부끄럽고, 죄책감이 들고, 두렵고, 당황스럽고, 화나게 했던 것을 기억하고 싶은 사람은 아무도 없다. 때로는 실제로 일어났던 것, 실제로 자신이 느꼈던 감정들을 그냥 '잊어버리는' 것이 더 쉽다. 예컨대 밤새도록 술을 마시고 그

---

23) 정남운·박현주. 2002. 『(이상심리학 시리즈 17) 알코올 중독』. 서울: 학지사. pp. 87-91.

다음날 아침에 눈을 뜬 알코올 중독자는 그 전날 밤에 일어났던 일에 대해서 생각하는 것이 너무 괴롭기 때문에 그냥 '잊어버린다'.

(2) 인지 행동적 원인

인지 행동의 관점에서 중독의 원인은 '자기 통제'를 하지 못하는 것과 '인지 왜곡'이다. 자기 통제(self-control)라는 개념은 자신이 자신의 인지나 정서, 행동을 원하는 대로 조절할 수 있음을 의미한다.[24] 자기 통제력이 부족한 경우 충동적이고 공격적 대인관계 등으로 어려움을 겪을 수 있으며, 약물 중독, 음식 중독, 도박 및 절도 등이 일어날 수 있다.[25]

중독자들은 부정적인 인지 구조, 과잉 일반화, 이분법적 사고, 부정적 사고의 극대화 등 왜곡된 인지 구조를 갖고 있다. 그리하여 자신과 타인, 그리고 세상에 대해 부정적인 인지 구조를 갖고 있어, 자신을 무능력하고 무가치하게 여기고 타인에 대해서도 항상 비판적이고 부정적이다. 뿐만 아니라 사회에 대해서도 호의적이지 않게 생각한다. 반면 중독에 빠진 그 대상에 대해서는 지나치게 긍정적으로 생각하는 이분법적 사고를 갖고 있다. 이 같은 신념은 고통을 받거나 힘든 일이 다가오면 중독 대상에 빠지도록 만든다. 그 대상에게서 자신이 원하는 보상을 받게 되면 잘못된 사고는 더욱 강화된다. 그리고 그 대상에게서 경험한 특정한 사건을 과잉적으로 일반화한다. 그리고 그 대상에 대하여 더욱 매력을 느끼고 몰두하게 된다.[26]

---

24) 홍진선. 2008. 『고등학생의 인터넷 중독과 자기 통제력 관계』. 석사학위논문. 가톨릭관동대학교 교육대학원 상담심리전공.

25) Logue A. W. 1995. *Self-Control : Waiting until tomorrow for what you want today*. New York: Prentice Hall. pp. 38-39.

26) 황규명. 2014. 『인터넷 중독과 성경적 상담』. 서울: 총신대학교 출판부. p. 88.

3) 사회 환경적 측면

(1) 사회적 불안

태어나 한 번도 불안을 느끼지 않는 사람은 없다. 또한 인류 역사에서 불안이 없는 시기란 존재하지 않았다. 불안은 언제나 인간과 함께 했고, 인간의 삶에는 늘 불안이 존재했다.[27]

사회적 불안이란 불안을 느끼는 사회적 상황이나 수행 상황에 대한 지속적인 불안이다. 자신이 창피하고 당황스럽게 행동할까봐 두려워하여 사람들을 피하며, 타인의 평가나 평가에 대한 부정적인 예측을 하며 불안해한다.[28] 또한 다른 사람들과의 관계에 어려움을 겪고 있거나 불안과 공포를 해결할 현실적인 대안이 없을 때, 현실 가족이 지겹거나 사회가 냉소적일 때, 인터넷이나 쇼핑 또는 일은 하나의 도피처이자 보상 공간이 될 수 있다.[29] 현실에서 받지 못하는 타인의 관심과 지지를 도박이나 인터넷 게임을 통해 경험하게 됨으로 더욱 끌리게 된다. 그러나 이러한 관계에서의 중독은 실제적인 관계에서 고립감을 더 깊게 만들 수 있다.[30]

(2) 가정환경

중독자는 가정에 문제가 있는 경우가 많다. 가정의 구조적 면에서의 문제보다는 기능면에서 문제를 보이는 병리적인 역기능 가정의 경우이다. 역기능이 클수록 중독 문제도 클 수 있다. 그것은 부모가 중독자이거나, 부부의 문제, 가족체계 간의 병리적인

---

27) 앨런 호위츠 지음, 이은 옮김. 2013. 『불안의 시대』. 서울: 중앙북스.

28) 송은영·하은혜. 2008. 청소년의 외상경험, 완벽주의 성향 부정적 사고가 사회 불안에 미치는 영향. 『인지행동치료』, 8(1): pp. 41-56.

29) 킴벌리 S. 영 지음, 김현수 옮김. 2000. 『인터넷 중독증』. 서울: 나눔의 집.

30) Kimberly S. Young , Cristiano Nabuco de Abreu 지음, 신성만 외 옮김. 2013. 『인터넷 중독 : 평가와 치료를 위한 지침서』. 서울: 시그마프레스. pp. 57-58.

의존 관계 등이 있을 때, 중독 현상에 노출이 더 잘 되기 때문이다.[31] 예를 들어, 부부 간에 관계가 좋지 않고 일관된 아버지상이나 어머니상이 없는 경우 중독 현상이 나타난다. 또한 어렸을 때 부모나 가족으로부터 신체적 혹은 성적으로 학대를 당했을 경우 중독에 빠지기 쉽다.[32] 이러한 경우 공포스러운 집안 분위기 속에서 자신의 감정을 드러낼 수 없기 때문에, 자신의 감정을 계속 묻어 두기 위해 무언가를 필요로 하게 되어 중독에 빠지게 된다.[33]

4. 중독의 심리학적 이해

1) 정신분석적 이해

중독이 무의식적인 동기와 관련되어 있다는 정신분석 치료는 프로이트(Freud)로부터 시작된다. 프로이트는 심리적 에너지인 리비도(libido)가 주어진 시간에 한 개인에게 특별히 중요하게 여겨지는 활동이나 사물들 혹은 사람들에게 투입된다고 했다. 이러한 에너지 투입을 정신 집중이라고 하는데 무언가에 몰두하는 것을 의미한다. 이것은 우리가 중요하게 여기는 것이 무엇이든 간에 거기에 매달리거나 사로잡히도록 심리적 에너지를 투입하는 것이다. 프로이트는 이것이 쾌락 원리와 현실 원리에 의해 결정된다고 생각하였다. 인간은 쾌락의 원리로 인해 괴로움으로부터 즉각 벗어나기를 원하며, 현실 원리에 기초하여 자신이 원하는 것보다 타인을 위해 자신의 만족감을 뒤로 미룬다고 하였다.[34]

---

31) 권용성. 2008. 『중독의 다세대간 전수에 관한 연구 : 머레이 보웬의 가족체계 이론을 기초로』. 석사학위논문. 서울신학대학교 상담대학원 M.A.C. 과정 가정상담(사역)전공. p. 68.

32) 박상규. 2009. 『중독의 이해와 상담실제』. 서울: 학지사. p. 138.

33) 강경호. 2002. 『중독의 위기와 상담』. 서울: 한사랑가족상담연구소. p. 13.

34) May, Gerald G. 1991. *Addiction & Grace*. New York: Harper One. pp. 52-53.

2) 행동주의적 이해

학습이론에서는 중독자가 어떤 물질이나 행위를 했을 때 쾌감이 상승하고 고통이 사라지는 것을 경험하기 때문에 중독자가 된다고 이해한다. 중독은 학습(learning)과 동기(motivation)의 문제로, 어떤 행동을 하려는 이유 즉 동기로 인한 특정 자극에 보상이 주어져서 학습된 특정 행동이라고 할 수 있다. 이것은 도박을 즐기는 사람들에게서 보듯이 어떤 행동에 보상이 주어졌을 때 쾌감을 얻게 되는데, 이것은 정적 강화로 설명될 수 있다. 또한 스트레스나 고통스런 순간을 피할 수 있는 것은 부적 강화로 설명될 수 있다. 중독자들은 정적 강화와 부적 강화를 위하여 알코올을 섭취하거나 도박을 한다. 이것은 다른 중독자도 마찬가지다. 일을 하거나 운동을 할 때 고통을 벗어나 쾌감을 얻을 수 있다고 보기에 지속적으로 그 대상을 추구하게 된다. 그러한 쾌감이 지속적으로 중독자가 되게 하는 요인이 되기 때문에, 약물이나 행동주의적 조절 방법으로 치료할 수 있다고 본다.[35]

5. 중독의 특징과 현상

전통 사회에서 현대 사회로 이행되면서 경제적 수준은 향상되었지만 중독 현상은 사회 전반에 더 만연해지고 있다. 21세기에 접어들어서는 물질 중독뿐 아니라 행위 중독도 빠르게 확산되고 있다. 특히 2010년 이후로는 인터넷, 스마트폰, 게임과 같은 디지털 중독이 확산되며 중독 발생 연령이 낮아져 초등학생 사이에서도 흔히 볼 수 있게 되었다. 따라서 성인의 생산성 저하 및 학생의 학습 기회 박탈 등과 같이 중독으로 인한 피해는 전 연령대에 나타나고 있다.[36] 다음은 중독의 특징과 중독자들이 겪

---

35) 전은경. 2015. 『중독에 대한 현대정신분석학적 적용 : 목회상담적 관점에서』. 박사학위논문. 나사렛대학교 대학원 신학과 목회상담학 전공. pp.22-23. 재인용.

36) 김양태. 2020. 문화 진화 관점에서 본 중독 사회. 『J Korean Academy of Addiction Psychiatry』,

을 수 있는 현상을 간략히 정리한 것이다.

1) 시점간 선택

지금의 갈망을 해결하기 위해 담배를 피울 것인가 아니면 앞날의 건강을 위해 담배를 끊을 것인가? 이러한 의사결정을 시점간 선택(intertemporal choice)이라고 한다. 다시 말해 현재의 작은 보상과 지연된 더 큰 보상 사이에서 선택하는 의사결정을 말한다.[37]

시점간 선택은 정신과 영역 중 특히 중독 분야에서 관심을 많이 받고 있다. 그 이유는 중독 환자들의 행동 특징 중 충동성이 시점간 선택과 연관이 있기 때문이다. 다시 말해, 중독 환자들의 충동성은 미래의 큰 보상을 무시하고 현재의 작은 보상에만 관심을 집중한 결과일 가능성이 높기 때문이다. 그래서 물질 중독 환자들이 왜 지연된 큰 보상보다는 당장의 작은 보상을 선택하는지, 그리고 치료법은 무엇인지에 대한 연구도 활발히 진행되고 있다.[38]

2) 일상생활 문제

중독 행동은 중독자로 하여금 일상생활을 하는데 어려움을 초래하게 한다. 예를 들어, 인터넷 중독자가 학생이라면 밤늦게까지 인터넷을 하느라 수면 부족으로 학교에서는 학업에 충실할 수 없으며, 지각이나 조퇴 등을 반복하게 되어 일반적인 학교생활에 어려움이 발생할 수 있다. 또한 쇼핑 중독자라면 충동적으로 구매했다가 이후

24(1): 21-28.

37) 도모노 노리오 지음, 이명희 옮김. 2007. 『행동 경제학』. 부산: 지형. pp. 193-231.

38) Volkow, N. D. & Baler, R. D. NOW vs LATER brain circuits : implications for obesity and addiction. *Trends Neurosci*, 38: 345-352.

엄청난 카드 대금으로 금전적 어려움을 초래할 수도 있다.[39]

3) 현실 지각력 상실

중독에서 가장 우려되는 것 중 하나는 현실 지각력을 상실하는 것이다. 현실을 도피하여 환상의 공간에서만 머무르다 보면 현실 세계와 환상을 혼동할 수 있다. 특히 인터넷 중독자들은 인터넷이라는 공간과 현실을 구분하지 못하여[40], 때때로 자신을 해하거나 범죄를 행하는 경우도 있다.

4) 우울증

어떤 일을 회피하기 위해 반복적으로 사용하다가 통제할 수 없을 정도로 중독 상태에 빠지게 되면, 그 고통을 잊기 위해 그 대상에 더욱 의존하게 된다. 이러한 행동은 결국 처음에 회피하려고 했던 고통보다 더 큰 고통을 안겨준다. 일 중독자가 일에 대한 강박에 집착하여 일에 더 몰두하다 보면, 주변 사람들과의 교류가 없어 친밀감을 갖지 못하고 여가시간을 즐기지 못함으로 인해 스트레스와 누적된 피로감으로 신체 증상을 얻게 된다. 주변에 사람도 없고 신체는 쇠약해지다보면 자신을 비하하게 되고, 부정적인 감정으로 우울해 질 수 있다.[41]

39) 오세연·송혜진. 2013 . 쇼핑중독의 원인과 대응 방안에 관한 연구. 『한국중독범죄학회보』, 3(1): 25-49.

40) 김명자. 2013. 『인터넷 바다에서 우리 아이 구하기』. 서울: 까치글방. pp. 133-134.

41) 나양수. 2015. 『일중독, 완벽주의, 일-가정 갈등 및 의사소통이 결혼만족도에 미치는 영향 : 구조적 관계를 중심으로』. 박사학위논문. 대구가톨릭대학교 대학원 심리학과. pp. 23-24.

6. 중독의 진단

중독과 비중독 사이의 근본적인 차이점은 증가하는 욕망과 잠자는 상태로 남아 있는 욕망에 있다. 다시 말해서 이 세상을 변화와 진보의 기회를 가진 활약 무대로 보는 견해와, 이 세상을 감옥으로 보는 견해의 차이다.[42]

삶이 압도하는 장애물에 대항하는 쓸모없는 투쟁이 가득한 힘겨운 짐이라고 여겨질 때, 중독은 하나의 도피 방법이 될 수 있다. 중독이 되지 않은 상태에서도 어떤 행동에 강하게 몰입할 수 있다. 만일 어떤 사람이 흥미와 호기심과 만족 또는 성취감으로 인해 어떤 일에 몰두하거나 피상적인 것과는 반대로 만족스러운 것을 찾는다면, 그는 중독자라고 할 수 없다. 중독은 어떤 사람이 체험의 감각적인 측면 중 무엇보다 도취 효과를 추구하고자 할 때 그 강한 욕구로 특징지어진다. 따라서 기쁨을 가져다 주는 어떤 일을 행하거나, 일을 통해 만족감을 얻고자 하는 것은 비중독의 범주에 속한다. 중독은 즐거움을 위해서가 아니라 세상의 두려운 국면을 피하기 위해 행위를 하는 것이다. 한때의 즐거움을 느끼기 위한 것이다. 그러나 중독이 될 때쯤에는 중독자가 단지 생존을 위해 습관성 행동을 하게 된다. 중독자들에게는 환경이나 위험성, 오명이나 모양새, 치러야 할 대가가 문제가 되지 않는다. 중독된 사람은 무엇이 유익한 선택인지 분별할 수 있는 능력을 상실하며, 중독적 관계를 지속한다.[43]

중독에 대한 진단은 미국정신의학협회(American Psychiatric Association, APA)의 정신 질환의 진단 및 통계 편람 제5판(Diagnostic and Statistical Manual of mental disorders, DSM)과, 세계보건기구(World Health Organization, WHO)의 국제질병분류 제11판((The International Statistical Classification of Diseases and Related Health Problems, ICD)을 활용

---

42) 그랜트 마틴 지음, 임금선 옮김. 1994. 『좋은 것도 중독이 될 수 있다』. 서울: 생명의말씀사. p. 37.

43) 이의선. 2004. 『관계 중독의 기독교 상담적 치료 방안에 관한 연구』. 석사학위논문. 서울신학대학교 상담 대학원 M.A.C. 과정 기독교상담전공 . p. 7.

할 수 있다.

그러나 DSM-5의 진단 기준과 ICD-11의 진단 기준은 모두 각각의 중독 문제를 충분히 설명하기에 부족하다는 점, 진단 기준의 적절성, 대표성을 지닌 표본을 대상으로 하는 유병률 조사, 중독의 자연적 경과를 평가하는 것에 대한 논쟁이 있다.[44][45]

일례로 DSM-5의 인터넷 게임 중독을 위한 진단 기준은 1) 몰두(Pre-occupation), 2) 금단(Withdrawal), 3) 내성(Tolerance), 4) 사용 통제 실패(Reduce/Stop), 5) 다른 활동을 포기(Give up other activities), 6) 문제가 있어도 지속(Continue despite problem), 7) 속이기(Deceive/Cover up), 8) 기분 조절(Escape adverse moods), 9) 관계/기회의 위기/상실(Risk/Lose relationship/opportunities) 9개 항목으로 구성되었고, 5가지 이상의 증상이 12개월 동안 나타나면 중독으로 진단한다.

다음은 이종민, 지현수, 이상규(2016)[46]가 정리한 인터넷을 매개로 하는 다양한 중독의 평가 척도의 예이다.

1) 인터넷 게임 중독 평가 도구

(1) Young Internet Addiction Test(YIAT)

Young이 병적 도박을 바탕으로 해서 만든 인터넷 게임 중독 진단 기준 8문항에 12문항이 추가되어서 총 20문항 6개 요인으로 구성되었다. '얼마나 자주' 질문 형

---

44) Petry, N. M. and O'Brien, C. P. 2013. Internet gaming disorder and the DSM-5. *Addiction*, 108: 1186-1187.

45) Song, Y. S., Lee, S. M. and Shin, S. M. 2019. The discussion about gaming disorder of ICD-11 : focused on psychosocial implications. *Korean J Addict Psychol*, 4: 31-44.

46) 이종민·지현수·이상규. 2016. 인터넷을 매개로 하는 다양한 중독의 평가 척도. 『J Korean Academy of Addiction Psychiatry』, 20(2): 45-54.

식으로 자기보고식 5점 Likert 척도이며, 20점부터 100점까지 채점된다. 20-39점은 평균, 40-69점은 과다 사용자로, 70점 이상은 중독자로 분류한다. YIAT 척도를 기초로 하여 수많은 척도들이 개발되었으며, Thatcher와 Goolan이 개발한 Problematic Internet Use Questionnaire(PIUQ), Demetrovics, Szeredi와 Rozsa의 Problematic Internet Use Scale(PIUS) 등이 있다.

(2) Griffiths의 개념과 관련된 여러 척도들

Lemmens 등은 DSM-4의 병적 도박 진단 기준과 Griffiths의 행위 중독 개념을 바탕으로 '최근 6개월간 얼마나 자주' 질문 형식으로 7개 요인에 총 21문항으로 구성되어 있고, 자기보고식 5점 Likert 척도인 Game Addiction Scale(GAS)를 개발하였다. 3가지 이상에서 '가끔(sometimes)' 이상이면 중독자로 분류한다. 이밖에도 Nicholas와 Nicki가 개발한 Internet Addiction Scale(IAS), Meerkert, Van Den Eijinden, Vermulst & Garretsen의 Compulsive Internet Use Scale(CIUS), Problematic Online Gaming Questionnaire(POGQ) 등이 Griffiths의 개념을 바탕으로 개발되었다.

(3) Davis의 개념과 관련된 여러 척도들

Davis, Flett과 Besser는 4가지 역기능적 인지 요인을 바탕으로 총 36문항의 자기보고식 7점 Likert 척도로 구성된 Online Cognition Scale(OCS)를 개발하였다.

2) 인터넷 음란물(Pornography) 중독

(1) Internet Sex Screening Test(ISST)

ISST는 25개의 예-아니오 문항으로 이루어져왔다. 하위 목록으로 ① 온라인 성 강박성(Online sexual compulsivity), ② 온라인 성 행동-사회적(Online sexual behavior-social), ③ 온라인 성 행동-고립적(Online sexual behavior-isolated), ④ 온라인 성 소비

(Online sexual spending), ⑤ 온라인 성 행동의 관심(Internet in online sexual behavior)의 다섯 가지 항목에 대한 확인이 포함되며, 다른 척도와는 다르게 임상적 단절점이 마련되어 있어 선별을 위해서 유용한 척도이다.

(2) Cyber-Pornography Use Inventory(CPUI)

ISST에서 일부 문항들을 인용 및 추가 문항을 더 포함하여 31개의 5점 또는 7점 Likert Scales로 이루어진 설문지이다. ISST는 전반적인 온라인 성 강박과 중독 여부를 평가했다면, CPUI는 인터넷 음란물 사용에 초점을 맞추어 디자인되었다.

(3) Online Sexual Experience Questionnaire(OSEQ)

이 문항은 온라인 성적 활동(Online sexual activity)을 세 가지 영역, non-arousal(2문항), solitary arousal(4문항), partnered-arousal(3문항)으로 나누어 최근 한 달 간의 빈도를 확인하는 문항이다.

(4) Cybersexual Addiction Index(CAI)

사이버 음란물 중독을 측정하기 위해 가장 많이 사용되는 척도는 Young이 개발한 CAI가 있으며, 국내 사이버 음란물 중독 연구 또한 김민이 번역한 CAI 번역본이 사용되고 있다.

3) 인터넷 도박 중독

(1) South Oak Gambling Screen(SOGS)

1987년 병적 도박에 대한 표준화된 최초의 척도로 현재까지 전 세계적으로 가장 많이 사용되고 있다. DSM-Ⅲ-R을 기반으로 임상용으로 개발되어 높은 신뢰도와 타당도를 보여 왔으나, 일반인 대상으로는 위양성 정도가 높은 것과 다양한 대상에 적용하기 힘들다는 점, 그리고 도박 자금의 융통에 비중을 지나치게 높이 두었다는 점이 단점으로 지적되었다.

(2) Canadian Problem Gambling Index(CPGI)

캐나다에서 일반인을 대상으로 도박 중독 유병률을 조사하기 위해 개발한 도박 관여 문항 4개, 문제성 도박 수준 12개, 문제성 도박의 공존 요인 측정 15개를 포함한 총 31개 문항의 문제 도박 선별 척도이다. Problem gambling severity index(PSGI)는 문제성 도박 수준 문항 12개 중 9개 문항에 대해 점수화하여 사용하는 문제성 도박 선별 도구이다.

기타 National Opinion Research Center DSM-Ⅳ Screen for Gambling Problems(K-NODS), Massachusetts Gambling Screen(K-MAGS) 등의 도박 장애 선별 도구가 있다.

4) SNS(Social Network Service) 중독

(1) Bergen Facebook Addiction Scale(BFAS)

현재 SNS 중에서 가장 대표적인 업체가 Facebook이기 때문에 많은 SNS 관련 연구들은 Facebook 사용자들을 대상으로 진행되었고, 연구자들은 Facebook 중독을 SNS 중독과 동일한 개념으로 사용하기도 하였다. BFAS는 가장 대표적인 선별 도구로 역학적 또는 임상 실험 연구에서 이용되고 있다. 그 외에도 the Facebook Addiction Scale, the Facebook Intrusion Questionnaire 등의 Facebook 사용을 통해 전반적 SNS 중독을 가늠하는 척도들이 소개되었다.

(2) SNS 중독 경향성 척도

이 척도는 4개의 요인으로 '조절 실패 및 일상생활 장애', '몰입 및 내성', '부정 정서의 회피', '가상세계 지향성 및 금단'에 대한 총 24문항으로 구성되어 있다. 각 문항은 SNS 중독을 느끼는 정도에 따라서 1점에서 4점까지 평정하는 4점 Likert Scale로 점수가 높을수록 SNS 중독 경향성이 높다는 것을 의미한다.

(3) 한국형 SNS 중독지수(KSAI)

중독에 관한 한국정보화진흥원의 개념을 적용하여 생활 장애, 시간적 내성, 중단 시도, 금단 불안에 관한 10문항으로 이루어진 Likert 척도이다. 척도를 고안하는 연구 과정에서 페이스북 사용자들을 대상으로 진행이 되었다.

5) 스마트폰 중독(Smartphone Addiction)

(1) 스마트폰 중독 자가진단 척도

SNS를 비롯한 전반적인 스마트폰 중독을 선별할 수 있는 국내 척도로서 한국정보화진흥원에서 스마트폰 중독 자가 진단 척도가 개발되었고, 스마트폰 중독 연구에서 많이 사용되고 있다. 성인용과 청소년용이 별도로 고안되었으며, ① 일상생활 장애, ② 가상세계 지향성, ③ 금단, ④ 내성의 하위 구인에 관한 15개의 문항으로 구성되어 있다. 자가 진단 척도로 스스로 점수를 채점할 수 있는 척도로, 점수 결과에 따라 고위험 사용자군, 잠재적 위험 사용자군, 일반 사용자군 세 군으로 나뉜다.

(2) Smartphone Addiction Scale(SAS)

스마트폰 중독을 진단할 수 있는 국내에서 개발된 진단 도구는 Young의 인터넷 중독 진단 기준을 스마트폰 이용에 적합하게 변형한 33문항의 Smartphone Addiction Scale(SAS)이 있다. 각 문항은 다음의 6가지의 요인들을 확인한다. ① 일상생활 지장, ② 스마트폰에 대한 긍정적 기대, ③ 금단, ④ 사이버 세계의 대인관계로의 집중, ⑤ 과사용, ⑥ 내성. 1-6점까지 점수를 채점할 수 있으며 점수가 높을수록 스마트폰 중독을 시사하지만, 아직 절단점은 정해지지 않아 중독 진단에는 제한이 남아 있다.

6) 온라인 쇼핑(Online Shopping) 중독

국내에서 이루어진 온라인 쇼핑 중독 연구에서 온라인 쇼핑 중독을 평가하는 척도로서 Faber & O'Guinn의 중독 구매 측정 도구를 인터넷 쇼핑 중독 구매로 수정, 보완하여 사용하였다. 전반적인 쇼핑 중독에 관한 선별 도구로서 Bergen Shopping Addiction Scale(BSAS)가 고안되었다. 현저성(Salience), 감정 변화, 갈등, 내성, 금단, 재발, 문제적 행동 등의 7개 항목을 확인하는 28문항으로 이루어진 설문이다. 이외, 일반적인 온라인 쇼핑과는 달리 온라인을 통한 경매에서 낙찰을 받는 과정에서 희열을 느끼면서 금단과 내성이 생기는 'ebay addict' 현상도 주목되었고, 온라인에서 자기보고식 설문을 통해서 선별 검사를 할 수 있는 웹페이지가 마련되었다.

7) 정보 과부하(Information Overload) 중독

중독 수준의 평가 척도는 아직 고안되지 않았으며, 다만 정보 과부하 척도는 정보 과부하로 인해서 본인이 얼마나 영향을 받고 있는지 측정할 수 있는 15문항으로 구성되어 고위험군을 선별할 수 있도록 개발되었다.

8) 네트워크 강박증(Net Compulsion)

(1) The Compulsive Internet Use Scale(CIUS)

Net Compulsion이라는 개념과 유사하다고 볼 수 있는, 강박적인 인터넷 사용

(compulsive internet use)의 심각성을 평가할 수 있는 척도가 고안되었다. 내성, 금단, 조절감 상실, 몰입, 갈등, 거짓말 등의 평가 항목으로 이루어진 14문항의 척도이다.

7. 중독의 치료

중독 질환은 많은 사회 경제적, 정신 신체적 문제를 유발할 수 있으며, 각 중독 질환의 종류와 그 정도에 따라 다양한 약물 및 비약물 치료가 이루어지고 있다.[47]

중독은 생물-심리-사회 모형(bio-psycho-social model)이 매우 적합한 질병이다. 왜냐하면 금단이나 급성 중독, 장기 유지 치료를 위해 생물학적 치료가 필수적이며, 성격이나 기질, 인지 왜곡의 해결 등 심리 요인, 그리고 직업이나 가족 등의 지지 체계 등 사회적 환경이나 일상생활의 문제가 복합적으로 발병과 치유에 관여하기 때문이다.[48]

박상규(2017)[49]는 "중독의 자기의 마음을 분리 주시하지 못하는 것으로, 자기 조절의 장애가 있는 것을 말한다. 중독이 일어나는 원인은 생물·심리·사회·영적 문제가 통합된 것이기 때문에, 중독으로부터의 회복이나 예방을 위한 개입 또한 통합된 방식으로 진행되어야 한다. 중독으로부터의 회복은 단주나 단약, 단도박에 그치는 것이 아니며 삶의 태도를 바꾸는 전인적인 접근이 있어야 하고, 여러 전문가와 가족, 학교, 사회가 힘을 합해야 되는 일이다."라고 말했다.

---

47) 김성진 외. 2019. 중독질환에서 마음챙김에 기반한 개입의 효과. 『J Korean Academy of Addiction Psychiatry』, 23(1): 9-16.

48) 서정석. 2015. 중독과 뇌 : 뇌과학적 근거부터 중독 예방 교재 개발과 중독관리법안 제정까지. 『J Korean Academy of Addiction Psychiatry』, 19(2): 45-48.

49) 박상규·김교헌 외. 2017. 『중독의 이해와 상담실제 2판』. 서울: 학지사. p. 3.

따라서 이 내용을 통해 중독 치료가 결코 쉬운 일이 아님을 알 수 있는데, 그럼에도 회복이나 예방을 위해서는 통합된 방식의 치료를 진행해야 하기 때문에 치료사들은 각각의 이론들이 추구하는 방향을 알고 적절히 적용할 필요가 있다.

1) 정신분석적 치료

정신분석은 인간 행동의 근본적인 원인에 관심 있는 학문이다. 정신분석은 19세기 말 프로이트를 중심으로 시작되어 더욱 발전되고 확장되면서 사회사업 분야의 사례 연구들은 중독 치료에 영향을 미쳤다.[50]

중독이 무의식적인 동기와 관련되어 있다는 정신분석 치료는 프로이트로부터 시작된다. 프로이트는 인간을 쾌락을 추구하는 존재로 보았고, 인간 행동의 동기를 생물학적 욕동으로 보고 억압된 성적 욕구가 무의식에 있다가 표출될 때 증상이 나타나는 것으로 보았다. 성적 본능은 서로 다른 신체 부위에서 발생하는 광범위한 긴장의 목록들인데, 이러한 긴장을 효과적으로 배출하기 위해 자신의 몸을 사용한다. 구강 부위에서 구강 리비도가 발생한다면 빠는 행동에 대한 욕구가 생겨나고, 그 대상에 대한 애착이 생긴다.[51]

정신분석은 현재 문제 행동의 원인을 과거 대상과의 관계 경험에 둔다. 여기서 대상관계는 욕구에 의해 행해지는 것이며, 관계 경험은 주관적이다. 대상과의 관계 경험에서의 '주체'인 '자기'가 그 대상에 대한 경험을 어떻게 인식했는가가 중요하다. 그것은 의식적인 것과 무의식적인 것까지 모두 포함한다. 그러므로 현재 문제 행동의 근본적인 원인에 대해 좀 더 가까이 갈 수 있도록 하는 학문이라고 볼 수 있다. 실제로 정신분석은 중독 치료에서 많이 사용되고 있다. 정신역동치료는 퇴행을 조장하지

---

50) 피터 게이 지음, 정영목 옮김. 2013. 『프로이트 I : 정신의 지도를 그리다』. 서울: 교양인. pp.284-294.

51) 스테판 미첼·마가렛 블랙 지음, 이재훈·이해리 옮김. 2002. 『프로이드 이후』. 서울: 한국심리치료연구소. p. 46.

않고 좀 더 지지해 주는 방법으로 치료하기 때문에 유용하게 사용할 수 있다. 특별히 무의식적인 것으로 자신도 모르게 중독 행동을 하는 중독자의 경우 정신분석적 치료가 유용하다. 최근에는 자기심리학의 발전과 함께 공감을 통하여 관계를 치료하는 방법이 유용하게 사용되고 있다.[52]

2) 인지행동치료

인지행동치료는 인지와 행동이론과 사회학습이론을 기초로 하여 중독자들이 중독에 빠지게 되는 왜곡된 인지 또는 비합리적인 신념을 수정하는 치료이다. 인지행동치료에는 중독을 하게 된 환경적 단서들을 반복적으로 노출하여 자동적 반응들이 감소되거나 사라지도록 하는 방법이 있고, 인지 전략을 통해 내담자 자신이 긍정적 정서와 부정적 정서를 조절할 수 있도록 교육하여 이미 중독으로부터 자유로워졌다고 생각하도록 하는 정서치료, 자동 사고들과 중독물과 관련된 신념뿐만 아니라 기본적인 신념을 수정하도록 하는 인지치료가 있다.[53]

인지행동치료(Cognitive Behavioral Therapy, CBT)는 중독 질환에 대표적인 근거 기반 정신심리치료 기법이며, 중독 행동과 관련된 부적응적 인지와 행동을 변화시키는 것을 주요 목표로 삼는다.[54] 특히 최근에는 인지의 내용을 변화시키기보다 인지와의 관계를 변화시키는 관점으로 접근하는 제3동향 인지행동치료(third wave CBT)의 치료적 유용성이 주목받고 있다.[55] 이 중 수용전념치료(Acceptance and Commitment Therapy)

52) 강웅구 외. 2009. 앞의 책. pp. 61-62.

53) 데이비드 카푸치 외 엮음, 신성만 외 옮김. 2013. 『중독상담』. 서울: 박학사. pp. 205-206.

54) Lee, S. K. 2019. Motivational enhancement therapy and cognitive behavioral therapy for alcohol use disorders. *J Korean Neuropsychiatr Assoc*, 58: 173-181.

55) Hayes, S. C. and Hofmann, S. G. 2004. The third wave of cognitive behavioral therapy and the rise of process-based care. *World Psychiatry*, 16: 245-246.

는 연구와 임상 현장 양쪽에서 활발히 적용되고 있는 제3동향 인지행동치료의 선두 주자로서, 인간의 고위 인지와 언어 능력이 정신병리 현상에 미치는 영향을 확인한 관계구성이론(Relational Frame Theory)을 바탕으로 인간 행동의 기능(function)과 행동이 일어나는 맥락(context)을 다루는 기능적 맥락주의(functional contextualism) 관점을 통해 인간의 정신병리에 접근한다.[56] 이러한 특징을 가진 수용전념치료의 초진단적 (transdiagnostic) 치료 효과는 여러 중독 질환에서 보고된 바 있으며,[57][58] 특히 국내에서 심각성이 대두되고 있는 약물 사용 장애에서도 수용전념치료의 중재 효과가 확인되었을 뿐만 아니라, 기존 심리사회적 중재 기법으로 다루는데 난항을 겪었던 공존질환 상태에서의 중독 치료에서도 그 효과가 입증되어, 향후 국내 임상 현장에서도 폭넓은 적용이 가능할 것으로 전망된다.[59][60]

3) 동기강화치료

동기강화치료는 동기강화면담(motivation interviewing, MI) 이론을 윌리엄 밀러 (William Miller)가 기존의 심리치료 접근에 부합되는 것은 아니지만, 변화를 촉진하는데 도움이 된다고 믿고 중독 치료에 적용했다.[61] 중독은 지속적인 패턴으로 나타나기

56) Hayes, S. C. 2004. Acceptance and Commitment therapy, relational frame theory, and the third wave of behavioral and cognitive therapies. *Behav Ther*, 35: 639-665.

57) Byrne, S. et al. 2019. Systematic reviews of mindfulness and acceptance and commitment therapy for alcohol use disorder : should we be using third wave therapies?. *Alcohol Alcohol*, 54: 159-166.

58) Lee, E. B. et al. 2015. An initial meta-analysis of Acceptance and Commitment Therapy for treating substance use disorders. *Drug Alcohol Depend*, 155: 1-7.

59) Meyer, E. C. et al. 2018. Acceptance and commitment therapy for co-occurring posttraumatic stress disorder and alcohol use disorders in veterans : pilot treatment outcomes. *J Trauma Stress*, 31: 781-789.

60) Na, E. 2018. Acceptance and commitment therapy. *J Med Life Sci*, 15: 51-55.

61) 데이비드 카푸치 외 엮음, 신성만 외 옮김. 2013. 앞의 책. pp. 225-226.

에 일관성이 있고 안정적이며, 변화에 저항적이기에 치료하기 위해서는 행동과 관련된 내적 동기의 변화가 근본이 된다. 이런 내적 동기의 변화를 돕는 상담 방법으로 동기강화면담이 있다. 동기강화면담은 관계 중심적이면서 내담자 중심적인 변화를 위한 체계적 접근으로, 내담자에게 내적 동기를 강화시키기 위해 양가감정을 탐색하고 해결하여 변화를 추구하는 상담법이다.[62]

동기화 면담은 알코올, 흡연 등 물질중독 뿐만 아니라 변화를 요하는 행동에 대해서도, 중독자의 내면에 변화를 위한 동기를 유발시켜 중독 행동을 변화시키는 방법으로 중독 치료에 효과가 있는데, 동기화 면담의 원리를 살펴보면 다음과 같다.[63]

첫 번째 원리는 '공감표현하기(expressing empathy)'이다. 양가감정이 비정상적인 것이 아님을 상기시키고, 상담자가 내담자를 무조건적으로 수용하는 방법이다.

두 번째는 '불일치감을 발전시키는 것(developing discrepancy)'으로, 내담자의 변하지 않으려는 중독 행동을 보이는 현재 모습과 본래 자신이 가지고 있었던 인생이 어떻게 되어가야 하는지에 관한 인지적 신념에 대한 모순을 발달시키고 발견하도록 돕는 것이다.

세 번째는 변하지 않으려는 내담자의 저항에 논쟁을 하는 것이 아니라 그 이면의 신호를 발견하는 '저항과 함께 구르기(rolling with resistance)'이다.

이어서 마지막 네 번째로는 내담자가 변할 수 있다는 상담자의 믿음과 변화가 가능하다는 믿음을 주는 '자기 효능감 지지하기(supporting self-efficacy)'가 있다.

---

62) William R. Miller·Stephen Rollnick 지음, 신성만 외 옮김. 2006. 『동기강화상담 : 변화 준비시키기』. 서울: 시그마프레스. p. 175.

63) 최삼욱. 2017. 『행위중독 : 인간의 행동이 중독의 대상이 되다』. 남양주: 눈출판그룹. pp. 64-65.

동기화 면담의 기본적인 방법으로는 내담자의 마음을 열고 상담자와 신뢰를 구축할 수 있도록 하는 '열린 질문으로 질문하기(ope-ended question)', 내담자가 실수하더라도 작은 부분에서 강점을 찾아주고 내담자 변화 과정에 도움이 될 수 있는 내담자의 특징을 알려주는 '인정하기(affirming)', 내담자가 한 말을 편견 없이 무비판적 태도로 들어 주어 내담자의 저항을 줄일 수 있도록 '반영적 경청(reflective listening)'이 있고, 마지막으로 면담 과정을 잘 요약하여 상담자가 경청하고 있음을 알려주어 내담자가 자신이 변화해야 하는 것의 목표를 잃지 않도록 하는데 도움을 주는 '요약하기(summarizing)'가 있다.

4) 마음챙김

마음챙김은 '있는 그대로의 지금 이 순간에 대한 비판단적인 주의 집중에 따르는 자각'으로 정의할 수 있으며, 현재 전 세계적으로 주목 받고 있는 마음 수행 방법이다.[64] 마음챙김을 기반으로 한 다양한 개입이 개발 및 시행되고 있으며, 중독 질환을 대상으로도 여러 연구들이 이루어지고 있다.[65]

마음챙김을 기반으로 한 개입의 대부분은 주의를 한 곳에 집중하고 이를 알아차리며, 다시 주의를 옮겨서 집중하는 것을 연습하는 마음챙김 명상을 그 바탕으로 하고 있다.[66] 마음챙김에 기반한 스트레스 감소(Mindfulness-Based Stress Reduction, MBSR) 프로그램은 이 중 대표적인 개입방법으로 바디 스캔, 정좌 명상, 요가 등의 구성 요소로 이루어지며, 일반적으로 일주일에 1회, 각 회기에 2시간 반-3시간 정도의 시간이

---

64) Kim, K. S. 2008. Facing Stress Through Mindfulness and Its Clinical Use. *Korean J Psychosom Med*, 16: 5-16.

65) 김성진 외. 2019. 앞의 논문. p. 10.

66) Gecht, J. et al. 2014. A mediation model of mindfulness and decentering : sequential psychological constructs or one and the same? *BMC Psychol*, 2: 18.

소요되고 총 8-10회기가 진행된다. MBSR은 불안 등의 정신과적 증상 외에도 암, 다발성경화증, 관절염 등의 만성 질환과 관련된 스트레스 및 통증의 조절에 효과가 있는 것으로 알려져 있다.[67]

마음챙김에 기반 한 인지치료(Mindfulness-based cognitive therapy, MBCT)는 MBSR을 바탕으로 우울증과 관련된 인지치료적 요소를 더한 것으로 생각할 수 있다. MBSR에 있던 다양한 명상 기법들이 사용되며, 보통은 매주 2시간씩 8주 동안 진행된다. MBCT는 환자들이 느낄 수 있는 슬프고 우울한 감정을 있는 그대로 받아들이게 하여 그것에 덜 영향 받도록 하는데 주 목적이 있다.[68]

마음챙김에 기반 한 재발 방지(Mindfulness-based relapse prevention, MBRP) 프로그램은 MBCT와 유사하게 마음챙김 연습과 인지행동 재발 방지 프로그램을 결합하여 시행되며, 최근 중독 질환을 비롯한 다양한 정신질환에 적용되고 있다.[69] MBRP에 참가한 대상자들은 재발과 관련된 조기 경고 신호를 인식하고, 이전의 물질 사용과 관련된 단서들에 대해 알아차림을 증가시키며, 효과적인 대처 기술을 개발하고 자기-효능감을 강화시키도록 훈련받는다.[70] 마음챙김 지향 회복 향상(Mindfulness-oriented recovery enhancement, MORE) 프로그램은 마음챙김, 재평가, 음미하기의 3가지 핵심 과정으로 구성되어 있으며, 주의 편향, 습관 행동, 정서 조절 장애, 자율 스트레스 반응을 수정하는

67) Cramer, H. et al. 2012. Mindfulness-based stress reduction for breast cancer-a systematic review and meta-analysis. *Curr Oncol*, 19:e343-352.

68) MacKenzie, M. B., Abbott, K. A. and Kocovski, N. L. 2018. Mindfulness-based cognitive therapy in patients with depression : current perspectives. *Neuropsychiatr Dis Treat*, 14: 1599-1605.

69) Carpentier, D. et al. 2015. Mindfulness-based-relapse prevention (MBRP) : Evaluation of the impact of a group of Mindfulness Therapy in alcohol relapse prevention for alcohol use disorders. *Encephale*, 41: 521-526.

70) Bowen, S. et al. 2009. Mindfulness-based relapse prevention for substance use disorders : a pilot efficacy trial. *Subst Abus*, 30: 295-305.

것을 통해, 통증, 중독 질환 등에서 효과가 있는 것으로 알려져 있다.[71]

이외에 변증법적행동치료(Dialectical behavioral therapy, DBT)나 수용전념치료(Acceptance commitment therapy, ACT)에서도 마음챙김의 요소들이 일부 포함되어 적용되고 있다.[72]

5) 가상현실 프로그램

현재 중독 환자의 치료에는 약물치료, 인지행동치료, 동기강화 및 12단계 치료 등 다양한 치료적 접근이 활용되고 있다. 그 중에서 대표적인 정신사회적 치료법 중 하나가 인지행동치료이다. 전통적 중독 치료에서 많이 사용되는 인지행동치료 기법들로는 노출치료를 포함하여 자기 모니터링(self-monitoring), 목표 설정(goal setting)과 자기 강화(self-reinforcement), 자극 조절 기법(stimulus control), 대응 기술 훈련(coping skills training) 등이 있다. 이러한 기법들은 독립적이라기보다 치료의 큰 틀 안에서 상호 유기적으로 작용하는 보완 시스템으로 이해하는 것이 중요하다. 중독 질환에서의 노출치료는 중독을 일으키는 자극(cue)에 환자를 노출시켜 갈망(craving)을 일으키고, 특정 행동에 대한 욕구 및 그 행위가 실제 일어나는 특정 상황, 직접적 단서, 이때의 정서적 상태, 인지적 이유 등을 직접 확인하도록 도모한다. 이에 사용되는 자극들은 불안장애에서와 마찬가지로 환자의 상상을 통하거나, 혹은 실제 환경(in vivo)을 통해 제공되었다. 하지만 상상을 통한 노출치료에서는 환자들에게 갈망을 유발하는 경험들을 체계적으로 상상으로 떠올리도록 교육하는 것이 쉽지 않고, 실제의 삶과 경험을 시각화하는데 어려움이 있어 환자의 상상력에 따라 치료에의 몰입감이 효과적으로 부여되지

---

71) Garland, E. L. et al. 2017. Restructuring Hedonic Dysregulation in Chronic Pain and Prescription Opioid Misuse : Effects of Mindfulness-Oriented Recovery Enhancement on Responsiveness to Drug Cues and Natural Rewards. *Psychother Psychosom*, 86: 111-112.

72) Kim, K. S. 2008. ibid. p. 10.

못할 수 있다. 또한 실제 환경을 통한 노출치료는 상황/시간/비용적 제한이 따른다는 단점이 있으며, 갈망 유발 자극들을 단계적으로 구조화하는 것이 어렵고 사생활 노출의 위험 등의 우려가 있어 치료적 효과에 제한이 따른다. 이에 실제 환자들을 치료하는 치료자들은 새로운 치료법의 필요성을 인식하게 되었으며, 그 결과 가상현실 치료 같은 새로운 방안이 고안되기 시작했고 물질 중독에서 처음으로 적용되었다.[73]

(1) 물질 중독 치료 방법으로서의 가상현실 프로그램 적용

물질 중독의 재발에 있어서 가장 큰 요인 중의 하나가 특정 물질에 대한 갈망, 즉 약물을 복용하고 싶은 욕구나 충동이다. 중독 환자는 특징적으로 중독 물질과 연관된 자극에 노출되면 그 약물을 복용하고 싶은 충동이나 욕구가 증가하는데, 이러한 상황에 노출되었을 때 일어나는 갈망을 얼마나 잘 조절할 수 있느냐에 따라 치료 성과가 좌우된다고 할 수 있다.[74]

중독 환자에게 가상현실 프로그램 적용은 두 가지 목적의 측면이 있다. 하나는 중독 자극에 대한 반응성, 즉 cue reactivity를 평가하기 위한 방법이고 다른 하나는 반복적으로 중독 자극에 노출을 시킴으로써 conditioned cue에 대한 desensitization을 시키는 방법이다.[75]

(2) 행위 중독 치료 방법으로서의 가상현실 프로그램 적용

아직 행위 중독에서의 가상현실 프로그램 적용에 대해서는 연구가 많지 않다. 병

---

73) 이준영·정덕환·최정석. 2014. 중독 질환에서 가상현실기술 적용의 임상적 유용성.『J Korean Academy of Addiction Psychiatry』, 19(2): 17-22.

74) 이준영·정덕환·최정석. 2014. 앞의 논문. p. 19.

75) Tiffany S. T. 1995. *Potential functions of classical conditioning in drug addiction*. In: Drummond DC, Tiffany, S. T. Glautier, S. Remington, B. editors, Addictive behaviour: Cue exposure theory and practice. London: Wiley. pp. 47-71.

적 도박(pathological gambling)에서는 실제 카지노 노출 시 혹은 비디오 클립 등을 활용한 cue reactivity에 대한 연구 보고들이 있다. 행위 중독 분야에서 가상현실을 활용한 최초의 연구는 2013년에 Giroux 등이 보고하였는데, 저자들은 video lottery terminal이 비치된 '버츄얼 바'를 구현하여 환자들에게 체험하도록 하였고, 도박 환경에 노출될 때 주관적 도박 욕구가 상승됨을 확인하였다. 그러나 이 연구는 1회기로 구성되었기 때문에 반복 노출의 효과는 확인할 수 없었으며, 단지 치료적 적용 가능성에 대한 제안을 하였다. 국내에서는 도박 중독이나 인터넷/게임 중독 문제가 사회적 이슈가 된 상황이며, 행위 중독 문제 해결을 위한 다양한 접근 방안이 고안되고 있다. 치료적으로도 약물치료나 정신사회적 치료가 모두 필요할 것이며, 특히 중독 행위에서는 정신사회적 치료가 효과적으로 적용될 수 있다. 여기에 IT 기술이 접목된 가상현실 프로그램을 활용하여 도박이나 인터넷/게임 중독의 치료에서도 시도해 볼 수 있을 것이며, 현재 국내 연구진에 의해 버츄얼 카지노 프로그램과 인터넷/게임 중독 가상현실 프로그램이 연구 혹은 임상적으로 활용되고 있다. 향후에는 이 분야의 발전 가능성이 매우 높을 것으로 기대된다.[76]

8. 중독과 독서치료

독서치료는 문학작품을 읽고 발문을 통해 이야기를 나누며 글쓰기 등의 활동까지 총 세 번의 상호작용을 통해 대상자들을 돕기 위한 분야로, 이미 국내에서도 여러 분야에 접목되어 활용되고 있다. 그 가운데 중독이라는 문제는 임상적 독서치료(clinical bibliotherapy)에 속하기 때문에, 해당 치료를 적절히 계획 및 운영할 수 있는 치료사가 부족해 발달적 독서치료에 비해 사례가 부족한 상황이다. 따라서 독서치료가 정말 중독 환자들에게도 도움이 되는지, 그렇다면 어떤 측면에서 얼마나 효과적인지에 대한

---

76) 이준영·정덕환·최정석. 2014. 앞의 논문. pp. 20-21.

효과 검증도 적은 편이다. 그럼에도 독서치료는 분명 중독 환자들에게도 도움이 될 수 있는 방안이기 때문에, 이미 발표된 연구 논문들을 중심으로 그 관련성을 찾아보고자 한다.

김지은(2006)[77]은 광주광역시 소재 중학교에서 1학년 남학생 중 인터넷 중독 증상을 보이면서 사회성도 낮은 10명을 대상으로 총 10세션의 독서치료 프로그램을 운영했으며, 그 결과 독서치료가 인터넷 중독 청소년의 사회성 개발에 효과가 있음을 밝혔다.

장계숙(2008)[78]은 부산시 A도서관에서 초등학교 4-5학년 학생 7명을 대상으로 인터넷 중독을 예방하거나 완화하는데 도움을 주기 위한 독서치료 프로그램을 운영했으며, 그 결과 효과가 있었다고 밝혔다.

한정이(2009)[79]는 독서치료가 책 속 등장인물과의 피드백 효과를 발생시킬 뿐만 아니라, 타인과의 상호작용을 증가시키고 자기이해, 표현, 인식을 향상시키는데 효과적이며, 집단 상담을 병행하게 되면 청소년들이 등장인물과의 동일시를 통해 카타르시스를 경험하고 자신이 누구인지에 대한 새로운 통찰력을 얻을 수 있는 기회를 만들 수 있다고 판단하여, 온라인 인터넷 문화에 너무 익숙해져 안정된 정서와 고유한 정체성을 잃어버린 청소년들에게 독서치료를 적용하고, 개인적인 문제를 해결하고 건강한 자아상을 회복하며 부모와 가족의 문제를 해결하고 사회의 새로운 이슈로 떠오른 인터넷 중독을 치료할 수 있는 대안을 모색하고자 하였다. 독서치료 집단 상담에

---

77) 김지은. 2006. 『독서요법을 통한 인터넷 중독 청소년의 사회성 개발에 관한 연구』. 석사학위논문. 공주대학교 교육대학원 문헌정보교육과.

78) 장계숙. 2008. 『인터넷 중독 예방을 위한 독서치료 프로그램 적용 사례 연구』. 석사학위논문. 부산대학교 교육대학원 사서교육전공.

79) 한정이. 2009. 『청소년의 인터넷 중독에 관한 독서치료 집단상담 프로그램 효과성 분석』. 석사학위논문. 광운대학교 정보복지대학원 심리치료학과.

참여한 학생은 총 7명으로(남학생 5명, 여학생 2명) 프로그램은 주 2회씩 총 8회기에 걸쳐 적용되었으며, 그 결과 독서치료 프로그램은 학생들의 자기 통제력, 자아존중감, 충동성에 유의미한 효과가 있다는 결과가 도출되었다.

박건숙(2011)[80]은 인터넷에 중독되어 일상생활에 전반적으로 문제점을 안고 생활하는 초등학생에게 독서치료를 통해 스트레스를 해소하고 자아존중감을 기르며 인터넷 중독 문제를 감소시킬 수 있는지 알아보았다. 그 결과 인터넷에 심각하게 중독된 초등학생들을 대상으로 실시한 독서치료 프로그램은 유의미한 효과가 있는 것으로 나타났다.

황금숙, 김수경, 김정화(2013)[81]는 게임 과몰입 어린이의 심리 변인 분석을 통해 이를 극복할 수 있는 독서치료 프로그램을 개발 및 적용하여 그 효과성을 검증하였다. 그 결과 참여 어린이들은 점점 독서에 대한 흥미도가 높아지고 게임에 대한 올바른 이해와 자신 및 타인의 심리적 이해를 통해 자신의 마음을 전달하고 표현하는데 도움이 되었다는 결론을 도출하였다.

마지막으로 한경남(2016)[82]은 청소년들의 일상생활뿐만 아니라 미래의 삶까지 크게 위협하고 있는 인터넷 게임 중독에 대한 개선 방안을 모색하고자, 인터넷 게임 중독 과정의 원인과 인터넷 게임 중독의 환경적 요인을 분석하고 상담 기법을 적용하여 치료 방법을 제시하였다. 또한 주입식 교육에 의한 학교 교육을 개선하기 위한 방안으로 '도덕적 탐구'와 '윤리적 성찰'을 포함한 철학적 사고의 교육이 필요하기 때문에,

---

80) 박건숙. 2011. 『독서치료가 인터넷 중독 초등학생의 자아존중감 향상 및 인터넷 중독 개선에 미치는 효과』. 석사학위논문. 전남대학교 교육대학원 상담심리전공.

81) 황금숙·김수경·김정화. 2013. 독서치료 프로그램이 어린이 게임과몰입 극복에 미치는 효과 연구. 『한국비블리아학회지』, 24(2): 93-111.

82) 한경남. 2016. 『인터넷 게임 중독 예방을 위한 자기 통제력 강화 방안 연구 : 탐구공동체 독서토론을 중심으로』. 박사학위논문. 경상대학교 대학원 윤리교육학과.

협동학습 기반 독서토론 방법을 적용한 인터넷 게임 중독 예방에 도움이 될 거라고 하였다.

이상에서 살펴본 바와 같이 독서치료 분야에서 중독을 주제로 한 연구들은 대부분 인터넷 게임 중독에 치우쳐 있다. 그 이유에는 우리나라에서의 독서치료가 주로 아동에게 접목이 되면서 시작되었다는 점, 더불어 인터넷과 게임 강국이기 때문에 특히 인터넷 게임 중독에 대한 문제가 많았다는 점 등 다양할 텐데, 어쨌든 다른 중독 분야에도 적용해 충분한 효과가 있음을 검증해야 한다는 반증이자 이 책의 가치를 더 높일 수 있는 측면이기도 하다.

첫 번째 중독

초등 고학년의
인터넷·스마트 폰 과몰입 조절을 위한
독서치료 프로그램

첫 번째
중독

초등 고학년의
인터넷 · 스마트 폰 과몰입 조절을 위한
독서치료 프로그램

1. 프로그램의 목표

인터넷은 인간이 개발한 역사상 가장 위대한 발명품 중 하나이다. 우리나라도 1994년부터 인터넷 서비스가 널리 보급되면서 유 · 아동에서 노인에 이르기까지 대부분의 사람들이 인터넷을 이용하게 되었고, 2010년대에 들어 스마트 폰이 상용화되면서 인터넷을 컴퓨터가 아닌 스마트 폰으로 사용하는 시대가 열리게 되었다. 특히 어린이와 청소년의 휴대폰 보유율은 지속적으로 증가하여 2018년을 기준으로 초등학교 저학년 37.8%, 고학년 81.2%로 학년이 높을수록 스마트 폰을 많이 보유하고 있는 것으로 나타났고, 이후에도 스마트 폰 보유율은 꾸준히 증가해왔다. 인터넷 · 스마트 폰의 급속한 확산은 쉽게 접근할 수 있는 편리성 때문에 다양한 의사소통의 채널로 활용되는 긍정적인 영향을 끼치기도 하지만, 과도한 사용으로 인해 사회 전반에 부정적인 영향을 주기도 한다. 대표적인 문제가 바로 인터넷 · 스마트 폰 중독이다.[83]

---

83) 도경진·이은영. 2021. 지역아동센터 이용 초등학교 고학년 학생의 스마트 폰 중독 영향 요인. 『한국융합학회논문지』, 12(5). p.52.

Brenner(1997)에 의하면, 청소년기에는 신체적·정신적 발달과 함께 정체감에 위기를 느끼고 자기통제력이 약하기 때문에, 인터넷 사용자의 나이가 어릴수록 더 많은 문제를 경험하는 경향이 있다.[84] 아동·청소년들의 인터넷·스마트 폰 중독 문제는, 인터넷과 스마트 폰을 사용하는데 많은 시간을 할애하게 되면서, 학교에서 수업을 듣는데 필요한 충분한 수면을 취하지 못하게 만들고, 그로인해 심각한 학업 문제를 야기하게 된다는데 있다. 학업 문제뿐만 아니라 우울과 불안, 충동성과 공격성 등의 심리정서적인 부분에도 관련이 많은 것으로 나타났는데, 인터넷 중독군 중 54%가 우울증을 보였으며 34%가 불안을 보였다.[85] 인터넷·스마트 폰 중독으로 상담 및 치료를 받은 증상은 우울이 가장 높았으며, 그 다음으로 불안, 주의력 결핍 및 과잉행동장애 순으로 나타났다.[86] 또한 중독 행동으로 인해 발생하는 건강 문제, 가족 또는 친구와의 갈등 등도 무시할 수 없는 큰 문제다.

인터넷·스마트 폰 중독의 치료를 위해서는 동기강화상담과 인지행동치료를 통해 개입하는 것이 효과적일 수 있음을 여러 연구결과들이 입증하고 있다. 그 가운데 동기강화상담은 청소년들의 변화에 대한 양가감정을 탐색하게 하고, 자율적으로 결정하는 능력을 고양시키며, 자기효능감을 증진시켜 변화 동기를 촉진하는데 유용한 접근이고(Wagner & Ingersoll, 2013), 인지행동치료는 구체적인 기술들을 가르치고 일상에서 적용할 수 있도록 과제를 내줌으로 실생활에서 더 잘 기능하게 돕는 기법이다.[87]

---

84) 이지나·신지현. 2020. 동기강화 집단미술치료가 인터넷 중독 아동의 인터넷 중독 증상과 자기통제력에 미치는 효과. 『미술치료연구』, 27(2): 259-281.

85) Young, K. S. 1996, Psychology of computer use : XL. Addictive use of the internet : a case that breaks the stereotype. *psychological reports*, 79: 899-902.

86) 박준영. 2016. 『동기강화상담-인지행동 집단 프로그램이 청소년의 인터넷·스마트 폰중독, 변화동기, 정서조절에 미치는 영향』. 석사학위논문. 한동대학교 일반대학원 심리학과. p.31.

87) 박준영. 2016. 앞의 논문.

본 프로그램은 동기강화상담과 인지행동치료 기법을 활용하여, 인터넷 · 스마트 폰 과몰입 초기 청소년의 자율적인 변화 동기 강화와 재발 방지, 정서 조절 향상을 통한 중독 행동 조절을 목표를 두고 구성하였다.

2. 프로그램 구성

본 프로그램은 총 12세션으로 구성되었다. 참여 대상은 인터넷 · 스마트 폰에 대해 과몰입 상태이거나 전단계라고 여겨지며, 현재 중독에서 벗어나고자 하는 행동 변화 의 의지가 있는 초등학교 5 · 6학년이다. 이어서 치료약의 역할을 할 문학작품은 도 서와 동영상, 보드 게임 등 참여자들의 흥미를 유발시킬 수 있는 것들을 다양하게 선 정하고자 노력했으며, 관련 활동은 활동지를 바탕으로 한 글쓰기와, 협동화 그리기, 책 만들기 등의 미술활동 등을 함께 선정해 참여 학생들에게 유익함과 함께 재미를 줄 수 있도록 하였다.

프로그램 세부목표의 흐름은 자기소개와 개인별 목표 설정으로부터 시작되며, 가 족 · 친구와 관계에서의 감정 탐색, 추구하는 가치관과 현재 상태의 불일치감 점검, 행동 변화에 대한 양가감정 탐색, 변화 욕구 명료화, 자기조절력 향상, 부정적 정서 조절, 자율성 · 자기효능감 증진, 가치관 명료화, 변화계획 수립, 공감, 재발 위험 내 적 · 외적요인 통제 계획 수립, 자신과 동료에 대한 지지하기로 이어진다. 이 프로그 램에 참여 가능한 인원은 8명 내외이며, 세션 당 운영 시간은 1시간 30분(90분)이다. 프로그램의 세부 계획은 다음의 〈표〉와 같다.

〈표〉 초등 고학년의 인터넷·스마트 폰 과몰입 조절을 위한 독서치료 프로그램 계획

세션	세부 목표		문학작품	관련 활동
1	프로그램 소개 및 마음열기/자기점검		도서 : 아빠는 접속 중 애니 : 저두인생	– 프로그램 소개/우리들의 약속 – 자기소개/참여 동기와 목표 나누기 – 인터넷 · 스마트 폰 별칭 짓기 – 인터넷 · 스마트 폰 중독 K척도 검사 – 글 · 그림 목표 활동지
2	감정 탐색 스트레스 탐색		도서 : 감정에 이름을 붙여 봐	– 감정 탐색/감정 단어 정의 – 나의 스트레스 뇌구조
3	불일치감 탐색 (인터넷 · 스마트 폰의 재구조화) 행동 변화 준비		도서 : 노아의 스마트 폰 도서 : 4998 친구	– 중독 행동의 영향력 마인드맵 – 현실 세계/가상공간에서의 행동 차이 – 인터넷 · 스마트 폰 순 · 역기능 탐색 – 변화 준비 DARN
4	양가감정 탐색 (변화 동기 · 가치관)		도서 : 모두 다 싫어 도서 : 오직 토끼하고만 나눈 나의 　　　열네 살 이야기 도서 : 기울어	– 두 마음 활동지 – 결정 저울 활동지
5	변화욕구 명료화		도서 : 침대 밑 괴물	– 머무르기/행동이 변화된 미래 상상하기 – 두 버전의 8컷 만화 그리기
6	부정적 정서 조절	충동성 · 공격성 조절	도서 : 성질 좀 부리지마, 닐슨! 보드 게임 : 분노 조절 카드	– 화가 나는 상황/대처 행동 · 말/해결안 – 신박한 해결방법 찾기 – 나만의 분노 상황 해결 카드 만들고 　해결카드 점수 주기
7		불안 · 우울	도서 : 불안 도서 : 눈물빵 영상 : 그걸 바꿔 봐!	– 불안 · 우울 다루기 – 불안 · 우울 · 바뀐 느낌 · 행동의 물리적 　크기 · 강도 · 온도 · 점수 등 탐색
8	자율성 · 자기효능감 증진		도서 : 실수해도 괜찮아! 영상 : 멘토의 유산 – 실패를 즐겨라, 　　　성공엔 배울 것이 없다	– 과거 성공담 나누기 – 인터넷 · 스마트 폰 사용 계획서 작성 – 중독 행동 유발 상황 생각하기 – 대안 활동 탐색

9	가치관 명료화	보드 게임 : (행복한 삶을 위한) 가치 카드	– 가치관 재탐색 – 가치관과 목표 – 나만의 가치 사전/가치 카드 만들기
10	변화 계획 수립	도서 : 웅덩이를 건너는 가장 멋진 방법 도서 : 아이스크림 걸음	– 행동 변화 계획서 만들기 – 변화 행동 방해물 던져버리기
11	공감/재발 가능 내 · 외적요인 통제 계획 수립	도서 : 다 같은 나무인 줄 알았어 도서 : 키오스크	– 동료 장점 찾아 칭찬하기 – 변화 유지를 위해 필요한 것 목록 – 계획 사다리 꾸미기
12	지지하기/마무리	도서 : 때문에	– 인터넷 · 스마트 폰 중독 K척도 검사 – 미래의 내 모습 그리고 편지 쓰기 – 롤링페이퍼 – 사후 도움 기관 고지 및 마무리

세션 Session

1) 세부목표 : 프로그램 소개 및 마음열기/자기 점검

1세션의 가장 큰 목표는 마음열기와 친밀감 형성이다. 먼저 치료사 소개와 더불어 프로그램의 성격과 매 세션의 목표와 활동들을 간략하게 설명해 참여자들의 불안감을 감소시키도록 한다. 프로그램에서 다룰 내용을 알고 있으면 참여자 스스로 마음의 준비를 할 수도 있고, 꼭 다루었으면 하는 내용으로 수정해 진행할 수도 있다. 참여자들에게 필요에 따라 세부 계획안이 일부 수정될 수도 있으며, 참여자의 생각이 반영될 수도 있음을 알린다. 이어서 참여자 자기소개와 프로그램 참여 동기를 나눠 참여자들에 대해 알아가는 시간을 가진다. 세션의 선정 자료로는 도서 『아빠는 접속 중』과 동영상 『저두인생』을 택했는데, 아동이 아닌 다른 가족, 즉 아빠의 과몰입 상태를 보며 과몰입 상태에 있는 인물에 대해 보다 편하게 이야기를 나눌 수 있을 것으로 기대했기 때문이다. 동영상은 스마트 폰 중독으로 인해 현실의 상황이나 곁에 있는 사람에게 관심을 두지 않는 인물을 표현한 작품으로, 과몰입의 폐해에 대해 생각해 볼 수 있게 하는 매개물로 선택했다.

2) 문학작품
① 도서 : 아빠는 접속 중 / 필립 드 케메테 글·그림, 이세진 옮김 / 푸른숲주니어 / 2016

주인공 아기 펭귄의 아빠에게는 아이스북 친구가 532명이나 있다. 아빠가 아이스북 친구와 소통하느라 사이버 세계에 푹 빠져 사는 통에 가족들은 그런 아빠가 야속하다. 그런 아빠에게 어느 날 청천벽력 같은 일이 일어나는데, 그 일은 바로 인터넷 접속이 끊긴 것이다. 그래서 접속이 되는 곳을 찾아 헤매던 아빠는 조각난 빙하에 실려 어디론가 떠밀려 가다가, 현실 친구인 북극곰을 만나 구사일생으로 돌아온다는 줄거리이다.

이 그림책은 인터넷 중독이라는 무거운 소재를 중심으로 이야기를 이끌어가고 있지만, 주제 의식을 겉으로 강하게 드러내기보다는 아들 펭귄의 천진한 눈으로 아빠의 모습을 유쾌하게 그려내어 그다지 무겁지 않게 읽을 수 있다. 책을 읽은 뒤, '아이스북에 빠진 아빠 펭귄을 닮은 사람이 주변에 있는지'에 대한 확인을 해보고, 과몰입에 대한 느낌과 생각이 어떤지 확인해 보자. 또한 바람직한 행동 변화에 대한 생각들을 나눌 수 있다면, 이 그림책을 선정한 의미가 커질 것이다.

② 동영상 : 저두인생 / 리청린 감독 / 2015

리청린은 대학교 재학 당시 사회문제를 다룬 에니메이션을 제작하라는 과제를 받고 이 영상을 제작했다. 그는 지하철이나 버스에서 대부분의 사람이 스마트 폰만 들여다보고 있는 현실을 풍자해 이 작품을 만들었다고 한다. '저두족'이란 '고개 숙인 사람'이라는 중국의 신조어로 스마트 폰을 보기 위해 고개 숙인 사람들을 말한다. 영상에 나오는 인물들은 스마트 폰에 빠져 주변에 관심이 없다. 구급대원은 화재 현장에서 인명 구조에는 아랑곳하지 않고 스마트 폰만 들여다보고 있고, 길을 걷는 행인은 가로등에 부딪쳐도, 걷다가 옷이 벗겨져도, 고양이를 깔고 앉아 압사시켜도 알아차리지 못할 만큼 스마트 폰에 빠져 있다. 다소 과장된 내용이지만, 참여 아동들에게 재미와 함께 스마트 폰의 위험에 대해 생각해볼 수 있게 해 줄 수 있는 영상이어서 선택했다. 동영상을 보고 애니메이션 속 인물과 비슷한 모습의 자신과 주변인들을 떠올리면서 스스로의 문제 행동을 자각할 수 있기를 바란다.

3) 관련 활동

① 프로그램 소개 및 약속 정하기

집단 프로그램에서는 본인의 문제 행동 뿐 아니라, 동료와의 관계에서 오는 어려움이 난제로 다가올 수 있다. 그런 상황을 미리 참여자들에게 고지하며, 편안하고 원활한 진행을 위해 어떤 규칙이 필요할지 생각해 보게 한다. 참여자들이 내는 의견을 적극 수렴하되, 동료의 이야기를 진지하게 경청하기, 비난하지 않기, 동료 존중하기, 프로그램에 적극적으로 참여하기 등의 가장 중요한 기본 항목은 미리 프린트로 준비해 배부하도록 한다. 활동 자료는 〈관련 활동 1-1〉과 같다.

② 자기소개와 프로그램 참여 동기 및 목표 나누기

대개의 경우 처음 만나는 사람에게 자신을 소개하는 것은 어려운 일일 수 있다. 어색하기도 하고 무엇을 중점적으로 어필해야 할지 난감하기 때문이다. 본 프로그램은 인터넷·스마트 폰 과몰입 아동이 대상이므로 '나에게 인터넷·스마트 폰이란?'이란 화두로 자기소개를 시작해, 자신의 문제점과 변화하고 싶은 목표 등을 나누며 마무리하는 것으로 진행한다. 참여자들이 가운데 가장 먼저 소개하는 것을 부담스러워 한다면, 치료사가 먼저 같은 방식으로 시범을 보여주어 부담감을 줄여주는 것도 좋겠다.

③ 인터넷·스마트 폰 중독 K척도 검사

〈Young의 인터넷 중독도 검사지〉를 비롯해, 인터넷·스마트 폰 중독도 검사지가 다양하게 있지만 본 프로그램에서는 40문항의 〈한국형 인터넷 중독 자가진단 검사(K척도)〉와 15문항의 〈청소년 스마트 폰 중독 자가진단 질문지〉를 사용한다. 〈한국형 인터넷 중독 자가진단 검사(K척도)〉의 경우, 사용자군 특성 채점 시 초등학생 기준으로 계산할 수 있도록 고지하고 스스로 채점해 보도록 한다. 척도지는 〈관련 활동 1-3〉과 〈관련 활동 1-4〉에 제시했다.

④ 협동화 꾸미기

4명씩 두 팀으로 나누어 〈관련 활동 1-3〉에 정리한 내용인 인터넷 · 스마트 폰에 대한 개인의 생각과 감정, 프로그램을 통해 도달하고자 하는 목표 등을 기본으로, 어떤 순간에 인터넷 · 스마트 폰이 절실히 하고 싶어지는지, 인터넷 · 스마트 폰을 하고 있을 때 내가 느끼는 감정은 어떤 것인지, 어떤 표정인지 등을 4절지에 POP펜이나 유성펜을 사용해 글과 그림으로 정리하도록 안내한다. 본 활동은 합작 활동이기 때문에, 각 참여자가 네 모서리에 각자의 작업을 하면서 모둠원들의 내용을 보게 되므로, 참여자들이 서로의 정보를 공유하며 친밀감을 쌓을 수 있는 데에도 기여할 것이다. 또 프로그램을 진행하며 변화될 자신의 생각이나 감정을 살펴보고, 목표 달성 정도의 점검을 통한 재설정, 자기 평가 등에 유용하게 쓰일 수 있으므로 성실하게 표현하도록 지도한다. 다만, 합동 작업의 난점인 갈등 상황이 일어날 수 있으므로, 팀원 간 문제가 생기는지 잘 살피고 문제 발생 시 당사자 스스로 타협하지 못할 경우 중재해 잘 진행할 수 있도록 돕는다.

우리들의 약속

1. 프로그램에 적극적으로 참여하겠습니다.

2. 친구를 존중하고 비난하지 않겠습니다.

3. 다른 친구들의 말을 경청하겠습니다.

4. 친구와 나눈 비밀을 지키겠습니다.

5.

6.

7.

 (서명)

인터넷 · 스마트 폰 사용 실태 점검표

인터넷 · 스마트 폰과 나	이름 :

- 나에게 인터넷 · 스마트 폰이란 어떤 의미인가요? 이유는 무엇인가요?

인터넷 · 스마트 폰은 나에게   이다. 왜냐하면

- 일주일간 나의 인터넷 · 스마트 폰 사용 빈도는 어떤가요? 용도와 사용 시간을 적어 보세요.

사용기기	용도	사용시간	유익한 정도(10점 만점)
	정보 지향(검색, 수집, 저장, 전달, 학습 등)		
	활동 지향(게임 등)		
	관계 지향(메일, 카톡, 페북 등)		

- 나에게 가장 유익했던 용도는 어떤 것이었나요? 반대로 유익하지 않았던 건 무엇이었나요?
  그렇게 생각하는 이유도 적어 보세요.

유익한 용도	그렇게 생각하는 이유	유해한 용도	그렇게 생각하는 이유

- 나의 인터넷 · 스마트 폰 생활은 어떤지, 나는 어떤 단계에 있는지 생각해 봅시다.

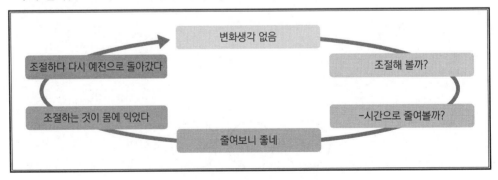

- 프로그램을 통해 얻고 싶은 것은 무엇인가요? 이루고 싶은 바람을 적어보세요.

한국형 인터넷 중독 자가진단 검사(K척도)

각 문장을 잘 읽고 자신에게 가장 잘 맞는다고 생각하는 정도에 ○표 해 주세요.

번호		항목	전혀 그렇지 않다	때때로 그렇다	자주 그렇다	항상 그렇다
일상 생활 장애	1	인터넷 사용으로 인해서 생활이 불규칙해졌다.	1	2	3	4
	2	인터넷 사용으로 건강이 이전보다 나빠진 것 같다.	1	2	3	4
	3	인터넷 사용으로 학교 성적이 떨어졌다.	1	2	3	4
	4	인터넷을 너무 사용해서 머리가 아프다.	1	2	3	4
	5	인터넷을 하다가 계획한 일들을 제대로 못한 적이 있다.	1	2	3	4
	6	인터넷을 하느라고 피곤해서 수업 시간에 잠을 자기도 한다.	1	2	3	4
	7	인터넷을 너무 사용해서 시력 등에 문제가 생겼다.	1	2	3	4
	8	다른 할 일이 많을 때에도 인터넷을 사용하게 된다.	1	2	3	4
	9	인터넷 사용으로 인해 가족들과 마찰이 있다.	1	2	3	4
현실 구분 장애	10	인터넷을 하지 않을 때에도 하고 있는 듯한 환상을 느낀 적이 있다.	1	2	3	4
	11	인터넷을 하고 있지 않을 때에도, 인터넷에서 나오는 소리가 들리고 인터넷을 하는 꿈을 꾼다.	1	2	3	4
	12	인터넷 사용 때문에 비도덕적인 행위를 저지르게 된다.	1	2	3	4
긍정적 기대	13	인터넷을 하는 동안 나는 가장 자유롭다.	1	2	3	4
	14	인터넷을 하고 있으면 기분이 좋아지고 흥미진진해진다.	1	2	3	4
	15	인터넷을 하는 동안 나는 더욱 자신감이 생긴다.	1	2	3	4
	16	인터넷을 하고 있을 때 마음이 제일 편하다.	1	2	3	4
	17	인터넷을 하면 스트레스가 모두 해소되는 것 같다.	1	2	3	4
	18	인터넷이 없다면 내 인생에 재미있는 일이란 없다.	1	2	3	4

			1	2	3	4
금단	19	인터넷을 하지 못하면 생활이 지루하고 재미가 없다.	1	2	3	4
	20	만약 인터넷을 다시 할 수 없게 된다면 견디기 힘들 것이다.	1	2	3	4
	21	인터넷을 하지 못하면 안절부절못하고 초조해진다.	1	2	3	4
	22	인터넷을 하고 있지 않을 때도 인터넷에 대한 생각이 자꾸 떠오른다.	1	2	3	4
	23	인터넷 사용 때문에 실생활에서 문제가 생기더라도 인터넷 사용을 그만두지 못한다.	1	2	3	4
	24	인터넷을 할 때 누군가 방해를 하면 짜증스럽고 화가 난다.	1	2	3	4
가상적 대인관계 지향성	25	인터넷에서 알게 된 사람들이 현실에서 아는 사람들보다 나에게 더 잘해 준다.	1	2	3	4
	26	온라인에서 친구를 만들어 본 적이 있다.	1	2	3	4
	27	오프라인에서보다 온라인에서 나를 인정해 주는 사람이 더 많다.	1	2	3	4
	28	실제에서 보다 인터넷에서 만난 사람들을 더 잘 이해하게 된다.	1	2	3	4
	29	실제 생활에서도 인터넷에서 하는 것처럼 해보고 싶다.	1	2	3	4
일탈 행동	30	인터넷 사용 시간을 속이려고 한 적이 있다.	1	2	3	4
	31	인터넷을 하느라고 수업에 빠진 적이 있다.	1	2	3	4
	32	부모님 몰래 인터넷을 한다.	1	2	3	4
	33	인터넷 때문에 돈을 더 많이 쓰게 된다.	1	2	3	4
	34	인터넷에서 무엇을 했는지 숨기려고 한 적이 있다.	1	2	3	4
	35	인터넷에 빠져 있다가 다른 사람과의 약속을 어긴 적이 있다.	1	2	3	4
내성	36	인터넷을 한 번 시작하면 생각했던 것보다 오랜 시간 인터넷에서 보내게 된다.	1	2	3	4
	37	인터넷을 하다가 그만두면 또 하고 싶다.	1	2	3	4
	38	인터넷 사용 시간을 줄이려고 해보았지만 실패한다.	1	2	3	4
	39	인터넷 사용을 줄여야 한다는 생각이 끊임없이 들곤 한다.	1	2	3	4
	40	주위 사람들이 내가 인터넷을 너무 많이 한다고 지적한다.	1	2	3	4

(한국언론정보진흥원, 2008)

청소년 스마트 폰 중독 자가진단 질문지

번호	항목	전혀 그렇지 않다	때때로 그렇다	자주 그렇다	항상 그렇다
1	스마트 폰의 지나친 사용으로 학교 성적이 떨어졌다.	1	2	3	4
2	가족이나 친구들과 함께 있는 것보다 스마트 폰을 사용하고 있는 것이 더 즐겁다.	1	2	3	4
3	스마트 폰을 사용할 수 없게 된다면 견디기 힘들 것이다.	1	2	3	4
4	스마트 폰 사용 시간을 줄이려고 해보았지만 실패한다.	1	2	3	4
5	스마트 폰 사용으로 계획한 일(공부, 숙제 또는 학원 수강 등)을 하기 어렵다.	1	2	3	4
6	스마트 폰을 사용하지 못하면 온 세상을 잃은 것 같은 생각이 든다.	1	2	3	4
7	스마트 폰이 없으면 안절부절못하고 초조해진다.	1	2	3	4
8	스마트 폰 사용 시간을 스스로 조절할 수 있다.	1	2	3	4
9	수시로 스마트 폰을 사용하다가 지적을 받은 적이 있다.	1	2	3	4
10	스마트 폰이 없어도 불안하지 않다.	1	2	3	4
11	스마트 폰을 사용할 때 '그만 해야지'라고 생각을 하면서도 계속한다.	1	2	3	4
12	스마트 폰을 너무 자주 또는 오래한다고 가족이나 친구들로부터 불평을 들은 적이 있다.	1	2	3	4
13	스마트 폰 사용이 지금 하고 있는 공부에 방해가 되지 않는다.	1	2	3	4
14	스마트 폰을 사용할 수 없을 때 패닉 상태에 빠진다.	1	2	3	4
15	스마트 폰 사용에 많은 시간을 보내는 것이 습관화되었다.	1	2	3	4

(한국정보화진흥원, 2012)

협동화

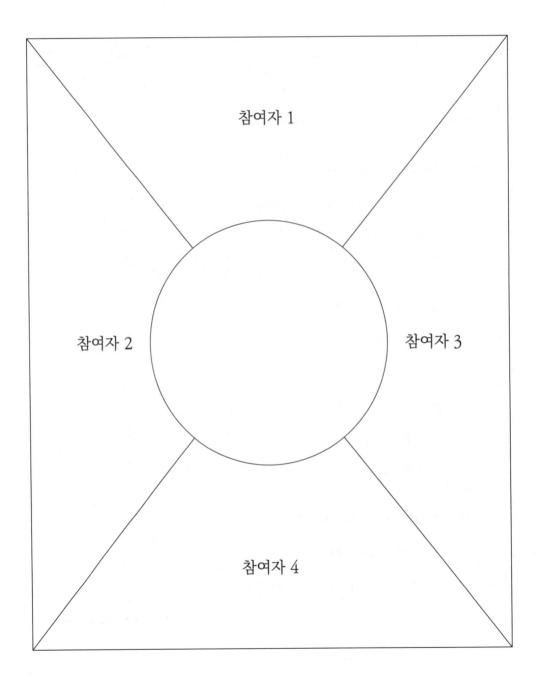

2 세션 Session

1) 세부목표 : 스트레스 탐색

대인관계에서 서로를 보다 잘 이해하기 위해서는, 인지적 공감뿐만 아니라 타인의 감정 상태에 대해 정서적으로 공감하는 것 또한 매우 중요하다. 더구나 청소년을 대상으로 하는 프로그램에서는 특히 인지적인 접근보다 감정적인 접근이 효과적이다. 실제로 Kenneth Resnicow도 청소년에게 '네가 고민하고 있는 것'과 같은 인지적인 말보다 '네가 걱정하고 있는 것'과 같은 좀 더 감정적인 내용을 반영하는 언어를 사용하는 것이 효과적이라고 제안한다.[88] 따라서 참여자의 어려움을 나누기 위해 직접적으로 문제에 접근하는 것보다는 함께 감정을 탐색하며 공감하는 시간을 가지는 것이 바람직하다.

신성만 등의 『중독상담학개론』에 따르면[89], 중독자는 감정이 억압되어 있고 자신의 감정을 적절히 표현하기 어려우며, 피해의식이 많고 예민한 특성이 있다고 한다. 또한 대부분의 중독자는 좌절감과 무력감을 많이 느끼고 우울하며 불안정하고, 대인관계가 위축되어 있다고 한다. 반대로 가정의 문제, 사회의 불안정, 가치관의 혼란과 같은 사회문화적 요인도 중독행동에 직접 혹은 간접적으로 영향을 미친다고 한다. 따라서 억압된 감정을 풀고 원활한 감정 표현을 위해 참여자에 대해 적극적 경청과 공감을 하면서 신뢰관계를 유지해야 한다는 것을 유념해 프로그램을 진행하도록 한다.

---

88) 실비 나르킹·마리안 수아레즈 지음, 신성만 옮김. 2014. 『(청소년을 위한) 동기강화상담』. 서울: 교보문고. p. 50.

89) 신성만·이자명 외 지음. 2018. 『중독상담학개론』. 서울: 학지사. p. 18.

2세션의 목표는 스트레스 탐색이다. 자연스러운 진행을 위해 스트레스를 탐색하기 전, 다양한 감정에 대해 이야기를 나누며 참여자들이 주로 느끼는 것들을 탐색해 본다. 이때 다양한 감정 가운데 특히 '짜증'이라는 감정 단어에 집중해 생각해 보도록 유도할 수 있다면, 이어서 탐색할 '스트레스' 요인을 조금 더 쉽게 찾을 수 있을 것이다.

2) 문학작품
도서 : 감정에 이름을 붙여 봐 / 이라일라 글, 박현주 그림 / 파스텔하우스 / 2022

이 책은 오늘 느끼고 있는 기분에 대해 생각해 보도록 하고, 감정의 이름을 알게 되면 좋은 점, 감정이 하는 일, 감정의 다양성, 감정의 소중함을 알려주는 책이다. 또한 모든 감정에는 이유가 있다는 것을 말하며, 45가지 감정에 대한 정의와 상황 예시, 역할 등에 대한 설명도 해준다. 작가는 '슬픔'이라는 감정을 오랫동안 싫어하다가 감정이 찾아오는 이유가 있다는 걸 깨닫고 나서 모든 감정을 좋아하게 되었고, 그 경험으로 이 책을 쓰게 되었다고 한다. 따라서 참여자들에게 긍정적 감정뿐 아니라, 부정적인 감정까지 모든 감정이 필요하고 중요하다는 것을 알리는 때에 작가의 예를 들려주는 것도 좋을 것이다.

중독 행동으로 인해 일어나는 가족과 주변인들과의 갈등 상황에 대해 이야기를 나눌 때 억압된 감정을 들여다보고 표현할 수 있을 것으로 기대되어 이 책을 선정했다. '기분이 나쁘다', '기분이 좋다', '기분이 상했다' 등이 아닌 자신이 느껴왔던 감정의 실체를 정확히 알고 갈등 상황에 접근한다면, 상황을 해결할 기회를 얻을 수도, 자신의 욕구를 들여다보고 답답한 마음을 풀어낼 수도 있을 것이다.

3) 관련 활동

프로그램을 시작하면서 참여자의 다양한 감정을 초래하는 각자의 상황을 살펴보는 것으로 감정 인식과 표현에 대한 활동을 한다. 이어서 문학작품을 읽으며 감동, 걱정, 감사, 기쁨, 다정함, 당황, 부러움, 불안, 우울, 자신감, 즐거움, 짜증, 편안함, 후회 등의 감정을 살펴본 뒤, 자신이 많이 느끼는 5가지 감정을 골라 자신만의 감정 사전을 만들어 보도록 한다. 이어서 스트레스를 받는 상황을 뇌구조에 표현한 뒤, 각 상황에 따른 스트레스 지수, 그때의 말과 행동, 대처법 등을 나누며 참여자들이 스트레스 상황을 충분히 탐색하고 대처 방법도 배우고 실천할 수 있도록 돕는다.

① 나만의 감정 사전

오늘 내가 느낀 감정과 그 이유를 생각해 보고, 나아가 최근 많이 느낀 감정에 대해 집중해 보도록 한다. 그 중 5가지를 선택해 내가 생각하는 정의를 적어 나만의 감정 카드를 만들어 보도록 한다. 이때 '짜증'이라는 감정 단어는 반드시 선택하도록 해, 이어질 스트레스 탐색을 준비하도록 한다. 활동 자료는 〈관련 활동 2-1〉과 같다.

② 나의 스트레스 뇌구조

내가 스트레스를 받는 항목을 뇌구조에 표현하도록 한다. 중독 행동으로 벌어지는 여러 상황을 떠올려 보고, 각 항목의 크기로 스트레스 지수를 표현할 수도 있고 구체적인 숫자를 사용해 표현할 수도 있다. 각 항목에 대한 세부 설명과 상황이 일어나는 당시의 자신의 말과 행동, 대처법 등도 함께 나눈다.

③ 도움 기관 안내하기

중독 행동으로 어려움을 겪을 때 도움을 받을 수 있도록 도움 기관을 안내해 행동 조절 노력에 도움이 되도록 한다.

- 사이버 1399 청소년상담센터 : www.cyber1388.kr

- 한국정보화진흥원(NIA) 인터넷중독예방상담센터 : http://www.iapc.or.kr/

- 전국청소년상담센터

- 한국청소년상담복지개발원 : www.kyci.or.kr

- 아이윌센터(I WIIL center)

- 스마트쉼센터 : 1599-0075

나만의 감정 사전

오늘의 기분은 어떤가요? 정확한 단어로 감정을 적어보고 100점 만점에 몇 점인지도 적어 보세요. 또 그 감정을 느끼는 이유도 생각해 적어 보세요.

오늘의 기분	
이유	

최근 한 달간 내가 가장 많이 느낀 감정은 무엇인가요? 나라면 그 감정을 어떻게 정의할지 설명 칸에 적어 보세요.

감정	정의(설명)

나의 스트레스 뇌 구조

인터넷 · 스마트 폰으로 인해 일어나는 문제 상황을 떠올려 보고, 아래의 표를 채워 보세요.

문제 상황 시 나의 말과 행동, 대처법도 함께 생각해 적어 보세요.

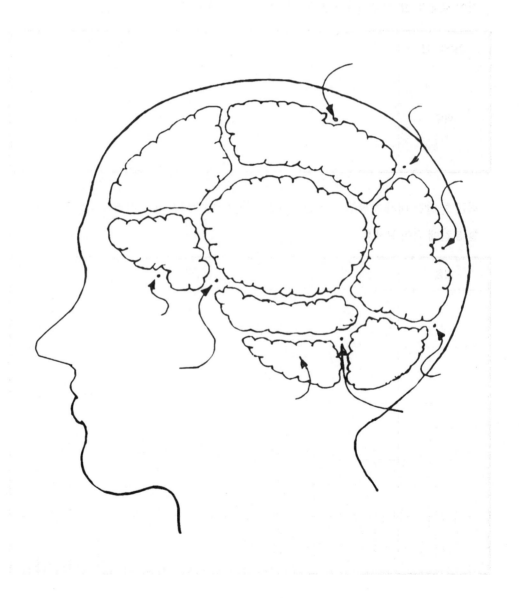

3 세션 Session

1) 세부목표 : 불일치감 인식/행동 변화 준비

3세션의 목표는 참여 아동 스스로 불일치감을 느끼고, 행동 변화의 필요성을 깨달으면서 변화를 준비하게 하는 것이다. 아동이 본 프로그램에 참여하고 있다는 사실이 이미 변화하고자 하는 의지를 보여준다고 할 수 있지만, 구체적으로 자신이 바라는 상태와 현재 상태의 불일치를 지각하도록 해 행동 변화 동기를 강화하도록 도울 필요가 있다. 아동은 치료사의 적극적 경청과 반영을 통해, 문제 행동과 바람 사이의 불일치감을 인식하게 되며 변화의 필요성을 깨닫게 된다. 또한 인지 부조화의 원리를 사용해 스스로의 신념과 자신의 행동 간의 불일치를 줄이려는 행동을 하게 되고, 그것이 행동 변화의 시작이 될 것이다. 따라서 치료사는 먼저 자신의 현 상태를 인식하게 하기 위해 중독 행동의 영향력을 탐색해 보도록 하고, 가상 세계와 현실 세계에서의 행동 차이와 차이의 이유를 생각해 보도록 해, 가상세계에서 자신이 추구하던 욕구와 가치를 찾도록 돕는다. 지금까지 이뤄진 인터넷 중독에 대한 인지행동치료와 동기강화상담 등을 통한 여러 연구에서, 참여자가 중독 상황에 있더라도 인터넷을 금지하기 보다는 적절히 통제된 방식으로 사용하는 것이 치료에 효과적이라는 사실이 밝혀졌다. 따라서 아동에게 인터넷·스마트 폰을 금지시키거나 무리하게 사용 시간을 줄이기보다는 인터넷·스마트 폰의 순기능과 역기능을 찾아보게 한 뒤, 인터넷·스마트 폰을 재구조화해 적절히 사용할 수 있도록 이끌어주어야 한다. 이 세션에서는 중독 관련 자신의 현재 상태와 자신이 원하는 삶과의 불일치를 인식해 변화의 필요성을 깨닫도록 하고 긍정적인 변화로의 준비가 가장 중요한 목표이므로, 이 활동에 집중해 참여할 수 있도록 돕는 것이 바람직하다.

2) 문학작품
① 도서 : 노아의 스마트 폰 / 디나 알렉산더 글·그림, 신수진 옮김 / 나무야 / 2020

노아는 생일선물로 고대하던 스마트 폰을 받고 기뻐한다. 스마트 폰으로 채팅도 하고 게임도 하고 좋아하는 연예인을 팔로우하며 여느 또래와 마찬가지로 스마트 폰과 한 몸처럼 지낸다. 그러던 어느 날 노아는 문득 자신이 얼마나 스마트 폰에 빠져 있었는지 깨닫고 자신과 주변 친구들이 어떻게 변화했는지 살펴보게 된다. 스마트 폰이 마치 어른과 다 큰 아이들의 애착 담요나 인공 젖꼭지 같다고 깨닫는 순간, 지난주에 자신이 저지른 일이 떠올라 께름칙해진다. 그 일은 SNS에 같은 반 친구다 점심 먹는 사진을 올리며 '꿀꿀꿀'이라는 글을 달았던 것이다. 바로 그날 아침 노아는 등굣길 버스 안에서 스마트 폰을 들여다보는 동안 물병에서 샌 물로 인해 바지가 젖게 되는데, 누군가 그 사진을 가짜 계정을 이용해 SNS에 올린다. '노아 오줌 쌌음. 애도 아니고' 라는 글과 함께.

SNS에 글이나 사진을 올릴 때, 채팅을 하거나 이메일을 보낼 때, 다른 사람들과 온라인에서 게임을 할 때에도, 댓글 몇 줄로 한 사람을 죽음으로 몰아갈 수도, 잘못 올린 영상으로 많은 사람에게 피해를 줄 수도 있다. 물론 반대로 선한 영향력을 행사하여 크고 작은 변화를 일으킬 수도 있다.

이 책은 SNS 활동으로 인해 일어나는 사건을 통해 인터넷 기기의 폐해와 선기능에 대해 이야기하고 있다. 이미 아이들은 스마트 폰이나 인터넷의 기술적 사용에 대해 너무나 잘 알고 있다. 따라서 그들을 가리켜 디지털 원주민, 디지털 키즈, 키보드 세대, 혹은 포노 사피엔스라고 부른다. 기능에 대해서는 많은 것을 익혔지만, 예절에 대해서 소양이 부족한 아이들이 이 책을 읽고 스스로 인터넷 · 스마트 폰의 순기능과 역기능, 선한 영향과 악영향에 대해 생각하고 바람직한 디지털 시민으로 자라날 수 있기를 바라는 의미에서 이 책을 선정했다.

② 도서 : 4998 친구 / 다비드 칼리 글, 고치미 그림, 나선희 옮김 / 책빛 / 2019

주인공에게는 4,998명의 친구가 있다. 하지만 그중 3,878명의 친구는 만나본 적이 없고, 666명은 어떻게 친구가 되었는지 알 수도 없다. 또한 78명은 내 생일도 까먹었고, 122명은 내 메시지에 댓글도 달지 않는다. 도움이 필요할 때 도와주겠다고 한 친구는 38명이었지만, 집에 온 친구는 1명뿐이었다.

이 세션의 목표는 불일치감 인식이다. 따라서 책 속 주인공에게 있는 많은 친구들이 자신의 바람과는 다르다는 것을 느낀 불일치감을 통해, 참여 아동들도 내가 접속하는 인터넷과 스마트 폰에서의 많은 것들이 기대치를 채워줄 수 없다는 점을 인식하기 바라는 마음으로 선정했다.

3) 관련 활동

① 인터넷 · 스마트 폰 과몰입이 내게 미치는 영향/가상 세계와 현실 세계에서의 행동 차이

이 활동은 인터넷 · 스마트 폰 과몰입이 자신에게 미치는 영향을 생각해 보고, 마인드맵으로 정리해 보는 것이다. 선한 영향은 오른쪽에, 악영향은 왼쪽에 정리하도록 안내하되, 처음에 떠올리지 못했다면 도서를 읽고 나서 보충해 적어도 무방하다. 또 가상 세계와 현실 세계에서 나와 주변인들의 말과 행동의 차이에 대해서도 함께 이야기 나누어 본다.

② 인터넷의 순기능 · 역기능 탐색/재구조화

문학작품 중 『노아의 스마트 폰』을 함께 읽은 뒤, 브레인스토밍을 통해 인터넷의 순기능과 역기능을 떠올려 말해 보도록 한다. 이 활동은 따로 활동지에 적지 않고 칠판에 적어 모두 한 눈에 볼 수 있도록 진행한다. 활동지에 적느라 발표가 소홀할 가능성이 있는 데다 다른 참여자의 말을 귀 기울여 듣지 않을 가능성이 크므로, 참여자들은 말하고 치료사가 적어 활발하게 말하고 신속하게 진행되도록 하는 것이다. 활동 후에는 참여자 개개인에게 가장 인상적인 순기능과 역기능을 말해 보도록 한다.

③ 행동 변화 준비(바람/공약/이유 · 필요성 탐색)

　현실의 삶을 돌아보고 불일치감의 해소를 위한 원하는 삶에 다가가려면 어떤 변화가 있어야 할지 생각해 보고, 실천 가능한 구체적인 공약을 제시해 보도록 한다. 더불어 공약을 정한 이유와 필요성에 대해서도 생각해 보게 한다. 중독 행동 변화에서는 자율성이 매우 중요한 요소이므로, 변화 동기에 대해 말할 때에는 변화 동기가 외부에 의해서가 아닌 아동 내면의 본질적 갈망으로 인해 일어난다는 것을 아동 스스로 인식하도록 도와주어야 한다. 또한 결정에 따른 결과의 책임도 자신에게 있음을 알리고 신중하게 결정할 수 있도록 한다.

인터넷 · 스마트 폰의 영향 - 마인드맵

이름 :

인터넷 · 스마트폰이 나에게 미친 영향을 떠오르는 대로 적어 보세요.

좋은 영향은 오른쪽에, 나쁜 영향은 왼쪽에 적어 보세요.

인터넷·스마트 폰과 나

	나	다른 사람
현실세계에서의 행동		
가상세계에서의 행동		

내가 바라는 상태는 어떤 상태이고, 지금 나는 어떤 상황에 있나요?

나의 생활에 긍정적 변화를 줄 수 있는, 실천 가능한 공약은 어떤 것이 있을까요?

공약을 정한 이유와 공약의 필요성도 함께 생각해 봅시다.

현재 상황	내가 바라는 상태	
변화를 위한, 실천 가능한 나의 공약은?		
그런 공약을 정한 이유는?		
그런 공약이 필요하다 여긴 구체적인 이유는?		

4 세션 Session

1) 세부목표 : 양가감정 탐색

아동은 과몰입 상태에서 벗어나고자 하는 변화의 필요성에 따라 프로그램에 참여하고는 있지만, 행동 변화를 통해 자신이 원하는 상태에 다다르고 싶은 욕구와 불안하지만 현재의 익숙한 상태에 머무르고 싶은 마음, 두 가지 마음으로 의지가 흔들릴 수 있다. 따라서 행동 변화 후의 삶과 머무르는 삶 각각의 좋은 점과 아쉬운 점을 결정 저울에 적어보고, 마음이 기우는 곳을 생각해 보게 한다.

2) 문학작품
① 도서 : 모두 다 싫어 / 나오미 다니스 글, 신타 아리바스 그림, 김세실 옮김 /
후즈갓마이테일 / 2019

미국학교도서관저널 선정 2018년도의 가장 인기 있는 그림책으로, 자신의 생일날 모든 게 싫은 아이의 속마음을 꾸밈없이 표현한 책이다. 그러나 아이들은 싫다고 말하다가도 포옹 해주기를 바라고, 짜증을 내다가도 곁에 다가와 사랑한다고 속삭인다. 이렇게 모순된 감정이 공존하는 것을 '양가감정'이라고 하는데, 이 책은 그 상황을 직설적으로 표현하고 있다.

이 프로그램에 참여하고 있는 아동들도 결국 중독 행동의 교정을 위한 목표를 갖고 있겠지만, 가슴 한쪽에는 여전히 이전의 생활을 유지하고픈 마음, 즉 행동 변화를 거부하고 현실에 안주하고 싶은 마음도 함께 있을 것이다. 따라서 죄책감과 무력감을 갖고 있을 수 있는데, 그 두 마음을 동시에 갖고 있는 것이 잘못된 것이 아니고 당연할 수 있음, 다만 노력을 통해 긍정적인 변화를 꾀한다면 더 나은 면이 있을 것이라는 점을 생각해보도록 돕기 위해 이 책을 선정했다.

② 도서 : 오직 토끼하고만 나눈 나의 열네 살 이야기 / 안나 회글룬드 글 · 그림,

　　　이유진 옮김 / 우리학교 / 2018

볼로냐 라가치상 수상작으로, 순간순간 맞닥뜨리는 마음의 충돌과 갈등을 표현하고 있는 책이다. 주인공 토끼는 태어날 때부터 귀가 크다. 큰 귀 때문에 세상의 무서운 소리들이 너무 많이 들린다. 그래서 자신을 이해하는 누군가와 함께 하는 꿈을 꾸기도 한다. 토끼는 친구들과 어울리고 싶은 마음과 친구들과 같아지고 싶지 않은 마음(자기 자신의 고유성을 지키고 싶은 마음), 내면의 욕구와 사회적으로 주어지는 역할의 간극에서 고민한다. 따라서 이 책을 통해 참여 아동들이 '자신의 욕구를 존중해 머물고자 하는 나'와 '주변인들이 바라는 나, 좀 더 나은 나를 희망하는 나'에 대해 각각 생각해 볼 수 있기를 바라는 마음으로 선정했다.

③ 도서 : 기울어 / 이탁근 글·그림 / 한림출판사 / 2017

아이는 초콜릿 케이크를 보면 케이크에, 고양이 후추의 귀여운 엉덩이를 보면 후추에게, 텔레비전 만화 영화를 보면 텔레비전에, 길을 가다 장미꽃을 보면 장미꽃에, 앞에서 걸어가고 있는 단짝 준오를 보면 준오에게, 문방구에 있는 티라노 장난감을 보면 티라노에 저절로 몸이 기운다고 이야기한다. 엄마가 '좋아하는 걸 보면 기우는 거'라고 이야기하자, 아이는 현재 마음이 한창 기울고 있는 여자 친구 예슬이를 떠올린다.

이 책은 좋아하는 것에 마음이 기우는 것을 몸이 기우는 것으로 비유하고 있다. 따라서 참여 아동들이 머무르기와 변화하기 중 어느 곳으로 기우는지 생각해 보고, 그 마음을 표현하는데 도움이 되었으면 하는 바람으로 선정한 책이다.

3) 관련 활동

① 두 마음 활동지

이 활동은 행동 변화(장기적 가치, 미래)와 머무르기(단기적 욕구)를 선택했을 때 각각 발생할 장단점에 대해 생각해 볼 수 있는데 목표가 있다. 활동지는 〈관련 활동 4-1〉에 제시했다.

② 결정 저울 활동지

행동 변화와 머무르기 가운데 갈등하는 자신의 마음을 들여다보고, 자신이 어느 쪽에 마음이 기우는지 알아보는 활동을 진행한다. 변화했을 때와 머물렀을 때의 장단점을 모두 떠올려 결정 저울에 적고, 어느 쪽으로 마음이 기우는지 알아본다. 이때 치료사는 집단원이 놓치고 있는 것을 떠올리게 도와줄 수는 있으나, 행동 변화의 좋은 점을 강조해 말하지 않도록 한다. 대신 편향적인 행위로 오히려 부정적인 인식을 심어줄 수도 있으므로 집단원의 의견을 중립적으로 듣고 반응하도록 한다. 활동지는 〈관련 활동 4-2〉에 담겨 있다.

두 마음 활동지

행동 변화(장기적 가치, 미래)와 머무르기(단기적 욕구)를 생각할 때,

장단점은 무엇이 있을까요? 두 선택의 장단점을 모두 적어 보세요.

이름 :

두 마음	인터넷 · 스마트 폰 사용을 맘대로?	인터넷 · 스마트 폰 사용을 조절해?
장점		
단점		

결정 저울 활동지

두 접시에 나에게 중요한 장단점을 담고 장단점의 점수를 적어 봅시다.

어느 쪽으로 기우는지, 가장 큰 선택 요인은 어떤 것인지 이야기 나누어 봅시다.

이름 :

5 세션Session

1) 세부목표 : 변화 욕구 명료화

5세션에서는 머무르기와 변화하기를 선택했을 때 어떤 미래가 펼쳐질지 미래를 상상해 보도록 해, 변화 욕구를 강화하고 명료화하게 한다. 이전 시간에 머무르기와 변화하기의 장단점에 대해 충분히 탐색이 이루어진 상황이므로, 미래 상상하기가 과히 어려운 작업은 아닐 것이다. 인터넷·스마트 폰을 하게 되는 상황과 선택 후의 상황 등을 구체적으로 떠올리고, 선택의 이유가 무엇인지 욕구를 잘 들여다 볼 수 있도록 돕는다.

2) 문학작품
도서 : 침대 밑 괴물 / 션 테일러 글, 닉 샤랫 그림, 김은아 옮김 / 북극곰 / 2018

이 책은 '만약에 괴물이 태어나면 어떤 일이 벌어질까?'라는 상상으로 시작하는 그림책이다. 괴물이 태어나면 머나먼 숲속에 살거나, 바로 당신 침대 밑에 살거나 둘 중 하나라고 하는데, 머나먼 숲속에 살면 더 이상 이야기할 필요가 없겠지만 내 침대 밑에서 산다면 상황은 달라진다. 왜냐하면 나를 한 입에 꿀꺽 삼켜버리거나 친구가 되어 함께 학교에 갈 수도 있기 때문이다. 과연 태어난 괴물은 어디에서 살게 되고, 그 이야기는 어떻게 이어지게 될까?

이 책의 줄거리는 선택에 따라 두 가지 결말이 꼬리에 꼬리를 물고 이어진다. 때문에 참여 아동들이 어떤 선택을 했느냐에 따라 다른 결과가 이어질 것이라는 점에 대해 생각해 보기를 바라는 마음에 선정을 했다. 나아가 관련 활동을 통해, 한 번의 선택이 예상하지 못한 여러 결과와 또 다른 선택으로 이어질 수 있음도 알고, 그렇게 이어지는 상황에 대해 준비나 계획이 필요하다는 점도 깨닫기를 바란다.

3) 관련 활동

① 머무르기/행동이 변화된 미래 상상하기

이 활동은 그림책을 읽고 통찰 발문을 통해 머물렀을 때와 행동이 변화되었을 때에는 어떤 일이 벌어질 것인가에 대해 스스로 생각해 보게 하는 것으로, 별도의 활동지는 없다. 다만 그럼에도 참여 아동들이 생각을 깊게 해서 그 내용을 적은 뒤 여러 번 읽을 수 있는 기회를 주고 싶다면 활동지를 만들어 사용하면 된다.

② 두 버전의 8컷 만화 그리기

두 버전의 8컷 만화를 이용해, 선정 도서처럼 선택에 따라 두 가지 결말로 나뉘는 만화를 만든다. 머무르기와 변화하기 두 가지 선택의 결과를 상상해 자유롭게 만들도록 한다. 이전 세션에 나누었던 결정 저울 활동의 내용으로 작업을 해도 좋고, 새로운 내용으로 작업해도 좋다. 만화의 내용을 발표할 때는 선택의 이유를 말하고, 어떤 가치를 중시해 내린 결정인지도 생각해 보도록 한다. 변화하기를 결정했을 때 어떤 변화가 일어날지 잘 기억해낼 수 있도록 이전에 나눈 이야기로 힌트를 주고, 머무르기를 했을 때 일어나는 구체적인 상황, 단기적 욕구 충족과 더불어 일어나는 죄책감, 학업 문제, 가족·친구와의 갈등, 팝콘 브레인 현상으로 일어나는 주의력 결핍, 건강 문제 등을 떠올릴 수 있도록 발문과 반문하기로 이야기를 풍성하게 만들도록 돕는다. 8컷 만화를 그리며 표현할 수 있는 활동지 양식은 〈관련 활동 5-1〉에 제시했다.

두 버전의 8컷 만화 그리기

그래, 결심했어!!! 1 (두 버전 모두 첫 페이지는 같은 그림으로 시작)	2
3	4

5	6
7	8

6 세션_Session_

1) 세부목표 : 부정적 정서 조절(충동성 · 공격성 조절)

앞에서 언급했듯이, 인터넷 · 스마트 폰 중독문제는 인터넷과 스마트 폰을 사용하는데 많은 시간을 할애하게 되면서 여러 문제를 일으키지만, 그중에서도 우울과 불안, 충동성과 공격성 등의 심리정서적인 부분에도 많은 문제를 일으킨다. 마치 팝콘이 터지듯 크고 강렬한 자극에만 우리의 뇌가 반응하는 '팝콘 브레인(Popcorn Brain)' 현상처럼 신체를 빨리 움직여야 하는 상황에서는 둔감해지고 민첩성이 떨어지지만, 인내심을 발휘해야 하는 상황에서는 오히려 돌발적으로 공격성을 보일 수 있다. 중독 행동으로 인해 갈등이 일어났을 때, 인터넷 · 스마트 폰을 사용할 수 없을 때 뿐 아니라 일상생활에서도 인내심 부족으로 필요 이상으로 충동성과 공격성을 보일 수 있다. 물론 소리를 지르거나 때리는 등의 공격적인 행동도 아동이 자신을 표현하는 방법일 수 있다. 그러나 다른 방법으로 자신을 표현하는 방법을 익히고, 공격으로 이어지기 전에 감정을 조절할 수 있다면, 그래서 더 나은 방법으로 자신의 감정을 표현할 수 있다면 공격적이고 충동적인 방법을 써서 자신을 표현할 일은 없을 것이다. 이번 세션에서는 화가 나는 상황을 살펴보고, 화가 날 때 어떤 말과 행동을 하는지, 어떤 표정을 하는지, 어떤 방법으로 대응하는지, 어떻게 해결하는지를 살펴보고, 앞으로 어떻게 조절해나갈지 방법을 탐색해 보기로 한다.

2) 문학작품

① 도서 : 성질 좀 부리지마, 닐슨! / 자카리아 오하라 글·그림, 유수현 옮김 / 소원나무 / 2015

아멜라와 고릴라 닐슨은 거의 모든 걸 함께 하는 사이다. 하지만 아멜라가 블록을 넘어뜨리기라도 하면 닐슨은 무시무시한 소리를 내며 화를 낸다. 그런데 다행히도 아멜라는 바나나 케이크, 개구리 동전 지갑, 지하철 타기, 바나나 아이스크림 등, 화가 난 닐슨을 돕는 방법을 누구보다 잘 알고 있다. 그러나 그렇게 내내 닐슨을 도와주던 아멜라도 자신이 좋아하는 바나나 아이스크림이 품절되자 화가 폭발하게 되고, 이번에는 닐슨이 아이스크림을 건네며 아멜라를 도와준다.

이 책을 통해 아동은 마음속 분노를 일으키는 상황을 잘 들여다보고, 분노와 화해하는 방법을 알아내며, 스스로 분노를 잘 다스리는 방법을 찾아낼 수도 있을 것이다. 닐슨이 화를 내는 상황을 보며 나는 어떤 상황에서 그런지, 또 그럴 때는 어떻게 행동하는지 등 자신과 이입해서 읽는다면, 이번 세션의 세부목표를 쉽게 달성할 수 있을 것이다.

② 보드 게임 : 분노 조절 카드 / 한국콘텐츠미디어 부설 한국진로교육센터 제작 /
　　　　　　 한국콘텐츠미디어 / 2018

분노 조절 카드는 긍정·부정·분노 감정 카드와 분노 해결 카드까지 총 50종으로 구성되어 있다. 그 중 분노 해결 카드에는 잠깐 멈추기, 심호흡하기, 그냥 이유 없이 웃기, 생각 전환하기, 즐거운 상상하기, 나의 마음 돌보기, 나를 응원하기, 좋아하는 활동하기, 에너지로 사용하기, 나만의 분노 해결법의 10가지가 있다. 따라서 이 카드는 분노 해결 방법을 떠올리게 하는데 활용하면 좋겠다.

3) 관련 활동

누구나 화가 날 수 있다. 때로는 꼭 화를 내야 할 때도 있다. 화가 나는 상황을 떠올려, 자신이 화를 낼만한 상황이었는지 스스로 판단해 보게 하고 화가 나는 정도를 점수로 표현하게 한다. 또 화가 날 때의 표정, 말, 행동, 대처 방법, 해결 방법 등을 생각해 보고, 바람직한 해결 방법을 탐색해 본다. 분노 조절 카드를 사용하여 참여 아동들과 함께 브레인스토밍으로 더 좋은 방법을 찾아보도록 한다.

분노 조절 활동지

이름 :

화가 나는 상황		
화가 나는 정도/적절성(○△×)		
대처 행동/말		
해결(해소)방법		
분노 조절 카드나 친구들과 함께 찾은 분노 해결 방법(점수 표기)		

-

-

-

-

7 세션_{Session}

1) 세부목표 : 부정적 정서 조절(불안 · 우울 조절)

이번 세션은 이전 6세션에 이어 부정적 정서 조절을 위한 시간으로, 불안과 우울 조절이 주목표이다. 목표 달성을 위한 첫 번째 단계는 참여 아동이 상황을 부정적으로 해석하는 습관을 알아차릴 수 있도록 돕는 것이다. 따라서 참여 아동이 자신의 자동적 사고를 인지한 후에 상황을 다르게 해석할 수 있도록 돕고, 바뀐 생각으로 인해 달라진 느낌, 바뀐 신체 반응까지 확대해 생각할 수 있도록 한다. 전행동(Total behavior)은 욕구를 충족하기 위해 하는 모든 행동으로, 행동하기, 생각하기, 느끼기, 신체 반응하기의 네 가지 요소로 구성되어 있다. 이 중에서 행동하기와 생각하기는 비교적 조정이 쉬운 부분이고, 느끼기와 신체 반응하기는 많은 노력이 필요하다. 따라서 이번 세션에는 생각하기와 행동하기를 변화시켜 느끼기와 신체 반응까지 바꿀 수 있도록 돕는 것이 중요하다.

2) 문학작품
① 도서 : 불안 / 조미자 글·그림 / 핑거 / 2019

'때때로 나를 어지럽게 하고, 때때로 나를 무섭게 하는 것이 있어. 그것은 가득 차 있다가도 어느 순건 사라져 버려. 저 아래로 말이야! 그리고 또 다시 나타나 나를 놀라게 해. 난 궁금하긴 했지만, 알고 싶지 않았어. 항상 날 두렵게 했으니까. 난 이제 그것을 만나 볼 거야!'

불안이 어디에서 오는지 알 수 있다면, 그 크기는 현저하게 작아질 것이다. 그런데 대부분의 경우 현실의 어려움은 마음 속 불안이나 두려움보다 크지 않다. 끈을 당겨 실체를 마주하면 끌려오는 불안은 어쩌면 내가 다룰 수 있을 만한 것일 수 있다. 따라서 막연하게 두려워 하지만 말고 불안의 감정을 들여다보는 것이 필요한데, 이 그림책은 그 과정을 잘 보여준다.

따라서 주인공이 자신의 불안을 들여다보고 행동을 바꾸는 것처럼, 참여 아동들도 부정적 느낌이나 사고가 지배하는 순간을 기억해내고, 그 외 가능성을 떠올려 생각과 감정, 행동과 신체의 반응을 바꿀 수 있도록 촉진하는 도구로 활용하기 위해 이 책을 선정했다.

② 도서 : 눈물빵 / 고토 미즈키 글·그림, 황진희 옮김 / 천개의바람 / 2019

수업 시간에 선생님의 말을 이해할 수 없어 슬픈 아이가 혼자만의 장소로 가서 눈물을 흘린다. 이어서 눈물로 묵직해진 손수건을 천장에 던지고 숨겨둔 식빵 테두리를 먹는데, 목구멍이 좁아진 것처럼 목이 메어 잘 넘어가지 않는다. 그래서 눈물 젖은 식빵을 천장으로 던졌는데, 그 순간 새가 빵을 물어간다. 그런데 식빵을 먹은 새는 날아가지 않고 "짠·맛·이·부·족·해!"라고 말한다. 때문에 새를 위해 온 힘을 다해 눈물을 쏟아 눈물빵을 만들어 던진 아이는, 그 대가로 꼬들꼬들해진 손수건을 돌려받는다. 덕분에 슬픈 감정을 모두 쏟아버리고 카타르시스를 얻은 아이는 좋아하는 노래를 흥얼거리며 교실로 돌아간다.

우는 사람이 강한 사람이라는 말이 있다. 왜냐하면 운다는 것은 자신의 감정을 오롯이 표현하고 있는 상태이고, 결국 카타르시스 과정을 통해 회복할 수 있는 기회를 갖는 중이기 때문일 것이다. 이 그림책은 눈물이라는 감정 반응을 자연스럽게 받아들일 수 있게 해주고 있기 때문에, 혹시 참여 아동들이 우는 행위를 부정적이라고 생각하거나 약한 존재로 받아들여질 것이 두려워 감정을 자연스럽게 표현하지 못하는 상황이라면 도움이 될 것 같아서 선정했다.

③ 동영상 : 그걸 바꿔 봐! / EBS-TV 지식채널 ⓔ / 2008

목줄이 짧아 땡볕에 앉아있을 수밖에 없는 강아지의 목줄을 길게 풀어주자, 강아지는 그늘에서 쉴 수 있게 된다. 그렇게 강아지의 짖음이 멈추자 조용해진 덕분에 엄마는 평온한 마음으로 카나리아가 불러주는 노랫소리를 들으며 다림질을 할 수 있게 되고, 잘 다려진 셔츠를 입은 아빠는 기분이 좋아 딸과 소통하게 되며, 딸은 아빠에게 남자친구를 소개하는 등 긍정적 연쇄 작용이 일어나게 된다. 이 영상은 작은 변화 한 가지가 마치 도미노가 연이어 넘어지는 것처럼 지속적인 변화를 일으킨다는 메시지를 전하고 있다. 따라서 하나를 바로잡으면 다른 긍정적인 변화가 천 개쯤 이어질 거라는 생각으로, 지금 내게 필요한 것을 시작해 보자. 그냥 줄을 길게 늘여 보듯이.

3) 관련 활동

우울이나 불안을 느꼈던 상황을 떠올려 보고, 그것이 문제 행동으로 이어지지 않았는지 점검해 보는 시간을 갖는다. 또 그 상황이 우울이나 불안이라는 감정을 느낄만한 상황이었는지 함께 이야기 나누고, 적절한 감정이 아니었다면 특히 그 감정들을 느낀 이유가 무엇일까 생각해 보도록 한다. 이어서 그 상황에 대한 해석을 다르게 해봄으로써 감정 또한 달라지는지, 행동에도 변화가 있을지 생각하고 실천 및 평가할 수 있는 기회를 만들어 보자. 세부 활동지는 〈관련 활동 7-1〉에 제시되어 있다.

생각을 바꿔 봐요

자동적 사고	바뀐 생각 I	바뀐 생각 II
상황		
드는 생각	바뀐 생각	바뀐 생각
느낌 (크기, 강도, 온도, 점수 등)	바뀐 느낌	바뀐 느낌
행동	바뀐 행동	바뀐 행동
신체 반응	바뀐 신체 반응	바뀐 신체 반응

8 세션 Session

1) 세부 목표 : 자율성 · 자기효능감 증진

중독의 심리적 요인으로 제시되고 있는 것은 자기효능감과 자기조절력의 감소 또는 상실이다. 현실에서 만족할 만큼 자기효능감을 느낄 수 없게 되면 보상으로 가상현실로 도피하게 되고, 점점 더 문제 행동을 반복하게 되며 조절력을 잃게 되는 것이다. 자신이 가진 내·외적 가치, 동기, 능력, 기술 등의 자원을 찾아보게 해 자기효능감을 증진시킨다면, 자율적 조절이 가능해지고 문제 행동도 감소할 수 있을 것이다.

2) 문학작품
① 도서 : 실수해도 괜찮아! / 기슬렌 뒬리에 글, 베랑제르 벨라토르트 그림, 정순 옮김 /
　　　　나무말미 / 2021

아직 어린 샘에게는 늘 새로운 일이 일어난다. 그런데 그럴 때마다 고양이 왓슨은 늘 샘을 기다려주고 필요한 도움을 준다. 어버이날 선물로 용을 그리던 샘은 파란 용다리를 빨간 색으로 칠하는 실수를 한다. 샘은 자신의 실수가 너무 속상하고 화가 나 소리를 지르고 크레파스를 내던진다. 그 소리에 옆에서 자던 고양이 왓슨은 깜짝 놀라 깨어 샘을 달래 주려고 하지만 샘의 마음은 좀처럼 풀리지 않는다. 고민 끝에 왓슨은 실수로 탄생한 타르트 타탱의 이야기를 들려주고, 그 이야기에 위로를 받은 샘은 자책에서 벗어나 새로운 희망을 갖게 된다. 이어서 이모와 엄마에게 들은 실수로 발견한 아메리카 대륙, 실수로 발명한 포스트잇, 실수로 만나게 된 멋진 인연 이야기로 마음이 완전히 풀린 샘은 독창적인 아이디어로 그림을 성공적으로 완성하게 된다. 긍정적으로 생각하면 실수가 더 큰 성공이 될 수도 있음을 보여주는 내용으로, 문제 행동이 자신의 자산이 될 수도 있음을 알리고 싶어 선정한 도서이다.

② 동영상 : (경제 포토 에세이) 멘토의 유산 : 실패를 즐겨라, 성공엔 배울 게 없다 /
SBS & CNBC / 2015

일본의 대기업 혼다에서 천만 원의 상금을 받는 방법, 구글의 진급 조건, 에디슨이 전구를 발병한 비결, 이 모든 것들의 답은 바로 '실패'이다. 2399번의 실패를 거쳐 탄생한 에디슨의 전구, 수많은 실패를 딛고 1008전 1009기의 신화를 쓴 KFC의 창업자 커넬은 이렇게 말한다. "결국 실패란, 다음에 보다 좋은 무언가를 하기 위한 발판에 불과하다." 여덟 번째 세션을 위해 이 영상을 선정한 이유는 실패가 재산 될 수 있고, 그 또한 자기효능감을 위한 과정이라는 점을 보여주기 위해서이다.

3) 관련 활동

먼저 문제 행동을 어떻게 변화시키고 싶은지 생각해 보고, 문제 행동을 잘 조절했던 경험을 떠올려 인터넷 · 스마트 폰을 대체할 수 있는 활동들을 생각해 보도록 한다. 다음의 〈Young의 중독 회복 전략〉[90]의 일부 내용으로, 이것을 활용하면 문제 해결 조절에 도움이 될 것 같아 인용했다.

---

90) 곽호완. 2017. 『사이버 심리와 인터넷·스마트 폰 중독』 서울: 시그마프레스. p. 162.

지금 잃어가고 있는 것을 파악하기, 온라인 접속 시간 계산하기, 시간 관리 기법 활용하기, 현실 세계에서 도움을 구하기, 중독 원인 찾기, 긍정적인 생각을 하게 되는 카드 준비하기, 문제를 해결하기 위한 구체적인 조치를 취하기, 부정의 목소리 듣기, 외로움 마주하기, 의사 소통 회복하기, 중독된 아동들의 징후(지나친 피로, 성적 저하, 취미 생활 중지, 친구관계 멀어짐, 반항과 불복종), 중독된 아동 대처법(부모 입장의 통일, 애정 표현, 인터넷 사용 시간 정하기, 합리적 규칙 정하기, 컴퓨터 개방된 공간에 설치하기, 다른 취미 찾기, 전문가의 도움 받기), 해야 할 것과 하지 말아야 할 것을 정리하기

나의 인터넷 · 스마트 폰 사용의 문제점은 무엇인가요? 고치고 싶은 점을 구체적으로 적어

인터넷 · 스마트 폰 사용의 문제점		구체적인 변화 계획(가능성 점수)
	⇨	

이전에 인터넷 · 스마트 폰 사용 조절이 잘 되었던 경험이 있었나요? 그때 조절이 잘되었던

성공 사례	
성공 이유	
이름 짓기	

성공 사례를 바탕으로 인터넷 · 스마트 폰을 대체할 수 있는 활동들을 생각해 적어 보세요.

9 세션 Session

1) 세부 목표 : 가치관 명료화

모든 선택에는 이유가 있고, 그 이유의 끝에는 본인이 중요하게 여기는 가치가 있다. 어떤 사람들은 안전이 중요해 안전을 최우선으로 하는 선택을 하고, 어떤 사람들은 재미와 즐거움을 추구해 그 가치를 따르는 선택을 할 것이다. 자신이 추구하는 가치와 진로가 서로 어긋나면 대개의 사람들은 고통을 느낀다.

이 프로그램에 참여한 아동들은 자신이 중요하게 생각하는 가치를 좇는 생활을 할 수 없었기에, 그 불일치감을 줄이고자 왔을 것이다. 그 중에는 자신이 어떤 가치를 중요하게 여기는지 알고 노력해 온 사람이 있었을 것이고, 막연히 불편한 감정을 느끼고 고통스러워하던 사람도 있었을 것이다. 아홉 번째 세션은 참여 아동들 자신이 어떤 가치를 중요하게 여기는지 깊이 생각해 보고, 나의 선택과 어떤 연관이 있는지도 함께 알아볼 수 있도록 돕는데 목표가 있다.

2) 문학작품

보드 게임 : (행복한 삶을 위한) 가치 카드 / 한국콘텐츠미디어 부설 한국진로교육센터 지음 /

한국콘텐츠미디어 / 2017

보드 게임 『(행복한 삶을 위한) 가치 카드』는 감사, 겸손, 공감, 공부, 공평, 관심, 관용,

긍정, 나눔, 노력, 도전, 믿음, 반성, 발전, 배려, 보람, 보살핌, 부지런, 사랑, 생면존중, 성실, 솔선수범, 실천, 아름다움, 약속, 양보, 양심, 용기, 우정, 유머, 인내, 자신감, 자연사랑, 자유, 적극성, 절약, 절제, 장리정돈, 정성, 존중, 질서, 착한 마음, 책임, 친절, 평화, 함께하기, 행복, 협동, 희망 등 총 50여종의 카드로 이루어져 있다. 가치 카드 앞면에는 사진과 함께 가치관 단어(한글·영어)가 적혀있고, 뒷면에는 가치관의 뜻과 가치를 실천한 인물에 대한 사례가 소개되어 있다. 또한 각 가치관 단어에 대해 자신만의 정의를 쓸 수 있는 공간도 있다.

자신이 중요하게 생각하는 가치가 무엇인지 쉽게 대답하지 못하는 참여 아동들이 있을 것이다. 따라서 이 카드를 활용하면 그동안 중요하게 여겨왔거나 앞으로 지향해야 할 가치를 찾을 수 있을 것이다.

3) 관련 활동

『(행복한 삶을 위한) 가치 카드』를 살펴 본 후, 자신이 원하는 삶(목표하는 상태) 또는 중요하게 생각하는 가치에 대해 생각해 보도록 한다. 이어서 Maslow의 욕구 5단계를 살펴보고 자신이 중요하게 생각하는 욕구를 알아본다. 중요하게 여기는 가치를 선택했다면, 나만의 가치 다섯 가지를 고르고 활동지에 가치 사전을 완성한 뒤 카드 꾸미기를 한다. 카드를 꾸밀 때는 행복한 삶을 위한 가치 카드처럼 공카드를 꾸미는 활동을 한다. 글로만 꾸밀 수도 있고, 선정 자료인 가치 카드처럼 글과 그림을 다 이용해 꾸밀 수도 있다.

나만의 가치 사전

매슬로우는 인간의 욕구를 5단계로 나누고, 각 욕구는 하위 단계의 욕구들이 어느 정도 충족되었을 때 비로소 지배적인 욕구로 등장하게 되며 점차 상위욕구로 나아간다고 주장했어요. 그러나 지금은 하위 단계가 충족되지 않았을 때도 상위 욕구를 추구한다고 밝혀졌어요. 예를 들면 안전이 위협받는 상황에서도 자아실현과 존경의 욕구를 충족하기 위해 노력한다는 거지요. 나는 5단계 중 어느 항목이 중요하다고 생각하나요? 그렇게 생각하는 이유도 함께 적어 보세요.

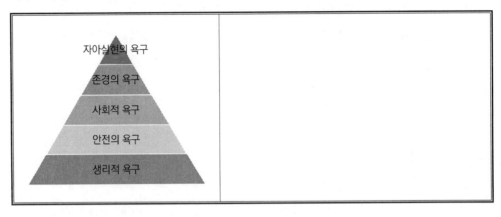

책과 카드를 살펴본 뒤, 내가 선택한 가치 Best 5는 무엇인가요?

가치	정의(설명)

『(행복한 삶을 위한) 가치 카드』 견본과 공카드 꾸미기 예시

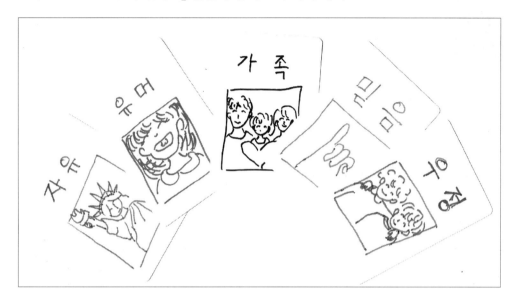

10 세션 Session

1) 세부목표 : 변화 계획 수립

앞서 7세션에는 자동적 사고를 바꿔보고, 8세션에는 성공사례를 탐색하고 성공사례를 늘려 보는 활동을 했으며, 9세션에는 자신이 중요하게 생각하는 욕구와 가치를 알아봤다. 따라서 열 번째 세션에는 8세션에 계획한 구체적인 변화 계획과 대체 활동이 잘 수행되었는지 점검을 해보고, 특히 어려운 점이 무엇이었는지, 그럼에도 잘된 점은 무엇인지에 대해 스스로 평가하는 시간을 가져 본다. 이제 참여 아동들은 자신에게 맞는 변화 계획을 더 잘 세울 수 있게 되었을 것이다. 행동 변화의 계획을 평가했다면, 자신이 중요하게 생각하는 욕구와 가치에 맞게 단기적이고 구체적인 계획을 먼저 세우고 표를 작성한다. 단기 계획이 잘 지켜진다면 좀 더 기간을 늘려 중장기 계획을 세울 수 있도록 아동을 격려한다. 이때 계획을 세우는 것보다 이행하는 것이 더 힘든 일이니 만큼, 치료사는 실천 가능한 계획을 수립할 수 있도록 돕는다. 나아가 스스로 점검하고 평가하면서, 그에 알맞은 보상과 벌도 정할 수 있도록 한다.

2) 문학작품
① 도서 : 웅덩이를 건너는 가장 멋진 방법 / 수산나 이세른 글, 마리아 히론 그림,
　　　　 성초림 옮김 / 트리앤북 / 2017

비가 개인 후 아이는 들뜬 마음으로 산책을 준비한다. 새 옷을 꺼내 입고 달팽이와 지저귀는 새들을 만나러, 상쾌한 공기를 만나러 밖으로 나온 아이는, 곳곳에 생긴 웅

덩이를 만나자 새 옷과 양말, 구두가 젖을까봐 걱정을 한다. 그래서 '눈과 귀를 모두 가리고 피해 가는 방법(가장 안전하고 재미없는 방법)', '컴퍼스 전략으로 건너는 방법(재미있긴 하지만 위험한 방법)', '캥거루 뜀뛰기로 건너는 방법', '외나무다리를 건너는 방법', '징검다리를 만들어 건너는 방법(주변 물건 이용하기)', '친구 자전거를 타고 건너는 방법(가장 안전한 방법)', '커다란 개를 타고 건너는 방법', '그네로 건너는 방법(몽상가들이 애용하는 방법)', '곡예사 흉내 내어 건너는 방법' 등을 떠올린다. 그러나 이와 같은 여러 가지 방법을 상상하며 웅덩이를 건넜지만, 결국 반짝이던 구두, 새하얀 양말부터 머리카락까지 온통 진흙투성이가 되어버린다. 그러자 아이는 언제 그런 걱정을 했냐는 듯 웅덩이 속에서 발을 구르고 뛰어오르며 인생 최고의 순간을 보낸다. 또한 앞으로 배워갈 여러 방법을 기대하며 웅덩이마다 뛰어들어 첨벙대고 점프하면서 집으로 돌아간다.

비가 개이고 여기저기 생긴 웅덩이를 보면 대부분의 사람들은 웅덩이를 피해 지나가고 싶어 한다. 하지만 아무리 좋은 계획을 세워도 늘 바라던 결과를 얻지는 못한다. 그런데 오히려 바라지 않던 결과가 인생 최고의 순간으로 이어질 수도 있다. 열 번째 세션을 위해 이 그림책을 선정한 이유는, 참여 아동들이 피할 수 없는 일이었다고 여기던 문제 행동들도 결국 극복할 수 있는 멋진 방법이 있음을 깨달았으면 하는 바람이다.

② 도서 : 아이스크림 걸음! / 박종진 글, 송선옥 그림 / 소원나무 / 2018

이 책에는 동물의 특징이나 걸음의 모양새를 따라 지은 열두 가지 걸음이 나온다. 순우리말인 걸음의 이름은 '종종걸음', '달팽이걸음', '게걸음', '깽깽이걸음', '황새걸음', '발끝걸음', '두루미걸음', '가재걸음', '잰걸음', '노루걸음', '발등걸음', '바른걸음' 등이어서 이름만으로도 그 걸음의 특징을 짐작할 수 있다. 그렇다면 아이스크림 걸음은 무엇일까? 그것은 바로 아이스크림을 사러 가는 선동이와 율동이의 바람을 가르는 듯한 아주 아주 빠른 걸음이다.

사물이나 동물에 이름을 지으면 애정이 생겨 그것을 더 아끼게 된다고 한다. 마치 그런 것처럼 내가 세운 계획에 이름을 지어준다면, 좀 더 그 계획에 관심을 기울이고 노력할 수 있지 않을까? 이번 세션을 통해 수립하게 될 변화 계획에 멋지면서 정이 가는 이름을 지어볼 수 있도록 하고자 선정한 책이다.

3) 관련 활동

① 행동 변화 계획서 만들기

이전 시간에 우울·불안으로 인한 자동적 사고를 변화시켰다면, 이번 시간에는 중독 행동으로 문제가 되었던 상황으로 시도해 본다. 문제 행동으로 일어난 갈등상황, 부정적 사고를 경험했던 것을 떠올려 문제 상황-자동적 사고-느낌-신체 반응을 적어 보고, 문제 행동으로 인한 갈등 상황-바뀐 생각-변화된 행동-변화된 느낌-변화된 신체 반응을 예측해 적어 본다.

7세션 과제가 잘 수행되었는지 스스로 평가해 본 후, 앞으로의 계획에서 고려할 점이 무엇인지 고민해 본다. 이어서 변화 계획의 목표가 내가 중요하게 생각하는 가치와 어떤 연관성이 있는지 생각해 보며 변화의 필요성을 다시 한 번 다져 본다.

② 변화 행동 방해물 던져 버리기

내가 수립한 변화 계획을 이행하는데 방해물이 되는 걸림돌(가상공간에서 놀고 싶은 마음이나 SNS를 하고 싶은 마음, 게임을 하고 싶은 마음, 인터넷을 하고 싶게 만드는 마음, 가상현실에서 나를 유혹하는 친구들, 낮은 자존감, 불안, 마음에 안 드는 현실 등)을 A4 용지에 적은 뒤, 구기거나 찢고 밟아서 휴지통에 던져 넣는 활동이다. 던지면서 방해물에게 소리를 지르거나 작별 인사를 해도 좋다.

구체적이고 실행 가능한 변화 계획서

7세션에 계획한 변화 계획은 잘 수행되었나요? 잘 수행되었다면 그 이유는 무엇이라고 생각하나요? 잘 되지 않았다면 그 이유는 무엇이라고 생각하나요? 계획을 수립할 때 고려해야 할 중요한 요인이 무엇인지도 함께 적어 보세요.

평가(잘된 점, 점수)/ (아쉬운 점, 점수)	
평가 이유	
변화 계획 시 고려할 점	

지난 시간 가치관 탐색 당시 내가 선택했던 가치는 무엇인가요? 가치와 나의 계획 목표는 어떤 연관성이 있나요?

중요한 가치	
나의 목표	
연관성	

문제행동으로 인한 갈등 상황	바뀐 생각 I	바뀐 생각 II
상황		
드는 생각	바뀐 생각	바뀐 생각
느낌 (크기, 강도, 온도, 점수 등)	바뀐 느낌	바뀐 느낌
행동	바뀐 행동	바뀐 행동
신체 반응	바뀐 신체 반응	바뀐 신체 반응

계획 수립 시 고려해야 할 점에 유의하면서, 나의 목표에 맞고 실행 가능한 변화 계획을 적어 보세요.
(1주일/1개월/6개월 단위의 점검으로 점점 늘려가기)

작전명	
언제	날짜/횟수/시간
장소	
전략	무엇을/어떻게
보상	기간/횟수 등의 성취 시의 보상(구체적)
벌	몇 회/어떤 행동/어겼을 경우 ??벌 예)시간초과3회 시 1일 금지
위 계획을 한 문장으로 정리	

세션 Session

1) 세부 목표 : 공감/내 · 외적 재발 요인 통제 계획 수립

인터넷 · 스마트 폰 사용 조절이 어렵다는 이유로 컴퓨터를 없애는 것은 결코 바람직하지도 도움이 되지도 않는 선택이다. 컴퓨터를 없앨 경우 PC방 등 컴퓨터를 이용할 수 있는 공간을 찾아가게 되거나 스마트 폰을 더 오래 하게 되는 등의 또 다른 문제가 발생할 수 있기 때문이다. 따라서 가장 좋은 방법은 아동 자신이 스스로 인터넷 · 스마트 폰 사용을 조절하는 것인데, 그러기 위해서는 아동이 변화할 수 있다는 스스로에 대한 믿음을 가지고, 조절력을 키워나감과 동시에 자신의 에너지를 긍정적인 방향으로 바꿔나갈 수 있어야 할 것이다.

그런 과정을 돕기 위해 이번 세션에서는 지난 시간 세웠던 구체적이고 단기적인 변화 계획을 잘 지켜왔는지 이야기를 나누며 스스로 평가하는 시간을 가져 보도록 한다. 행동 조절과 같은 어려운 싸움을 혼자 하는 것은 매우 힘든 일이다. 게다가 이런 노력이 짧은 가간에 끝낼 수 있는 일이 아니므로 주변의 지지와 응원이 매우 중요하다고 할 수 있다.

따라서 이번 세션에는 그동안 함께 해 온 집단원에게 고마움과 응원의 메시지를 전하고, 이제껏 해왔던 활동으로 알게 된 나의 자원인 디딤돌과 나의 노력을 방해하는 걸림돌을 생각해 적어보게 한다. 그리고 내가 이전에 계획했던 단기적인 변화계획과 함께 새롭게 계획한 장기적인 계획을 사다리에 적어보도록 한다. 이와 같이 서로 응원하며 계획을 잘 세우고 수정해 나간다면, 길고 고독하고 어려운 싸움도 결국 이겨낼 수 있을 것이다.

2) 문학작품
① 도서 : 다 같은 나무인 줄 알았어 / 김선남 글·그림 / 그림책공작소 / 2021

'우리 동네엔 나무가 참 많아. 처음에는 다 같은 나무인 줄 알았어. 꽃이 펴서 알았지, 벚나무였다는 걸. 연초록 잎이 나서 알았지, 은행나무였다는 걸. 커다란 그늘 보고 알았지, 느티나무였다는 걸. 다람쥐 보고 알았지, 다람쥐네 도토리 밭 참나무였다는 걸. 하얀 눈이 내려서 알았지, 크리스마스 나무(구상나무)였다는 걸.'

싹을 내고 꽃을 피우며 열매를 맺은 뒤 다시 씨앗을 내는 삶을 반복하는 것은 모든 나무가 똑같다. 그러나 잎이 나지 않거나 꽃이 피지 않거나 열매가 맺히지 않으면 그것이 어떤 나무인지 구분하지 못하는 경우가 많다. 물론 그럼에도 나무임에는 분명하지만, 그것이 어떤 나무인지를 모르면 가치 또한 구분하기가 어려울 수 있다.

프로그램에 참여하는 동안 집단원들 사이에는 서로에 대한 애정과 관심이 생기게 마련이다. 아무나가 될 수도 있는 존재였지만, 함께 하는 동안 서로를 알아가게 되면서 우리가 되었을 것이다. 따라서 그런 친구들에게 공감을 통한 마음 표현의 기회를 갖는 것도 좋다. 이 그림책은 그 목표 달성을 위해 선정한 것이다.

② 도서 : 키오스크 / 아네테 멜레세 글·그림, 김서정 옮김 / 미래아이 / 2021

중년 여인인 올가는 시내 거리에서 신문, 잡지, 음료수 등의 잡다한 물건을 파는 키오스크에 산다. 키오스크는 그녀의 집이자 일터이기 때문에, 밖으로 나오지 않고 그 안에서 모든 것을 해결한다. 늦은 밤 키오스크 문을 닫으면, 여행 잡지를 보며 바닷가에 가서 석양을 보는 꿈을 꾼다. 그러던 어느 날, 다른 날보다 멀리 놓인 신문 뭉치를 안으로 들여놓으려다가 키오스크가 넘어진다. 그러자 올가는 키오스크를 들고 걸을 수 있다는 것을 알게 된다. 그래서 키오스크를 들고 산책을 하던 중 강에 빠지게 되고, 그 물을 따라 바다에 다다른다. 우연한 일들이 결국 그녀의 꿈을 이룰 수 있게 도와준 것이다.

키오스크 안에서만 살며 그곳에서 나갈 수도 없고 그것을 옮길 수도 없다고 생각하던 올가는, 우연한 사건으로 키오스크를 움직일 수 있다는 것을 알게 되었고 안주하던 자리를 떠나 꿈에 그리던 바닷가에서 살게 되었다. 이번 세션을 위해 이 그림책을 선정한 이유는, 참여 아동들도 자신이 원하는 것이 무엇인지 찾아보고, 그것을 이루기 위해 무엇이 필요하거나 해야 하는가에 대해서 생각해 볼 수 있기를 바라는 마음에서다.

3) 관련 활동

① 서로서로 칭찬해요

어느덧 프로그램이 종결과 가까워지면서, 참여 아동들은 그동안 열심히 참여한 자신에 대한 뿌듯함과 함께 다른 집단원들에게도 고마운 마음을 갖고 있을 수 있다. 따라서 이 활동은 그런 마음들을 나누어 보는 것이다.

② 계획 사다리 꾸미기

행동 변화에 도움이 된 디딤돌과 방해가 되었던 걸림돌을 찾아보고 행동 변화를 유지하는데 필요한 것들을 목록으로 만들어 본다. 또한 이 목록을 기반으로 실천할 수 있는 변화 계획을 단기와 장기로 나누어 사다리에 꾸며 보도록 하는데, 이때 어렵고 긴 시간이 필요한 계획은 사다리의 위쪽에, 단기적이거나 비교적 쉬운 또는 이미 이뤄왔던 계획은 사다리 아래쪽에 쓰도록 한다. 변화를 위해 걸어가는 것이 버거울 때 힘을 줄 수 있는 도구가 될 수 있으므로 정성껏 꾸미도록 일러둔다. 참여 아동들에게 배부할 활동지는 〈관련 활동 11-1〉에 제시되어 있다.

서로서로 칭찬해요

여러분들은 그동안 한 집단에 속해 서로에게 도움을 주고받았습니다. 그동안 함께 많은 시간을 보내며 이야기를 나눈 친구들에게 칭찬할 점, 인정할 점, 감사할 점을 느꼈던 적이 있었나요? 만약 그런 측면이 있었다면 그 내용을 자유롭게 적어보세요.

예시) 완벽해	동료의 이름과 인정할 만했던 행동을 적는다.
예시) 고마워	동료의 이름과 고마웠던 행동을 적는다.
예시) 칭찬해	동료의 이름과 구체적인 칭찬 이유를 적는다.

계획 사다리 꾸미기

나와 내 목표를 방해하는 걸림돌과 디딤돌에는 어떤 것들이 있나요? 계획 사다리에 걸림돌과 디딤돌을 표시해 보고, 전략을 세워 보세요.(왼쪽 : 걸림돌(내적 · 외적 요인), 오른쪽 : 디딤돌(내가 가진 자원, 환경, 동기 등))

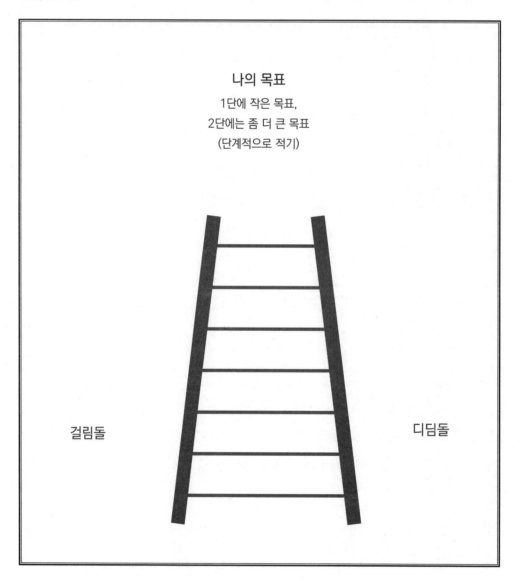

나의 목표

1단에 작은 목표,
2단에는 좀 더 큰 목표
(단계적으로 적기)

걸림돌   디딤돌

12 세션 Session

1) 세부목표 : 지지하기/마무리

시작이 반이라는 말이 있다. 시작이 중요한 만큼 마무리 역시 그만큼 중요하다. 따라서 마지막 세션에는 1세션에서부터 함께한 내용들을 살펴보는 시간을 갖고, 그동안 얼마나 많은 변화가 있었는지 스스로 평가하는 기회를 주도록 한다. 평가를 해보면 참여 아동에 따라 원하는 만큼의 성취를 이룬 경우와 그렇지 못한 경우도 있을 것이다. 그럼에도 열심히 참여하며 노력을 했을 것이므로, 그에 알맞은 칭찬과 격려를 해주고 앞으로의 실천이 더 중요함을 일깨워준다. 마지막 활동으로는 자신의 미래 모습을 그려보며 집단원 서로에게 응원하는 메시지를 적어 격려를 보내주는 것으로 마무리한다.

2) 문학작품
도서 : 때문에 / 모 웰렘스 글, 앰버 렌 그림, 신형건 옮김 / 보물창고 / 2020

베토벤의 아름다운 음악에 감명 받은 슈베르트가 교향곡을 만들고, 그 음악을 듣고 싶은 사람들이 오케스트라를 만들고, 열심히 연습한 단원들 덕에 콘서트가 열리고, 연주회 당일 감기에 걸린 삼촌 덕에 한 소녀가 콘서트에 가게 되고, 그 콘서트에 큰 감명을 받아 소녀는 뮤지션이 된다. 그 소녀는 자라서, 운명의 연주를 들었던 콘서트 홀에서 자신의 노래를 지휘하게 되고, 감기 때문에 티켓을 양보한 삼촌은 가장 좋은 자리에서 조카가 작곡한 음악을 듣는다.

이 그림책은 어떤 사건이 꼬리에 꼬리를 물고 긍정적인 변화로 나타나는 '나비 효과'를 보여준다. 따라서 프로그램에 참여한 아동들이 스스로에게 긍정적인 변화를 일으킬 수도 있고, 자신으로 인해 더 많은 사람들이 긍정적인 변화를 이룰 수도 있음을 알게 하고 싶은 마음에 선정했다.

3) 관련 활동

① 세션 돌아보기

1세션 때부터의 내용을 살펴보며 변화한 모습에 대해 이야기 나눈다. 스스로 잘한 것을 칭찬하고 아쉬운 결과에는 격려와 응원을 보내도록 한다.

② 인터넷·스마트 폰 중독 K척도 검사

1세션에 시행한 검사를 다시 실시하고, 변화된 측면을 객관적인 수치로도 확인해 보게 한다.

③ 미래의 내 모습 그리고 편지 쓰기/롤링 페이퍼

4절지에 자신이 원하는 미래의 모습을 그리게 한 뒤, 집단원들에게 돌아가며 메시지를 받을 공간을 남겨둔 채 나에게 보내는 편지를 쓰라고 한다. 활동이 모두 끝나면 자신에게 쓴 편지 내용은 물론이고, 집단원에게 받은 격려와 응원의 메시지 가운데 가장 마음에 와 닿은 것을 골라 발표하도록 시킨다.

④ 마무리/작별 인사

프로그램에 참여한 소감을 나누는데, 특히 좋았던 점이나 어려웠던 점 등을 위주로 말하게 한다. 이어서 마지막으로 2세션에 알려주었던 기관들을 다시 한 번 안내하면서, 필요할 경우 적극 활용할 것을 당부하면서 마무리한다.

미래의 내 모습 그리기/편지 쓰기/
집단원의 응원 글 받기

내가 바라는 미래의 나의 모습을 그려 보세요. 그리고 그림 속 미래의 나에게 편지를 써 보세요.

(이 활동지에 함께 프로그램을 마친 친구들이 응원의 글을 남길 예정입니다. 친구들이 글을 쓸 수 있도록
자리를 남겨 주세요. 경계를 넘는 것이 마음에 들지 않는다면 미리 구획을 나눠 진행해도 좋습니다)

소감 나누기

프로그램 참여 전체 소감	
유익했던 활동	
어려웠던 활동	
선생님에게 남기고 싶은 말	

수고 많았습니다. 늘 응원하겠습니다!

두 번째 중독

도박 문제 청소년의
미래 설계를 돕기 위한
독서치료 프로그램

두 번째
중독

도박 문제 청소년의
미래 설계를 돕기 위한
독서치료 프로그램

1. 프로그램 목표

국어대사전[91]에서 중독을 생체가 약물·독물·독소의 독성에 치여서 기능 장애를 일으키는 일이라 정의하고 있는 것처럼, 흔히 '중독'이라고 하면 술이나 약물과 같은 물질이 몸속으로 들어가 나타나는 현상으로 생각하기 쉽다. 그러나 최근 중독에 대한 개념은 약물 중독을 넘어 도박, 식이장애, 쇼핑 중독, 게임 중독 등 행위에 대한 중독 개념으로 넓어지고 있다.[92]

도박이란 불확실한 결과를 두고 재물이나 재화를 걸어 이득을 추구하는 행위[93]로,

---

91) 박상규 외. 2017. 『중독의 이해와 상담실제 2』. 서울: 학지사. p. 14.

92) 질병관리청 국가건강정보포털 도박중독. https://health.kdca.go.kr/healthinfo/biz/health/gnrlzHealthInfo/gnrlzHealthInfo/gnrlzHealthInfoView.do

93) 김성희·김미옥. 2020. 도박중독자를 위한 정서조절프로그램 개발 및 효과. 『정서·행동장애연구』, 36(3): 89-118, p. 90.

자신에게 가치 있는 것이 더 큰 가치가 있는 것으로 교환될 것에 대한 기대를 갖고, 확률이나 운에 의해 결정되는 결과가 불확실한 게임에 재화를 거는 행위[94]로 정의할 수 있다. 법률에서는 이를 사행 행위로 명명하여 '다수인으로부터 재물 또는 재산상의 이익을 보아 우연적 방법에 의해 득실을 결정하여 재산상의 이익 또는 손실을 주는 행위'(사행행위 등 규제 및 처벌 특례법 제 2조 1항)로 규정하고 있다.[95] 이런 의미에서 승부를 걸고 하는 내기는 비록 가볍다 해도 모두 도박에 속한다고 할 것이다. 도박 행위는 다양한 형태로 행해진다. 오프라인 도박은 현실 세계에서 사람과 사람 사이에서 이루어지는 도박을 의미하고[96], 온라인 도박이란 오프라인 또는 현실 공간에서 도박으로 간주되는 행위를 온라인이라는 가상공간에서 전자 화폐 혹은 전자 금융 거래 형태로 행하는 것[97]을 의미한다.

도박 중독이란, 도박자 자신의 신체적 건강과 정신적 건강은 물론 가정과 직업, 대인 관계, 사회의 도덕성 등을 모두 파괴시킬 정도로 도박에 몰입하고 자신의 의지로는 조절할 수 없는 상태를 말한다.[98] 도박 중독으로 발생하는 폐해는 개인적인 문제에서 확산적 연쇄적으로 개인과 가정, 나아가 사회를 파괴하는 위험을 안고 있다.[99] 과거에는 성인 남성 위주의 도박 중독이 주로 발생했다면 최근에는 여성 중독자의 비율이 늘고 있고, 심지어는 청소년들도 무방비로 도박의 유혹에 노출되어 있어 문제가 되고 있다. 이는 급속한 통신망 발달과 스마트 폰 이용률의 증가가 사람들의 일상생활 패턴이나 커뮤니케이션, 행위 양태에 큰 영향을 미쳤기 때문으로, 이에 따른 현상은 긍정적 및

---

94) 김교현. 2006. 도박행동의 자기조절모형: 상식모형의 확장. 『한국심리학회지: 건강』, 11(2): 243-274.

95) 한국청소년상담복지개발원. 2020. 『청소년상담연구 218 청소년 온라인 도박문제 개입을 위한 매뉴얼 개발』. 부산: 한국청소년상담복지개발원. p. 1.

96) 한국도박문제관리센터. 2018. 『2018 청소년 도박문제 실태조사』. 서울: 한국도박문제관리센터. p. 23.

97) 김교현·권세중·김세진. 2010. 인터넷 도박의 과제와 쟁점. 『한국심리학회지: 건강』, 15(2): 187-202. p. 189.

98) 박상규 외. 2017. 앞의 도서. p. 295.

99) 김성희·김미옥. 2020. 앞의 논문. p. 90.

부정적 측면에서 다양하게 나타나고 있다.[100] 도박 중독 또한 알코올 중독이나 약물 중독처럼 치료가 꼭 필요한 질병이지만, 그런 문제를 갖고 있는 사람들을 치료 장면으로 이끌기도 어렵다.

청소년의 도박은 또래들 사이에서 유행처럼 번져나가 1명이 도박을 접하게 되었을 때 순식간에 학급 전체, 학교 전체로 전파된다. 청소년의 도박 문제는 본인, 가족, 대인관계에서 갈등을 불러일으키거나, 재정적·사회적·법적 문제로 이어진다. 그럼에도 스스로 행위 조절이 불가능하기 때문에 지속해서 도박을 하며 일상생활에 지장을 준다.[101] 2018년 한국도박문제관리센터에서 발표한 '2018년 청소년 도박문제 실태조사' 결과에 따르면, 2015년 조사 대비 2018년 재학 중 청소년의 도박 문제 위험 집단(위험군+문제군)의 비율은 1.3% 상승(5.1%→6.4%)했고, 학년이 높아질수록 문제군 비율이 높아지는 것으로 나타났으며, 중학생이 1.0%, 고등학생이 2.2%로 고등학생이 중학생보다 약 2배 이상 높았다. 도박 문제로 한국도박문제관리센터에서 상담을 받은 청소년도 2015년 168명에서 2018년 1,027명으로 6배 가까이 늘었다고 한다. 더불어 학교 밖 청소년의 경우 도박 문제 위험집단 비율은 21%로 약 1/5은 도박 문제 위험 집단인 것으로 확인되었다. 이러한 결과는 2018년 성인의 도박 중독 유병률 5.3%와 비교하면 매우 높은 수준으로, 청소년 도박 문제가 매우 심각한 것을 알 수 있다.[102] 하지만 청소년 보호법과 사행 산업 관련법에 의거해 청소년의 복권이나 경마장 마권 구입 및 환전 행위, 성인용 게임 및 각종 디지털 콘텐츠, 성인 전용 오락실, 카지노 출입 행위를 금지하게 되어 있고, 보호자를 동반하더라도 청소년이 하는 모든

---

100) 김진영·배인경·전종설. 2021. 청소년 도박문제의 경로 : 문제적 및 병적 도박 경로모델의 적용. 『보건사회연구』. 41(1): 352-369. p. 356.

101) 한국도박문제관리센터. 2020. 『2020 도박문제 없는 학교 만들기 학교 도박문제 대응 매뉴얼』. 서울: 한국도박문제관리센터. p. 4.

102) 한국청소년상담복지개발원. 2020. 『청소년상담연구 218 청소년 온라인 도박문제 개입을 위한 매뉴얼 개발』. 부산: 한국청소년상담복지개발원. p. 1.

도박 행위는 불법이다.[103]

청소년의 도박은 은밀하여 드러나지 않지만, 친구들 간의 갈등을 조장하고 돈을 잃게 하며, 도난이나 폭력의 문제로 발전할 수도 있다. 따라서 그 심각성에 대해 여러 언론에서도 보도를 이어가고 있는데, 이는 그만큼 청소년 도박 문제가 점점 더 사회의 문제로 인식되고 있다는 반증일 것이다. 일례로 도박 자금 마련을 위해 절도, 중고물품 거래 사기, 학교 폭력, 금품 갈취 등 2차 범죄가 증가하고 있고, 중고교생들 사이에서 도박으로 인한 금전 거래가 성행하면서 어른들의 사채업처럼 청소년들이 추심을 하거나 형사 고소를 하는 사례도 발생하고 있다. 또한 성매매에 가담하거나 도박 사이트 운영 총판이 되는 등, 도박 자체보다 더 큰 불법을 아무런 문제의식 없이 저지르는 경우도 발견되고 있다.

청소년이 도박에 참여하는 이유는 매우 다양하지만 대략 세 가지 정도[104]로 요약할 수 있다. 첫째는 도박 자체의 요인으로 도박은 놀이의 요소를 지니고 있기 때문에 그 자체로 재미있다. 여기에 베팅하는 스릴과 쾌감, 그리고 돈을 따는 승리 경험까지 더해지기 때문이다. 하지만 도박으로 큰돈을 잃게 되면 그 매력이 반감되어야 하는데 도박의 특성상 잃은 돈 만큼 만회하고 싶은 마음 또한 강렬하게 생기기 때문이다. 둘째는 사회 환경적 요인으로 주변의 친구나 선후배가 도박에 참여하고 있다면 청소년 주변의 도박에 대한 친밀도가 형성되어 쉽게 도박에 참여할 수 있는 환경이 조성되기 때문이다. 더욱이 부모가 도박에 대한 긍정적인 태도와 허용적인 태도를 가지고 있을수록, 또는 가족과의 유대가 부족하거나, 가족 간의 갈등이 심하고, 부모 이혼 유무, 가족관계의 붕괴 경험 등은 도박 가능성을 높인다[105]. 셋째는 개인적 요인으로 청소년 시기에 드러나는 다양한 심리행동적 취약성은 청소년으로 하여금 쉽게 도박에

---

103) 한국도박문제관리센터. 2017. 『청소년 도박문제 안내서』. 서울: 한국도박문제관리센터. p. 17.

104) 한국도박문제관리센터. 2017. 『청소년 도박문제 안내서』. p.19.

105) 한국청소년상담복지개발원. 2020. 위의 매뉴얼. p.18.

참여하게 할 수 있다. 학업 및 또래관계에서 오는 스트레스를 잠시나마 잊을 수 있고, 즉각적인 욕구 만족을 지연시킬 필요도 없으며, 특히 도박에서 돈을 따는 경험을 하게 되면 낮은 자존감을 보상받거나 또래로부터 영웅 대접을 잠시나마 받을 수 있는, 즉 마음의 위안과 만족을 한꺼번에 얻을 수 있게 하는 수단이 될 수 있기 때문이다.

그렇다면 청소년들은 왜 도박에 빠지는 걸까? 여러 원인이 있겠으나 특히 청소년의 도박 문제를 더욱 심화시킬 수 있는 위험 요인으로는 도박에 대한 노출 경험, 또래의 도박 참여, 인터넷 중독의 정도, 또래 도박에 대한 심각성 자각 등이 꼽힌다. 더불어 도박을 하면서 심리적인 문제, 특히 우울과 불안이 있을 경우 고통스런 현실에서 벗어나고 긴장을 줄이기 위해 더욱 게임 도박에 몰두하게 되는 것으로 나타났고, 도박으로 돈을 따고 잃는 것에 자아존중감이 좌우될 경우 돈을 따야 자존감이 올라가기 때문에 계속해서 몰입하게 되는 경향도 나타났다. 결국 이러한 악순환의 고리에 빠지게 되면, 급기야 자기 불신의 늪에 빠지게 되는 것이다.[106] 더욱이 인터넷/스마트 폰의 발달은 불법 사이트에서 진행하는 신종 불법 온라인 도박(불법 스포츠 도박, 사다리 게임, 달팽이 레이싱 게임, 사설(불법) 파워 볼 게임, 천사와 악마, 마리오 게임 등)을 청소년들도 성인 인증 절차 없이 쉽게 접근할 수 있게 되었고, 사실상 베팅 금액에 대한 제한이 없는 점도 문제이다.[107]

결국 이런 문제는 청소년들에게 통제력 상실, 대인관계 문제, 우울, 불안, 다른 중독 문제 등 다양한 심리사회적 문제를 불러일으킬 수 있다. 실제로 온라인 도박 이용자의 약 80%가 심리적 어려움뿐만 아니라 경제적, 사회적, 신체적 어려움을 겪고 있다고 보고하고 있으며, 청소년 도박자는 비도박자에 비하여 물질의 사용, 남용 및 의존 양상과 우울증의 보고도 높은 것으로 나타났다[108]. 하지만 한국도박문제관리센터의

---

106) 한국도박문제관리센터. 2017. 위의 안내서. p.21.

107) 한국도박문제관리센터. 2020. 위의 매뉴얼. p.5.

108) 한국청소년상담복지개발원. 2020. 위의 매뉴얼. p.13.

도박 문제 보호 요인과 위험 요인에 따른 청소년 도박 예방 모델 개발 연구에 의하면, 도박 문제의 보호 요인 중 고등학생의 경우 도박에 대한 비합리적 신념이 높더라도 진로정체감 수준이 상대적으로 높은 고등학생의 경우 도박 문제 수준이 매우 낮게 나타났다.[109]

본 프로그램은 도박 문제로 어려움을 겪고 있는 청소년을 대상으로, 그들 스스로 자신을 성장시킬 수 있도록 잘못된 생각을 교정하는 동시에, 행동 조절 훈련을 해볼 수 있는 인지행동치료의 원리를 접목한 독서치료적 접근을 꾀한다. 따라서 적정 대상에게 전문적으로 실시될 수만 있다면, 그들이 긍정적인 미래를 설계할 수 있도록 도울 것이다.

2. 프로그램 구성

본 프로그램에 참여할 수 있는 사람은 도박 문제로 어려움을 겪고 있는 청소년 10명 이내이다. 프로그램은 총 12세션으로 구성하였고, 각 세션 별 운영 시간은 2시간이다. 프로그램의 흐름은 신뢰감과 친밀감 형성을 위한 소개와 마음 열기로부터 시작해, 현재의 나와 마주함으로 자신의 도박 문제에 대한 인식을 점검할 수 있는 시간으로 이어진다. 또한 도박 문제와 관련해서 각자가 느끼는 감정과 마주하며 욕구도 탐색하고, 위축 요인도 내적 및 외적인 측면에서 각각 탐색하여 도박 문제와의 관련성을 살펴본다. 이어서 참여 청소년들이 도박 문제를 해결하고 건강한 사회인으로 거듭나기 위한 힘인 자기 결정력과 자기 통제력을 키워 변화 계획을 수립 및 실천하게 하여, 궁극적으로는 자아존중감을 높여 주변과의 관계도 긍정적으로 재정립하는 것을 돕는다. 마지막으로 삶의 가치관 재정립을 위해 10년, 20년 후의 진로 계획을 설계해

---

109) 한국도박문제관리센터. 2017. 『도박문제 보호요인과 위험요인에 따른 청소년 도박예방 모델 개발』. p.284.

봄으로써 긍정적인 미래상을 갖도록 돕는다. 목표 달성을 위해 매 세션마다 함께 읽을 문학작품은 주로 그림책이며, 관련 활동은 연관성을 고려하여 글쓰기, 미술 등 참여 청소년들이 부담을 느끼지 않으면서도 충분한 효과도 줄 수 있는 것들로 선정했다. 다음의 〈표〉는 이상의 내용을 종합적으로 구성한 프로그램 세부 계획이다.

<표> 도박 문제 청소년의 미래 설계를 돕기 위한 독서치료 프로그램

세션	세부 목표	문학작품	관련 활동
1	프로그램 소개, 친밀감 형성하기	도서 : 내 안에는 사자가 있어, 너는?	프로그램 소개 및 약속 정하기, 나를 소개합니다!
2	현재의 나와 마주하기	도서 : (안전생활지침서) 중독	도박? 중독?, 나도 도박 중독?(CAGI검사)
3	감정 마주하기	도서 : 내 마음 ㅅㅅㅎ	감정 단어 카드 고르기, '내 마음 ㅅㅅㅎ'으로 감정 마주하기
4	욕구 탐색하기	도서 : 나를 찾아서	나의 관심 그래프
5	위축 요인 점검 1 – 내적 요인	도서 : 얼룩진 아이	나의 얼룩이 드러내기, 아로마 테라피
6	위축 요인 점검 2 – 외적 요인	도서 : 나쁜 친구	나의 관계도(소시오그램)
7	유혹 이겨내기1 – 자기 결정력	노래 : Answer – Love Myself	결정 저울, 내 마음의 무게 달기
8	유혹 이겨내기 2 – 자기 통제력	도서 : 두려워하지 마, 나무야	우선순위 매트릭스, 행동 강령 세우기
9	유혹 이겨내기3 – 자원 충전	도서 : 알레나의 채소밭	숨은 보물찾기
10	진로 목표 설정	도서 : 나는, 비둘기	다시 그리는 꿈의 사다리 (푸드 아트 테라피)
11	가치관 재정립	도서 : 세상을 알고 싶은 너에게	가치 카드를 이용한 나의 가치관 찾기
12	다시 시작, 프로그램 종결	영상 : 인생사진관 종합B 도서 : …라고 말했다	새로 쓰는 나의 이야기, 실천 서약서 작성(나의 약속), 참여 소감 나누기

1 세션 Session

1) 세부목표 : 프로그램 소개 및 친밀감 형성하기

　1세션의 목표는 치료사의 입장에서는 참여자들에게 프로그램에 대해 상세히 소개해서 그들의 마음을 여는 것이다. 따라서 치료사는 참여자들에게 프로그램의 목표와 과정, 내용, 참여 규칙을 정확하게 전달함으로써, 그들이 자발적이고 적극적으로 참여할 수 있도록 도울 필요가 있다. 왜냐하면 치료사와 참여자, 참여자들이 서로 마음을 여는 것은 매우 중요한 작업이기 때문이다. 첫인상은 3초 안에 결정되고 늦어도 7초 안에 결정된다는 '첫인상 5초의 법칙'도 있는 것처럼, 참여자들이 치료사에 대한 편안함을 느끼는 것은 물론 프로그램 환경을 안정적인 공간으로 느껴야만 자신의 어려움을 충분히 털어 놓을 수 있다. 특히 상담 치료에 대한 거부감을 갖고 있기 때문에 비자발적으로 참여하는 청소년들의 경우라면, 첫 세션에서 받는 인상이 더욱 중요할 수 있다. 그러므로 처음 만날 청소년들이 프로그램에 대한 호기심과 필요성을 느껴 지속적인 참여 의지를 갖도록 하는 것, 그것이 첫 번째 세션의 시작이자 전부이다.

2) 문학작품
도서 : 내 안에는 사자가 있어, 너는? / 가브리엘레 클리마 글, 자코모 아그넬로 모디카 그림,
　　　유지연 옮김 / 그린북 / 2020

'세상에는 셀 수 없이 많은 아이들이 있어요. 아이들은 저마다 다르답니다. 똑같은

아이는 하나도 없어요.'라는 문장으로 이야기가 시작되는 이 그림책은, 아이들이 가진 서로 다른 특성을 다양한 동물에 빗대어 표현하고 있다. 활달한 아이가 있는 반면 수줍음이 많은 아이가 있고, 활달함과 수줍음을 동시에 가진 아이도 있다. 다른 사람 가까이에 붙어 있길 좋아하는 아이가 있는 반면, 혼자 있는 것을 좋아하는 아이도 있다. 이처럼 아이들은 저마다 달라서 똑같은 아이는 하나도 없다.

이 그림책은 다양한 인간의 본성을 고양이, 물고기, 파리, 사자 등 여러 동물의 특성에 빗대고 있어, 성격과 행동을 하나씩 살펴보면서 다양한 개성을 이해할 수 있도록 돕고 있다. 또한 소중한 자기 내면을 발견할 수 있음은 물론이고, 각 개인을 행복하게 할 수 있는 방법도 조언하고 있다. 첫 번째 세션을 위해 그림책을 선택한 이유는 '그런데 여러분은 어떤 아이에요?'라는 마지막의 물음에 대해, 참여 청소년들은 자신을 어떤 사람으로 인지하고 있는지 살펴보기 위해서이다.

3) 관련 활동

① 나의 약속

집단 프로그램의 장점은 참여자들이 자신의 어려움을 객관적인 시각에서 볼 수 있다는 것이다. 집단 내에서 자신의 입장이나 상황과 비슷한 참여자들과 상호작용을 하다보면 자신과 타인과의 관계에서 문제를 보는 시각이 증진되고, 자기의 감정을 다른 사람에게 효과적으로 표현할 수 있으며, 타인의 감정 표현도 잘 받아들일 수 있게 된다. 하지만 집단 내에서 공감을 얻지 못하고 다른 참여자들로부터 소외받는다는 인상을 받게 되거나 개인에게 집단의 압력이 가해지면, 오히려 개인의 개성이 상실될 우려가 있고 상담 치료의 비밀 보장도 어렵게 되어 오히려 더 큰 상처를 받게 된다. 때문에 이를 사전에 예방하기 위해 프로그램에 참여하는 동안 지켜야 할 규칙과 참여자들의 약속이 필요하다. 활동을 위한 활동 자료는 〈관련 활동 1-1〉에 제시했다.

② 나를 소개합니다!

처음 만나는 사람에게 자신을 소개하는 것은 쉽지 않다. 설사 참여자 중에 알고 지내던 사이일지라도 자신에 대해 소개하거나 이야기 하는 것이 불편할 수도 있다. 그럼에도 간혹 용기를 내어 자신을 소개한다고 해도 그 내용은 이름, 나이, 다니는 학교 등에 그치고 만다. 따라서 치료사는 집단에 참여하는 참여자들 간의 관계를 고려하여 적절한 자기소개 방법을 결정할 필요가 있다. 이때 구체적인 문항이 담긴 활동지를 통해 자기를 소개할 내용을 미리 떠올리고 정리하게 하는 것은 참여자들의 자기소개에 대한 고민과 부담감을 덜어줄 수 있다. 또한 치료사에게는 참여자에 대한 보다 구체적인 정보를 얻을 수 있는 기회도 된다. 다만 활동지를 활용할 경우 치료사는 가능한 참여자들이 모든 질문에 답을 하도록 유도할 필요는 있으나, 참여자가 원하는 만큼만 작성하고 공개하고 싶은 만큼만 이야기를 나누어도 된다는 점을 안내한다. 자기소개를 위한 활동지는 〈관련 활동 1-2〉에 제시했다.

우리들의 약속

나는 우리 모두가 재미있고 유익한 활동을 하기 위해

다음의 사항을 성실하게 지킬 것을 약속합니다.

1. 집단 활동에 진지하고 솔직하게 나의 생각이나 느낌을 말하겠습니다.

2. 다른 친구들의 말을 편견 없이 듣고 존중하겠습니다. (비난, 조롱하는 말은 NO)

3. 서로의 개인적인 비밀을 남에게 알리거나 이용하지 않겠습니다.

4.

5.

20   년   월   일

이름 : _____ 서명   이름 : _____ 서명

이름 : _____ 서명   이름 : _____ 서명

이름 : _____ 서명   이름 : _____ 서명

이름 : _____ 서명   이름 : _____ 서명

이름 : _____ 서명   이름 : _____ 서명

나_____를 소개합니다!

1. 내 모습을 동물로 표현하고 이유도 적어보세요.	〈이유〉
2. 나의 장점과 단점 * 장점 - - * 단점 - -	3. 나에게 가장 소중한 것은? - - - - -
4. 내가 좋아하는 일은? - - - -	5. 내가 해보고 싶은 것은? - - - -
6. 최근 1개월 동안 나의 주된 감정은? - - - -	7. 이 프로그램을 통해 기대하는 것은?

내 안에는 (   ) 이 있다.

2 세션 Session

1) 세부목표 : 현재의 나와 마주하기

'정면으로 대하다'는 뜻을 가지고 있는 '마주하다'는 서로 똑바로 향하여 얼굴을 대하는 것을 말한다. 이처럼 누군가와 서로 마주하기 위해서는 머리를 정리하고, 화장을 고치며, 옷매무시를 다듬으며 생각과 마음도 다잡는다.

마주하기는 상담에서 직면(confrontation)이라는 용어로 사용되는데, 직면은 주로 상담 중기에 사용하는 기법으로 내담자가 갖고 있는 불일치, 모순, 생략 등을 상담자가 기술해 주는 것이다. '이건'은 직면보다는 도전이라는 말이 더 정확하다고 했고, '이형득'은 이것을 맞닥뜨림이라고 번역했다. 그러나 직면은 상담자의 욕구나 필요에 의해서, 또는 내담자를 처벌하기 위해 내담자와 반대 입장에서 하는 것이 아니라 내담자의 편에서 내담자를 위해 하는 것이다. 그럼에도 직면은 내담자가 받아들이기 매우 어렵고, 잘못하면 내담자에 대한 처벌로 인식될 수 있기 때문에 신뢰관계가 형성된 후 아껴서 사용하며, 상담자가 내담자에 대해 화가 나 있거나 마음이 불편할 때 사용해서는 안 된다. 또한, 직면하는 이유와 직면을 통해 성취하려는 것이 무엇인지 상담자가 분명히 알고, 직접적이고 쉬운 언어로 직면할 수 있어야 한다.[110]

마주한다는 것이 설렘일 수 있지만 때로는 두려움일 수도 있다. 특히 나에 대해 부정

---

110) 박성수·김창대·이숙영 공저. 2013. 『상담심리학』. 서울: 한국방송통신대학교출판부. p. 146.

적인 측면이 부각된 상황이라면, 자신의 현재 모습과 마주한다는 것은 참으로 두렵고 떨리기 때문에 반드시 피하고 싶을 것이다. 그럼에도 이번 세션의 목표를 '현재의 나와 마주하기'로 정한 이유는, 참여 청소년들로 하여금 현재 자신이 갖고 있는 도박 문제에 대한 인식을 확인해 보기 위해서이다.

2) 문학작품
도서 : (안전생활지침서) 중독 / 손성은 글, 지현이 그림 / 다림 / 2019

중독은 생각보다 우리 가까운 곳에 늘 존재한다. 항상 손에 쥐고 있는 스마트 폰, 쉽게 구입해서 마실 수 있는 카페인이 많은 에너지 음료와 커피, 술과 담배는 물론이고 탄수화물과 지방, 쇼핑, 성형, 도박, 관계, 미디어도 중독이 될 수 있다. 적당한 즐거움은 삶의 활력이 된다. 그래서 우리는 매일 즐거움을 주는 것들을 찾는다. 그러나 그것들은 우리의 뇌를 빠른 시간 안에 즐겁게 만들어 같은 행동을 반복하게 만들고, 지나치면 일상을 망치고 자기 생활을 조절할 수 없는 중독에 빠지게 한다.

2018년 과학기술정보통신부의 발표에 따르면 3~9세 어린이의 약 20%가 스마트 폰 중독 위험군이며, 그 비율이 점점 늘어나고 있다고 한다. 또한, 최근에는 사이버 중독, 카페인 중독과 같은 것들이 급속도로 많아지고 있는 상황이라고 한다. 정신건강의학과 의사인 저자는 이 그림책을 통해 중독이 무엇인지, 중독 증상에는 어떤 것들이 있는지 등 중독에 관해 자세히 다루며 중독의 위험성에 대해 경고한다. 또한 중독 증상이 나타났을 때 어떻게 대처해야 하는지에 대해서도 차근차근 자세하게 설명해 주고 있다.

두 번째 세션의 세부목표가 도박 문제를 경험하고 있는 '현재의 나와 마주하기'이기 때문에, 이 그림책이 자신이 안고 있는 중독의 문제와 마주하는데 도움이 될 것이라 여겨져 선정했다.

3) 관련 활동

① 도박? 게임?

게임은 일상생활에서 다소 활력을 주는 건전성이 가미된 긍정적인 활동이지만, 도박은 돈이나 가치 있는 것을 걸고 돈이나 흥분 등의 목적을 얻기 위해 불확실한 사건에 내기를 거는 부정적인 것이다. 게임은 놀이, 유희, 오락으로 경쟁이 존재하고 규칙에 따라 진행되며, 기술, 힘 혹은 운에 따라 결과가 결정되는 놀이 혹은 스포츠 형태에 참가하는 것이다. 반면 도박은 돈이나 재물을 걸고 따먹기를 다투는 것 또는 거의 불가능하거나 위험한 일에 요행수를 바라고 손을 대는 일로 결과가 확실하지 않은 활동에 대해 금전, 재산 혹은 가치 있는 어떤 것을 거는 행위를 말한다.[111]

이 활동은 청소년들이 생각하는 게임과 도박에 대해 스스로 정의를 내린 다음, 현재 자신이 갖고 있는 도박의 문제점은 무엇인지, 그것을 해결하고 싶은 변화 단계는 현재 어느 위치인지에 대해 스스로 점검해 보는 것이다. 활동을 위해 제작해 〈관련 활동 2-1〉에 제시한 활동지는, '한국도박문제관리센터'에서 제공하는 『도박 문제 회복을 위한 자기 관리 매뉴얼 : 잃어버린 나를 찾는 희망 안내서 1』에 담긴 '도박이 인생에 미친 영향은 무엇일까'의 문항들을 수정한 것이다.

② 나도 도박 중독? (CAGI검사)

CAGI(Canadian Adolescent Gambling Inventory)는 청소년 도박 문제 선별 검사로, 도박으로 인해 발생할 수 있는 피해나 폐해를 중심으로 13세에서 17세의 청소년들의 도박 문제를 측정하기 위해 Tremblay, Stinchfield, Wiebe 및 Wynne[112] 개발한 자기

---

111) 박상규 외. 2017. 앞의 책. p. 293.

112) Tremblay, J., Stinchfield, R., Wiebe, J. & Wynne, H. 2010. *Canadian Adolescent Gambling Inventory (CAGI) Phase Ⅲ Final Report.* Ottawa: Canadian Centre on Substance Abuse and the Interprovincial Consortium on Gambling Research.

보고식 측정 도구이다. 이 검사는 도박과 관련한 문제를 갖고 있는 위험 대상자 사례를 확인하는 것으로, 도박 문제가 있는 청소년을 대상으로 자세한 사정 평가를 실시하고 조기에 단기 개입을 실시함으로써 치료 효과를 높이는데 목적이 있다. 검사는 도박 활동 유형, 각 도박 활동에 대한 참여 횟수, 각 도박 활동에 투자된 시간, 도박에 투자된 총 금액, 도박의 폐해 및 심각성에 대한 5개의 영역을 24개의 항목으로 측정하고, 이 중 도박 문제 심각성 하위 척도(Gambling Problems Severity Scale, 이하 GPSS; 9항목)를 활용한다.[113] 설문지 문항 및 해석에 대한 내용은 〈관련 활동 2-2〉에 제시하였다.

---

113) 한국도박문제관리센터. 2017. 『청소년 도박문제 선별안내서』. 서울: 한국도박문제관리센터. pp. 12~13.

게임? 도박?

게임이란?	도박이란?

도박이 내 인생에 미친 영향은?

* 경제 :
⇨

* 기분 :
⇨

* 성격 :
⇨

* 신체 :
⇨

* 관계
⇨ 가족 :
⇨ 친구 :
⇨ 학업 :

청소년 도박 문제 선별 검사(CAGI)[114]

<u>지난 3개월 동안</u> 자신이 이런 경험들을 겪었다면 얼마나 자주 겪었는지
해당하는 보기 번호에 체크(v)해 주세요. (돈 내기 게임이란 도박을 의미합니다)

구분	없다	가끔 있다	자주 있다	거의 항상 있다
1. 돈 내기 게임 때문에 단체 활동이나 연습에 빠진 적이 있나요?	⓪	①	②	③
2. 돈 내기 게임을 같이 하는 친구들과 어울리느라 다른 친구들과의 약속을 어긴 적 있나요?	⓪	①	②	③
3. 돈 내기 게임을 위해 계획을 세운 적이 있나요?	⓪	①	②	③
4. 돈 내기 게임 때문에 기분이 나빴던 적이 있나요?	⓪	①	②	③
5. 전에 잃은 돈을 되찾기 위해 다시 돈 내기 게임을 한 적이 있나요?	⓪	①	②	③
6. 돈 내기 게임 하는 것을 부모나 가족 또는 선생님에게 숨긴 적이 있나요?	⓪	①	②	③
7. 지난 3개월 동안 돈 내기 게임으로 인해 내게 문제가 생겼다고 느낀 적이 있나요?	⓪	①	②	③
아래 두 문항은 응답 보기가 위와 다릅니다.	없다	1~3회 있다	4~6회 있다	7회 이상 있다
8. 밥이나 옷, 영화표 구입 등에 써야 할 용돈을 돈 내기 게임에 쓴 적이 있나요?	⓪	①	②	③
9. 돈 내기 게임을 위해 남의 돈이나 돈이 될 만한 물건을 몰래 가져온 적이 있나요?	⓪	①	②	③

※ 채점 : 1번부터 9번까지 점수를 합산

---

114) 한국도박문제관리센터 네이버 블로그. https://blog.naver.com/kcgp1336/221582287983

〈점수 해석 및 특징〉

■ 0~1점 : 비문제 수준(Green)

1수준은 0~1점인 경우이며 비문제 수준에 해당합니다. 지난 3개월간 돈내기 게임 경험이 없거나 돈내기 게임으로 인한 피해나 폐해가 전혀 발생하지 않은 상태로, 돈내기 게임에 대해 조절 가능한 상태입니다.

"하지만, 도박이 잦아질 경우
언제라도 문제가 발생할 수 있습니다."

■ 2~5점 : 위험 수준(Yellow)

2수준은 2~5점인 경우이며 위험 수준에 해당합니다. 지난 3개월간 돈내기 게임 경험이 있으며, 경미한 수준에서 중증도(Moderate) 수준의 조절실패와 그로 인해 심리/사회/경제적 폐해 등이 발생한 상태를 말합니다. 문제 수준으로 진행하고 있을 가능성을 의심할 수 있습니다.

"따라서, 현재 하고 있는 돈내기 게임(도박)을
당장 중단해야 합니다."

■ 6점 이상 : 문제 수준(Red)

3수준은 6점 이상인 경우이며 문제 수준에 해당합니다. 지난 3개월간 반복적인 돈내기 게임 경험이 있으며, 심각한 수준의 조절실패와 그로 인한 심리/사회/경제적 폐해 역시 심각한 수준으로 진행한 상태로, 도박중독 위험성이 높은 상태를 말합니다.

"즉, 도박문제 전문 상담기관의 상담이
절실한 상황입니다."

3 세션 Session

1) 세부목표 : 감정 마주하기

2019년 3월 29일부터 8월 18일까지, '부산현대미술관'에서는 상반기 동시대 미술 기획전 〈마음현상 : 나와 마주하기〉展이 열렸다. '부산현대미술관'의 홈페이지[115]에 소개된 전시 내용의 일부 및 '양소영(미디어 아티스트, 필름메이커)' 작가 노트는 다음과 같다.

[전시 내용]

전시는 미술관의 주요 의제 [자연, 뉴미디어, 인간] 중 '인간'에 방점을 두고, 누구나 느끼고 경험하지만 추상적 혹은 단편적으로 인식되곤 하는 인간의 '마음'을 주제로, 우리의 존재와 삶을 사유하고자 기획되었다. 마음은 시공간을 아우르는 거대한 개념이다. 일상에서부터 인문학, 자연과학, 종교, 심리, 정신분석학에 이르기까지 굉장히 폭넓은 스펙트럼을 가진다. 이처럼 광활한 마음의 영역 중 전시에서 논하는 마음은 전시의 부제 '나와 마주하기'에서 유추할 수 있듯 개인적 차원의 마음으로 지금 여기, 우리가 느끼고 경험하는 개인적이고 주관적인 마음이며, 그중에서도 감정, 기분, 느낌, 정서 등 감성적 측면에서의 心(심)을 의미한다.

[작가 노트]

모든 세상을 바꾸어야 한다고 생각할 뿐 자신을 바꾼다고 생각하는 사람은 아무도 없다.
– 레오 톨스토이

---

115) 부산현대미술관 홈페이지. https://www.busan.go.kr/moca/exhibition03/1391816

세상은 미처 익숙해지기 전에 바뀐다. 사람들은 변화하는 세상에 낙오될까 두려워 세상의 틀에 자신을 맞추고 자신의 힘을 발견하기도 전에 스스로 잃어간다. 내가 누구인지, 어떤 꿈이 있는지, 지금 여기 내 마음이 어떠한지를 분명하게 답하기 어렵다. 자신을 알아가는 것, 자신만의 생각을 가지는 것, 주체적인 삶을 사는 것, 타인의 존재를 인정하는 것, 이 모든 것은 자신의 마음에 주의를 기울이는 것에서부터 시작된다.

'전형진' 신림평온정신건강의학과 전문의[116]는 도박에 중독된 사람들에게서는 다음과 같은 정서적 특징이 나타난다고 하였다. 첫째, 도박을 중단하면 안절부절 못하거나 불안해한다. 둘째, 도박을 중단하면 상실감이나 공허감을 느낀다. 셋째, 도박의 결과로 매우 극단적인 감정변화(예: 천국과 지옥을 오가는 느낌)를 경험한다. 넷째, 분노, 불안, 우울 등 부정적인 감정이나 개인적인 문제에서 벗어나기 위해 도박을 한다. 다섯째, 도박 행동이나 도박으로 인한 결과 때문에 죄책감과 수치심을 느낀다.

따라서 이와 같은 도박 문제를 갖고 프로그램에 참여한 청소년들은, 정서적인 측면에서 여러 어려움을 갖고 있을 것이므로, 그것이 행동으로도 나타나기에 앞서 자신의 감정과 마주할 필요가 있다. 이번 세션의 세부목표는 '정서 마주하기'로, 참여자들이 느끼는 주된 감정을 확인하고 그 감정들이 일상에서 어떤 영향을 미치고 있는지 탐색하고자 한다.

2) 문학작품
도서 : 내 마음 ㅅㅅㅎ / 김지영 글·그림 / 사계절 / 2021

갑자기 모든 것이 너무나도 시시하게 느껴질 때가 있다. 좋아하던 장난감도 좋아하는 음식도 모두 갑자기 싫어지고, 뭘 해도 마음이 싱숭생숭 해질 때가 있다. 내 마음에

---

116) 정신건강연구회 네이버 블로그. https://post.naver.com/viewer/postView.naver?volumeNo=294
51853&memberNo=41817687&vType=VERTICAL

누군가 무슨 짓을 한 것인지 수상한 생각이 들 때도, 나만 빼고 다른 사람들은 모두 즐거운 것 같아 섭섭한 마음이 들기도, 아무도 내 마음을 몰라주는 것 같아 속상할 때도 있다. 이 그림책은 일상에서 사용하는 마음의 단어들을 'ㅅㅅㅎ'라는 초성 글자로 설정해 감정을 시각화하여 표현하고 있다.

3세션의 목표는 '감정 마주하기'로 자신이 현재 경험하고 있는 다양한 감정이 무엇이고, 그런 감정이 어디로부터 와서 어떻게 나타나는지 살펴볼 수 있도록 돕는데 목표가 있다. 그림책의 주 소재인 'ㅅㅅㅎ'으로 이어지는 마음의 단어들을 따라가다 보면, 참여 청소년들도 자기 안에 있는 다양한 감정들과 자연스럽게 마주할 수 있을 것 같아 선정한 책이다.

3) 관련 활동

① 감정 단어 카드 고르기

이 활동은 『애도를 위한 독서치료』[117]에서 소개가 되었던 것으로, 감정 카드를 책상에 펼쳐 놓은 뒤 각 참여 청소년들이 느낀 감정에 해당하는 단어를 고르게 하고, 이어서 그것을 왜 골랐는가를 중심으로 이야기를 나누는 것이다. 이때 다른 참여자가 자신이 고르고 싶었던 카드를 선점했다면 이야기가 끝난 뒤 그 카드를 건네받아 자신의 이야기를 이어갈 수 있도록 하고, 만약 적정한 단어가 없다면 자신이 직접 해당 감정을 이야기하도록 제안하면 된다. 만약 「이야기 카드」가 준비되지 않았다면 다른 감정 카드나 감정 표정이 부각되는 그림을 활용해도 무관하다.

---

117) 임성관. 2021. 『(주제별 독서치료 시리즈 1) 애도를 위한 독서치료』. 파주: 시간의 물레. pp. 55-56.

② '내 마음 ㅅㅅㅎ'으로 감정 마주하기

　감정 단어 카드 고르기 활동을 진행했다면, 이어서 '내 마음 ㅅㅅㅎ'로 자신이 현재
경험하고 있는 감정은 무엇인지 문장을 완성해 보게 하자. 문장이 완성되면 그 내용에
대해 이야기를 나누어 보는데, 이미 '감정 카드 고르기' 활동에서의 내용과 겹친다며
공개를 거절하는 청소년이 나타날 수 있다. 또한 초성에 해당하는 감정 단어를 떠올리
는 것을 어려워하는 학생이 있다면, 감정 카드를 보여주면서 힌트를 주는 것도 좋다.

4 세션 Session

1) 세부목표 : 욕구 탐색하기

욕구란 무엇을 얻고자 하거나 무슨 일을 하고자 바라고 원하는 것, 혹은 그 욕망, 생존이나 안녕, 충족을 위한 물리적, 심리적, 경제적, 사회적인 필요를 의미한다.[118] 매슬로우(Maslow)는 인간의 욕구를 생리적 욕구, 안정의 욕구, 애정과 소속의 욕구, 존경의 욕구, 자아실현의 욕구로 나누었다. 윌리엄 글래서(William Glasser)가 제시한 현실치료에서는 인간의 기본 욕구를 생존의 욕구, 사랑과 소속감의 욕구, 힘과 성취의 욕구, 자유의 욕구, 즐거움의 욕구의 5가지로 구분하여 설명하고 있다. 현실치료의 주요 개념 중 선택 이론에서는 인간은 누구나 자신의 삶의 주인이 될 수 있으며, 자신의 삶을 스스로 통제하며 욕구들을 만족시킬 때 행복감을 느낀다고 보았다. 선택 이론에서는 우리가 행동하고 생각하는 모든 것, 좋은 것과 나쁜 것, 효율적인 것과 비효율적인 것, 정상적인 것과 비정상적인 것들 모두가 우리 내면의 강한 욕구를 충족시키기 위한 선택이라고 보았다[119].

그렇다면 청소년들은 어떠한 욕구를 갖고 있을까? 청소년기가 되면 자기의 사회적 신분을 유지하려고 하는 욕구, 즉 안정감과 승인에 대한 욕구가 현저하게 증가한다.[120] 하지만 "너는 무엇을 하고 싶니?"라는 질문에 많은 청소년들은 "몰라요."라고

---

118) 다음 백과사전 욕구에 대한 정의. https://100.daum.net/encyclopedia/view/43XXX9300617

119) 네이버 블로그 이야기가 있는 심리, 그리고 타로. https://narrare3.tistory.com/180

120) 네이버 블로그 가득이심리상담센터&가족&집단상담. https://blog.naver.com/ppmo2911/221937210475i

대답한다. 그러나 차근차근 이야기를 나누다 보면, 결국 자신이 좋아하는 것, 그래서 하고 싶은 것을 발견하게 된다. 어쩌면 내외적인 요인들로 잊고 있었던 것들을 말이다. 4세션의 세부목표는 '욕구 탐색하기'로, 참여 청소년들이 하고 싶은 것, 되고 싶은 것, 갖고 싶은 것, 먹고 싶은 것 등 현재 자신이 정말로 원하는 것이 무엇인지 탐색해 볼 수 있도록 돕자.

2) 문학작품
도서 : 나를 찾아서 / 변예슬 글·그림 / 길벗어린이 / 2020

깊은 바다 속, 줄지어 가는 물고기 떼 속에서 한 마리의 물고기가 밝게 빛나는 빛에 이끌려 무리에서 벗어난다. 빛을 쫓아간 곳에는 반짝이는 것들로 가득했는데, 자신도 이렇게 빛나고 싶다고 생각한 물고기가 붉은색 보석에 입을 맞추자 붉은 색으로 물들어 버리고, 그렇게 빛나는 것들을 찾아 계속 물들고 또 물든다. 우리는 모두 자신만의 빛깔을 가지고 있다. 하지만 더 빛나는 것처럼 보이는 다른 빛에 끌려 나만의 개성도, 꿈도 결국 잃어버릴 때가 있다. 물고기는 여정의 끝에서 거울에 비친 모습을 발견한 후 어울리지 않는 낯선 빛을 모두 벗어버리고 비로소 자신만의 빛을 찾게 된다.

이번 세션을 위한 문학작품으로 이 그림책을 선정한 이유는, 주인공 물고기를 통해 참여 청소년들이 자신이 잃어버린 빛깔(욕구)을 탐색해 볼 수 있도록 돕기 위해서이다. 이 과정과 결과가 도박 문제 해결을 위한 의지로 이어질 수 있기를 바라며!

3) 관련 활동

① 나의 관심 그래프

관심이란 어떤 것에 마음이 끌려 신경을 쓰거나 주의를 기울이는 것을 의미한다.[121] 관심을 나타내는 영어 단어 'Interest(관심, 흥미, 호기심)'는 라틴어 3인칭 단수 현재형 'interesse(사이에 있음)'에서 파생되었으며, '차이를 만들다. 중요하다'의 의미로 쓰인다.[122]

청소년기는 진로, 진학을 위해서 흥미, 적성, 성격 등을 발견하는 등 자신에 대해 탐색하고 특성을 찾아내는 것이 중요하다. 흥미란 어떤 종류의 활동 또는 사물에 대하여 특별한 관심이나 주의를 가지게 하는 개인의 일반화된 행동경향을 말한다.[123] 즉, 개인이 그에게 잠재적으로 가치 있다고 생각하는 것에 주의를 기울이고, 그것을 향해서 나아가려는 일반적인 정서적 특성이다. 흥미는 동기와 달라서 특수화된 목표보다는 광범위한 목표에 관련된 것이다. 이와 같은 흥미는 성장함에 따라 변한다. 어릴 때는 흥미가 구체적, 수동적, 단편적, 비항상적이고 미분화된 형태지만, 성장함에 따라 구체적인 것에서 추상적인 것으로, 수동적인 것에서 능동적인 것으로, 단편적인 것에서 체계적이고 종합적인 것으로, 비항상적인 것에서 항상적인 것으로, 그리고 분화되지 못한 것에서 분화된 형태로 변화하게 된다. 이와 같은 흥미를 알아보는데 가장 많이 이용되고 있는 방법은 표준화 검사법으로, 우리나라에서 개발된 것으로는 '일반흥미검사', '직업흥미검사', '학습흥미검사'가 있다.

이 활동에서는 참여자들의 '욕구 탐색'을 위해 〈관련 활동 4-1〉에 제시한 활동지를 활용할 것이다. 그 안에 하고 싶었던 것, 하고 싶은 것을 자유롭게 적은 뒤, 각 항목들을 10점 만점의 점수로 표시할 수 있도록 제안해 보자.

---

121) 다음 국어사전. https://dic.daum.net/word/view.do?wordid=kkw000023273&supid=kku000032385

122) 나도 번역가 블로그. 모든 것의 출발은 Interest로부터 시작. https://blog.naver.com/yhs2203/222631283002,

123) 김봉환·정철영·김병석. 2011. 『학교진로상담』. 서울: 학지사. pp. 247-248.

나의 관심 그래프

여러분이 흥미로워하거나 관심이 있는 것은 무엇인가요?

아래 화살표에 최근 나의 관심 있는 것을 적고 각 항목별로 점수를 표시해 보세요.

더불어 그렇게 점수를 준 이유에 대해 생각해 보세요.

10		10		10		10		10
9		9		9		9		9
8		8		8		8		8
7		7		7		7		7
6		6		6		6		6
5		5		5		5		5
4		4		4		4		4
3		3		3		3		3
2		2		2		2		2
1		1		1		1		1

5 세션 Session

1) 세부목표 : 위축 요인 점검 – 내적 요인

청소년이 쉽게 접하는 도박 종류에는 1위가 온라인 스포츠 도박, 2위가 그 외 온라인 도박으로 온라인 도박이 전체 비율 중 95%를 차지한다. 스마트 폰이 보급되면서 언제 어디서나 쉽게 도박을 접할 수 있는 환경이 만들어진 것도 온라인 도박 성행의 이유라 할 수 있겠다. 온라인 도박의 특징은 달팽이 경주, 사다리 타기 등 게임 방법이 단순하고 쉬우며, 결과가 빠르게는 10초 내외로 나온다는 것이다. 이런 형태의 게임은 충동을 조절하는 역할을 하는 전두엽이 완전히 성장하지 않은 청소년에게 인지적 왜곡을 일으켜 더욱 쉽게 도박에 중독되도록 한다.[124]

또한 청소년 도박 중독의 개인적의 요인은 청소년 시기에 드러나는 다양한 심리 행동적 취약성 때문이다. 학업 및 또래관계에서 오는 스트레스를 잠시나마 잊을 수 있고, 즉각적인 욕구 만족을 지연시킬 필요도 없으며, 특히 도박에서 돈을 따는 경험을 하게 되면 낮은 자존감을 보상받거나 또래로부터 영웅 대접을 잠시나마 받을 수 있는, 그래서 마음의 위안과 만족을 한꺼번에 얻을 수 있게 하는 수단이 될 수 있기 때문이다.[125] 그런데 이런 과정으로 도박 중독에 빠지게 되면 학교 폭력, 사기, 절도라는 2차 범죄로도 이어져 매우 심각한 상황이 발생할 수도 있다.

---

124) 동행복권 블로그. 순간의 재미, 평생의 후회! 청소년 온라인 도박 중독을 주의하세요. https://blog.naver.com/donghanglottery1004/222808464787

125) 한국도박문제관리센터. 2017. 『청소년 도박문제 안내서』. 서울: 한국도박문제관리센터. p. 19.

청소년기는 신체가 성인으로 변화하는 시기에 해당한다. 이때 대뇌중추신경 역시 '신경 가지치기'라고 하는 분화 과정을 거치면서 성인의 뇌로 발전한다. 이때 청소년 대뇌중추신경 조직은 내적 외적 자극 및 충격에 허약한 시기에 해당한다. 긍정적인 면에서는 이 시기에 지식, 기술을 빨리 배울 수 있게 되지만, 심리적 충격, 불법 약물 등에 노출 되었을 때 그에 대한 악영향 또한 크게 받기 때문에 중독 장애를 포함한 정신 질환이 쉽게 발현할 수 있다.[126]

따라서 이번 세션에서는 참여자들의 도박중독의 요인 중에서 위축 요인 중 내적 요인을 점검해 보고 치유할 수 있는 기회를 갖는데 목표가 있다. 이를 위해 선정한 문학작품은 그림책 『얼룩진 아이』이며, 관련 활동은 '나의 얼룩이 드러내기'이다. 선정된 문학작품과 활동에 대한 세부적인 설명은 다음과 같다.

2) 문학작품

도서 : 얼룩진 아이 / 다니엘 루샤르 글, 아델라 레슈나 그림, 박진영 옮김 / 마주별 / 2020

몸에 하얀 반점이 생기는 피부병인 백반증을 가진 아이 바틱은, 자신의 몸에 생긴 하얀 점들이 너무 싫어 점들에게 가버리라고 소리를 지르고 떠나달라며 애원도 한다. 하지만 몸에 생긴 점들은 점점 커져만 가고 친구들의 따가운 시선과 놀림은 더욱더 자신감을 잃게 만든다. 울고 또 울었지만 점들이 사라지지 않자, 옷으로 몸 전체를 가리고 선탠 크림까지 바른 뒤 어두울 때만 밖에 나가도 당당하지 못한 자신을 발견한다. 바틱은 자신을 놀리던 아이들처럼 코가 큰 남자 아이와 귀가 큰 여자 아이를 놀렸지만, 그 또한 당당하지 않는다는 것을 깨닫고 친구들에게 사과를 한 후 자신의 점들을 보여준다. 그 후 바틱은 스스로 당당해질 수 있는 방법을 찾는다.

---

126) 이태경. [청소년 도박 문제, 예방이 가장 중요하다] 청소년 도박 중독 전문가 인터뷰. 춘천사람들 2020년 6월 22일자 기사. http://www.chunsa.kr/news/articleView.html?idxno=48726

모든 사람에게는 콤플렉스가 있다. 하지만 콤플렉스를 극복하는 가장 중요한 것은 자신을 있는 그대로 사랑하는 것이다. 이번 세션을 위한 문학작품으로 이 그림책을 선정한 이유는, 세상의 많은 바틱들이 자신을 당당하지 못하게 하는 것이 무엇인지 탐색해 보고, 그 콤플렉스를 당당하게 드러낼 수 있는 기회의 필요성에 대해 이야기하기 위해서이다.

3) 관련 활동

① 나의 얼룩이 드러내기

자신감을 위축시키는 요인이 무엇인지 알아야 제거도 가능하다. 우리는 무엇 때문에 어떤 것을 할 수 없다고 생각하고, 그것을 해보기도 전에 포기할 때가 많다. 설령 해보았다 하더라도 몇 번 시도하다가도 '역시 나는 안 돼'라고 생각하며 다시 포기할 가능성이 높다. 따라서 자신을 위축되게 만드는 내적 요인이 무엇인지를 탐색하고 긍정적으로 바꿀 필요가 있다. 이 활동은 자신을 위축되게 만드는 내적 요인이 무엇인지 시각화함으로써 비합리적인 사고에서 벗어나 긍정적인 면을 찾아 현실에 적응하는 에너지원으로 사용할 수 있도록 돕기 위한 활동으로, 이미지 프리즘 스티커를 이용하여 자신의 내적 위축 요인과 관련된 이미지를 선택하고 이유도 적어보도록 한다. 이 때 자신이 생각하는 것과 비슷한 이미지가 없다면 글로만 적도록 한다.

② 아로마 테라피

아로마 테라피는 '아로마'와 '테라피'의 합성어로 꽃이나 나무 등 식물에 유래하는 방향 성분을 이용하고, 심신의 건강이나 미용을 증진하는 기술 혹은 행위이다. 또, 향이나 프레그랑스, 캔들도 포함해 생활에 자연의 향기를 도입해 스트레스를 해소하거나 심신을 휴식시키는 일도 포함해 부르는 경우도 많다.[127] 따라서 스트레스로 위축되어 있는 참여자들에게 아로마 테라피를 통해 정서적 안정을 가질 수 있는 기회를 제공하고자 한다. 단, 치료사는 향기를 맡기 위해 너무 가까이 다가가 화상을 입지 않도록, 화재가 발생하지 않도록 주의를 기울여야 할 필요가 있다.

▶ 준비물 : 컬러티 캔들, 아로마 오일, 아로마 향초 포트

▶ 실시 방법
 - 아로마 향초 포트의 램프 위쪽에 물을 3/4 정도 채운다.
 - 아로마 오일을 3~6방울 정도 떨어뜨린다.
 - 컬러티 캔들에 불을 붙인 후 램프 안에 넣어준다.

---

127) 위키백과. 아로마 테라피. https://ko.wikipedia.org/wiki/%EC%95%84%EB%A1%9C%EB%A7%88%ED%85%8C%EB%9D%BC%ED%94%BC

나의 얼룩이 드러내기

사람은 누구나 단점을 갖고 있어요. 여러분 역시 마찬가지겠지요. 그것을 '얼룩이' 라고 비유한다면,

여러분이 하고 싶은 것을 할 수 없게 하거나 자신감 없게 만드는 '얼룩이' 들은 무엇인가요?

스티커에서 사진을 찾아 붙여보고 이유도 함께 적어 보세요.

나의 얼룩이	이유

세션 Session
6

1) 세부목표 : 위축 요인 점검 – 외적 요인

이번 세션은 위축 요인 점검 두 번째 시간으로 가족, 친구, 학교나 학원 등 외적 요인을 탐색하는 시간이다. 한국도박문제관리센터의 2018 청소년 도박 문제 실태 조사 결과에 따르면, 청소년들이 온라인 도박을 처음 알게 되는 경로는 '주변 사람들이 하는 것을 보고'가 49.3%, 친구나 선후배의 소개가 29.8%로 나타났다. 이처럼 청소년들이 온라인 도박에 빠지는 이유 중 가장 큰 이유가 친구나 선후배 등 주변 사람들이기 때문에, 이는 외적인 요인이라고 할 수 있다. 더욱이 부모가 도박에 대한 긍정적인 태도와 허용적인 태도를 가지고 있을수록, 또는 가족과의 유대가 부족하거나 가족 간의 갈등이 심하고, 부모가 이혼을 하는 등 가족관계의 붕괴 경험이 있을 때 도박 가능성이 높아졌다.

가족 다음으로 청소년들이 가장 많은 시간을 보내는 곳은 학교나 학원이다. 따라서 학교나 학원에서의 선생님도 중요한 외적 요인일 수 있는데, 만약 학교나 학원은 감옥 같은 공간이요 선생님들은 공부하라는 잔소리꾼들로만 인식하고 있다면 스트레스가 많을 거라고 쉽게 짐작할 수 있다. 왜냐하면 학교는 성적이나 품행으로 학생들을 평가하는 곳이어서, 대부분의 선생님들은 공부를 잘하고 교칙을 잘 지키는 학생에게만 관대하기 때문이다.

청소년기는 부모로부터 독립하려는 충동이 강하며 또래집단에 대한 관심이 증대되는 시기이기에, 관계에서 오는 소외감이나 외로움을 많이 느낄 수 있다. 그러므로 건강한 관계를 인식하고 자신을 보호하는 것이 필요하다. 따라서 이번 세션에서는 참여자들의 관계로부터 비롯된 위축 요인을 점검해 보고, 관계 재정립을 위한 방법을 탐색해 보는 기회를 갖는데 목표가 있다.

2) 문학작품
도서 : 나쁜 친구 / 앙꼬 만화 / 창비 / 2012

주인공 진주에게는 엇나가지 않길 바라지만 딸이 잘못하는 일이 있으면 무참히 폭력을 휘두르는 아빠, 아빠의 폭력을 말리며 눈물과 기도로 딸을 붙잡는 엄마, 그리고 언니가 있다. 반면 친구 정애는 한물간 건달로 아이들에게 무관심한 아빠와 어린 여동생이 있다. 이처럼 서로의 가정환경은 다르지만 친구가 된 두 사람은, 후배나 친구들을 때리기도 하고 결국 가출을 해 술집에 들어가 접대를 하는 등의 비행과 일탈을 저지른다. 하지만 곧 일탈의 무서움을 깨닫고 다시 집으로 돌아가지만, 그들이 마주한 것은 어른들의 폭력과 갈등이었다. 결국 정애는 학교에 오지 않았고 동네에서도 보이지 않게 되면서, 그때부터는 서로 다른 삶을 살게 된다. 이 책은 질풍노도의 시기를 보냈던 작가의 자전적 이야기가 담긴 만화이다.

인지적·정서적 발달과 함께 자아정체성이 확립되어야 하는 청소년기에는, 다른 발달 단계보다 주변인들과의 관계가 성장과 발달에 많은 영향을 미친다. 청소년들은 관계를 통해 관심과 지지를 주고받고 협동하는 등의 사회적 지지를 받기도 하지만, 갈등과 대립을 경험하기도 하면서 대인관계를 맺고 유지하고 갈등을 해결해 나가는 중요한 바탕을 마련하며, 사회화 발달을 해나가게 된다.

6세션을 위해 이 만화를 선정한 이유는, 자신이 원하든 원하지 않던 크고 작은 공동체에서 타인과 관계를 맺는 청소년들이, 위축된 마음 속 이야기를 꺼내볼 수 있도록 하기 위해서이다.

3) 관련 활동

① 나의 관계도 (소시오그램)

이 활동은 『우울 극복을 위한 독서치료』[128]에서도 제시되었던 것으로, 상징을 이용해 사회적 유대 관계를 표현하는 미술치료 기법 중 하나다. 이 활동은 내가 속한 다양한 사회적 공간에 어떤 사람이 있는지, 나는 그들과 어떤 관계를 맺고 있는가에 대한 외면적 사회관계와 내면적 심리 관계를 생각해볼 수 있도록 해준다. 이 활동을 통해 집단원의 성별, 성원 간의 친화력과 반감 유형, 방향, 하위 집단의 형성 여부, 삼각관계 형성 여부 등을 시각적으로 알 수 있다. 활동 방법은 다음과 같다.

- 스케치북에 원을 네 개 그린다.
- 가운데 원에는 나와 관련된 이미지를 그린다.
- 나와 관계가 깊은 사람들 순으로 이미지를 그려나간다.
- 표현된 그림을 보고 제목을 붙인다.(~~~~한 나)
- 다른 참여자들과 이야기를 나눈다.

---

128) 임성관·김은하·문선경·이현정. 2021. 『(주제별 독서치료 시리즈 2) 우울 극복을 위한 독서치료』. 파주: 시간의 물레. p. 127.

나의 관계도

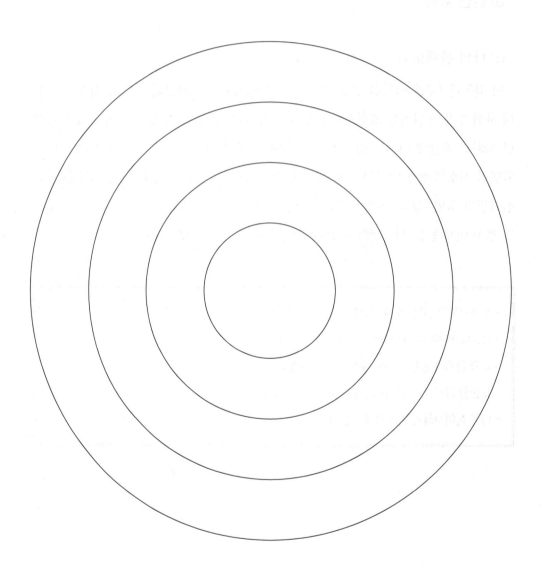

1) 세부목표 : 유혹 이겨내기 1 – 자기 결정력

자신이 마음을 바꿀 수 있다면, 인생도 바꿀 수 있다. – 윌리엄 제임스

같은 사물을 바라보더라도 보는 사람의 관점에 따라 저마다 다르게 해석 및 인식된다. 철학자이자 심리학자였던 미국 하버드 대학교의 '윌리엄 제임스' 교수는 "인류가 발견한 최고의 깨달음은, 인간은 자신의 태도를 바꿈으로 말미암아 자신의 인생을 바꿀 수 있다는 것이다."라고 했다. 태도를 바꾼다는 말은 삶을 바라보는 자신의 관점을 바꾼다는 말로, 관점, 태도, 자세, 삶의 철학 등 다양한 이름으로 불리는 것을, 심리학에서는 프레임(Frame)이라고 한다. 똑같은 상황에서 프레임(관점)을 달리 하면 다르게 보인다는 것이다. 독서치료 장면에서 많이 활용되는 그림책의 작가인 '이보나 흐미엘레프스카'가 쓴 『반이나 차 있을까 반밖에 없을까』[129]의 내용처럼, 인지적 오류에서 오는 부정적인 관점을 긍정적이면서 도전적인 관점으로 해석할 수는 없을까? 생각을 긍정적으로 바꾸는 것만으로도 큰 행복을 만들어 낼 수 있을 것이다. 모든 것은 마음먹기 나름이니까.

자기 결정이란 개인이 무엇을 하고 그것을 어떠한 방법으로 할 것인가를 선택하고자 하는 욕구이다. 개인은 자기 스스로의 행동에 책임을 지고자 하며, 타인으로부터

---

129) 이보나 흐미엘레프스카 글·그림, 이지원 옮김. 2008.『반이나 차 있을까 반밖에 없을까』. 서울: 논장.

강요당하는 외적 통제에서 오는 압력과 항상 다투고 있다. 그리고 때로는 이 같은 굴레에 얽매이지 않으려고 '도움'까지도 사양한다. 이 욕구는 외적 보상이나 억압보다도 개인이 행동을 결정하고자 하며 개인이 원하는 것을 갖고자 하는 바람이다.[130]

자기 결정력은 자기 스스로 자신의 행동을 선택하는 것이다. 자기 결정에 의해 행동하려면 행위자가 행동의 원인이 자신에게 있고, 행동할 의지를 갖고 있으며, 행동의 선택권이 자신에게 있고, 그 행동을 할 수 있는 능력이 있다는 자기 지각이 일어나야 한다.[131]

자기 결정 능력은 자신의 삶을 책임지고 살아가는데 핵심적인 능력이라 할 수 있다. 특히 자기 결정은 개인의 내적 동기, 사회적 가치의 내재화, 정서 통합과 같은 과정과 관련이 있다. 자기 결정은 타고난 본성의 영향을 받지만 고정된 것이 아니라 상황이나 내적 동기에 따라 바뀐다. 이처럼 개인이 어디에 살고, 무슨 일을 할 것인가 등을 자유롭게 선택하는 것이 자기 결정이라고 할 수 있는데, 이는 외부의 압력이나 간섭을 받지 않고 아무런 방해 없이 자신의 선호도, 흥미, 능력에 따라 자율적으로 선택하는 것을 말한다. 또한 자기 결정은 상황 인식, 자원 탐색, 계획 수립 및 실행, 평가에 따른 계획 수정 등의 자기 조정 능력이 필요하다.[132]

7세션에서 9세션까지는 참여자들의 숨겨진 자원을 찾고 생각과 행동의 변화를 통해 유혹에서 이겨낼 수 있도록 돕는 단계이다. 우리는 이미 학업, 진로, 대인관계 등에 대한 스트레스가 청소년의 도박 문제를 심화시키는 위험 요인임을 알고 있다. 또한 도박에서 돈을 따고 잃는 것과 자신의 자기존중감이 연결되기 때문에 악순환의 고

---

130) 한국교육심리학회. 2000. 『교육심리학용어사전』. 서울: 한국교육심리학회.

131) 이민희·정태연. 2008. 자기 결정이론을 토대로 한 학습동기 경로 모형 검증. 『한국심리학회지 : 문화 및 사회문제』. 14(1). p. 78.

132) 김춘경 외. 2016. 『상담학 사전』. 서울: 학지사.

리에 빠지게 된다는 점도 확인했다. 따라서 참여 청소년들의 자기 결정력을 높여주게 되면, 작은 자극에 흔들려 상처받는 상황을 줄일 수 있을 것이다.

2) 문학작품

노래 : Answer : Love Myself – 앨범 『LOVE YOURSELF』 結 中 / Pdogg, 정바비, Jordan "DJ Swivel" Young, Candace Nicole Sosa, RM, SUGA, j-hope, Ray Michael Djan Jr, Ashton Foster, Conor Maynard 작사·작곡·편곡, 방탄소년단 노래 / BIGHIT MUSIC 기획 / 2018

이 노래는 유니세프와 함께 진행한 'Love Myself 캠페인' 홍보 영상에 삽입된 음원을 발전시킨 곡으로, 나 자신을 사랑하는 것이 진정한 사랑이라는 내용의 가사를 담고 있다. 따라서 유혹을 이겨내는 자기 결정력을 키우고 자기존중감을 높여주는데 도움이 될 것 같아 선정했다. 노래 가사는 〈문학작품 7-1〉에 옮겨 놓았다.

3) 관련 활동

① 결정 저울 / 내 마음의 무게 달기

항상 마음먹은 대로 행동한다면 좋겠지만, 매번 그럴 수 있는 사람은 드물다. 따라서 변화의 득과 실을 판단하여 이득이 더 많은 쪽으로 행동을 하는 것이 중요하다. 이 활동은 '한국도박문제관리센터'에서 진행했던 『가족교육 기초프로그램』의 내용을 참고한 것으로, 구체적인 내용은 〈관련 활동 7-1〉에 제시하였다.

Answer : Love Myself

Pdogg, 정바비, Jordan "DJ Swivel" Young, Candace Nicole Sosa, RM, SUGA, j-hope,
Ray Michael Djan Jr, Ashton Foster, Conor Maynard 작사 · 작곡 · 편곡, 방탄소년단 노래

눈을 뜬다 어둠 속 나 심장이 뛰는 소리 낯설 때

마주 본다 거울 속 너 겁먹은 눈빛 해묵은 질문

어쩌면 누군가를 사랑하는 것보다 더 어려운 게 나 자신을 사랑하는 거야

솔직히 인정할 건 인정하자 니가 내린 잣대들은 너에게 더 엄격하단 걸

니 삶 속의 굵은 나이테 그 또한 너의 일부 너이기에

이제는 나 자신을 용서하자 버리기엔

우리 인생은 길어 미로 속에선 날 믿어 겨울이 지나면 다시 봄은 오는 거야

차가운 밤의 시선 초라한 날 감추려 몹시 뒤척였지만

저 수많은 별을 맞기 위해 난 떨어졌던가

저 수천 개 찬란한 화살의 과녁은 나 하나

You've shown me I have reasons I should love myself

내 숨 내 걸어온 길 전부로 답해

어제의 나 오늘의 나 내일의 나 (I'm learning how to love myself)

빠짐없이 남김없이 모두 다 나

정답은 없을지도 몰라 어쩜 이것도 답은 아닌 거야

그저 날 사랑하는 일조차 누구의 허락이 필요했던 거야

난 지금도 나를 또 찾고 있어 But 더는 죽고 싶지가 않은 걸

슬프던 me 아프던 me 더 아름다울 美

그래 그 아름다움이 있다고 아는 마음이

나의 사랑으로 가는 길 가장 필요한 나다운 일

지금 날 위한 행보는 바로 날 위한 행동

날 위한 태도 그게 날 위한 행복

I'll show you what i got 두렵진 않아 그건 내 존재니까 Love myself

시작의 처음부터 끝의 마지막까지 해답은 오직 하나

왜 자꾸만 감추려고만 해 니 가면 속으로

내 실수로 생긴 흉터까지 다 내 별자린데

You've shown me I have reasons I should love myself

내 숨 내 걸어온 길 전부로 답해

내 안에는 여전히 서툰 내가 있지만

You've shown me I have reasons I should love myself

내 숨 내 걸어온 길 전부로 답해

어제의 나 오늘의 나 내일의 나 (I'm learning how to love myself)

빠짐없이 남김없이 모두 다 나

『LOVE YOURSELF 結 'Answer' / BIGHIT MUSIC 기획 / YG PLUS 발매 / 2018

결정 저울 / 내 마음의 무게 달기

우리가 어떤 행동을 변화시키고자 할 때면, 자연스럽게 상반된 두 가지 마음이 생깁니다. 여러분이 어떤 행동의 변화를 시도했던 상황을 떠올려보고, 그때 어떤 마음이 들었는지 생각해 봅시다.

▷ 변화를 통해 내가 얻게 되는 것과 잃게 되는 것 살펴보기

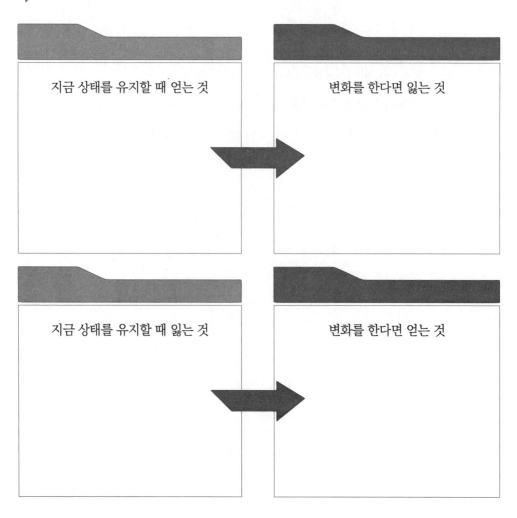

8 세션 Session

1) 세부목표 : 유혹 이겨내기 2 – 자기 통제력

> 우리가 정복하는 것은 산이 아니라 우리 자신이다. – 에드먼드 힐러리 경

> 생각은 행동을 낳고, 행동은 습관을 낳고, 습관은 성품을 낳고, 성품은 운명을
> 낳는다. – 새뮤얼 스마일즈

나의 생각이 운명을 결정한다지만, 자신을 정복하는 것은 그리 쉬운 일이 아니다. 생각이 행동으로 이어지고, 그런 행동들이 습관이 되면 그것을 바꾸는 것 또한 거의 불가능한 일이 되어 버린다. 때문에 중독 상태에 빠진 후에는 그 행동을 멈추게 하는 것이 매우 어려운 일이다. 그럼에도 뼈를 깎는 노력으로 자신의 행동을 바꾸려고 한다면 성과가 있지 않을까? 따라서 일단 해볼 수 있을 때까지는 시도해야 하지 않을까?

자기 통제력은 인간이 자기가 처한 환경이나 상황에 합당하도록 자신의 충동 또는 행동을 통제할 수 있는 상대적 능력[133]으로, 계획된 행위 이론에서 핵심은 행동에 대한 지각된 통제감이라고 할 수 있다. 행동에 대한 지각된 통제감은 자신이 대상 행동을 실제로 얼마나 잘 수행하고 통제할 수 있는지에 대한 주관적 평가로서, 상황적인 제약 등에 의해 행위 의도가 행동을 온전히 설명할 수 없다는 한계를 극복하기 위한

---

133) 서강훈. 2019. 『사회복지 용어사전』. 서울: 창지사.

것이다. 행동하고자 하는 의도를 실제 행동으로 옮기기 위해서는 동기적 요소뿐 아니라 행동을 위한 기회나 자원(시간, 돈, 기술, 타인과 협동 등)들도 중요한 영향을 미치며, 이러한 요소들은 행동에 대한 개인의 통제감에 영향을 미치게 된다. 따라서 행동이 실제로 발생하려면, 행동을 하고자 하는 동기(행위 의도) 뿐 아니라 실제 행동을 할 수 있는 능력도 필요하며, 이를 계획된 행위 이론에서는 행동에 대한 지각된 통제감이라고 한다.[134]

데이비드 브룩스의 『소셜 애니멀』은 가상의 두 남녀의 인생을 따라가며 사회적 동물로서의 인간의 사랑과 성공 그리고 성격의 발달 과정을 다루는데, 심리학자인 '안젤라 덕워드'와 '마틴 셀리그만'은 실험을 통해 고등학교 때의 성적, 출석률, 최종 성적을 예측하는 데는 자기 통제력이 지능지수보다 두 배나 정확하다는 사실을 확인했다.[135] 인간관계와 학업을 병행해야 하는 청소년들에게 스트레스는 불가피하다. 따라서 자기 통제력은 무엇보다 중요한 요소이다.

여덟 번째 세션은 자기 통제력을 강화시키는 것이 목표이다. 따라서 그동안 행했던 충동적 혹은 의도하지 않았던 행동들을 떠올려, 그것을 통제하게 되면 어떤 변화가 일어날 것인가를 예측할 수 있도록 돕고자 한다.

2) 문학작품
도서 : 두려워하지 마, 나무야 / 로렌 롱 글·그림, 윤정숙 옮김 / 봄의정원 / 2016

옛날 옛날에 작은 잎을 가득 달고 있는 작은 나무 한 그루가 있었다. 작은 나무 곁에 있는 다른 작은 나무들도 작은 잎을 달고 있었다. 길고 더운 여름 날 다람쥐와 산

---

134) 임성관·김은하·이연실·이환주. 2014. 『청소년을 위한 독서치료 2』. 파주: 시간의 물레. p. 241.

135) 데이비드 브룩스 저, 이경식 역. 2016. 『소셜 애니멀』. 서울: 흐름출판. p. 190.

비둘기는 작은 나무에 앉아 더위를 식히고, 가지에 오르며 노래도 불렀다. 가을이 되고 날씨가 점점 추워지자 나뭇잎은 노란색으로, 빨간 색으로, 오렌지색으로 물들었다. 다른 작은 나무들은 한 잎 두 잎 잎을 떨어뜨렸지만 작은 나무는 잎을 꼭 붙잡고 있었다. 다른 동물들이 찾아와 잎을 떨어뜨려야 한다고 말했지만, 작은 나무는 잎을 떨어뜨릴 자신이 없어 고집스럽게 더 꼭 붙잡았다. 잎 없이는 살아갈 자신이 없었기 때문이다. 봄이 되자 다른 나무들은 모두 새 잎을 달고 있었지만 작은 나무는 여전히 갈색의 잎을 붙잡고 있었다. 가을이 되자 동물들은 말한다. "작은 나무야, 이제 가을이야. 잎을 떨어뜨릴 때란다. 넌 할 수 있을 거야. 자, 준비됐지? 하나, 둘…." 용기를 내 마지막 잎까지 놓아주었을 때, 작은 나무는 처음으로 혹독한 겨울 추위를 느꼈다. 하지만 다시 봄이 오자 마법 같은 일이 벌어졌다.

이번 세션을 위한 문학작품으로 이 그림책을 선정한 이유는, 작은 나무처럼 변화에 대한 필요성을 인지했지만 행동으로 옮기지 못하고 주저하는 참여자들이, 변화 계획을 세우고 행동으로 옮길 수 있는 용기를 주고자 함이다.

3) 관련 활동

① 우선순위 매트릭스

중요한 일은 긴급하지 않으며 긴급한 일이 중요한 경우는 드물다. '우선순위 매트릭스'는 미국의 '드와이트 아이젠하워(Dwight Eisenhower') 장군이 고안한 기법으로, 어떤 활동을 긴급성과 중요성을 기준으로 다음의 〈표〉와 같이 네 가지로 구분하는 방법이다. 이 가운데 가장 효율적인 방법은 A범주의 일을 우선 즉시 시행한 후 B범주의 일을 하며, C범주의 일은 다른 사람에게 맡기거나 시간을 줄이는 것이라고 하였다. 특히 D범주의 일은 불필요한 일이므로 비중을 최대한으로 줄이거나 하지 않는 편이 낫다고 하였다.

구분	긴급함	긴급하지 않음
중요함	A : 긴급하고 중요한 일	B : 긴급하지는 않지만 중요한 일
중요하지 않음	C : 긴급하지만 중요하지 않은 일	D : 긴급하지도 않고 중요하지도 않은 일

이 활동을 선정한 이유는 참여 청소년들이 우선순위 매트릭스를 활용하여 학교 수업 이외의 시간을 일의 중요도와 긴급성에 따라 우선순위를 정하게 돕기 위해서이다. 따라서 지난 일주일 동안의 생활모습을 떠올려 시간대별로 자세히 적어보고, 그 안에서 긴급하지도 중요하지도 않았는데 우선적으로 한 일이 무엇이 있는지, 그러면서 하지 못한 일은 무엇이 있는지를 스스로 점검해 보게 하자. 이 과정은 시간을 효율적으로 관리하는 것의 중요성을 깨닫게 도와줄 것이다. 이 활동은 『청소년을 위한 독서치료 1』[136]에서 이미 소개가 된 바 있으며, 구체적인 활동 자료는 〈관련 활동 8-1〉에서 제시하였다.

② 행동 강령 세우기

어떤 행동을 하기에 앞서 목적을 정확히 하고 과정을 모색하는 것은 좋은 결과를 위한 기반이 된다. '조 내버로'와 '토니 시아라 포인터'는 『(성공할 수밖에 없는 FBI식 레벨업 프로그램) 자기 설계자』[137]라는 책에서, 비범한 사람을 만든 비결로 자기 통제력, 관찰력, 소통력, 행동력, 심리적 안정을, 그 중에서 가장 중요한 것으로 자기 통제력과 심리적 안정을 꼽았다. 왜냐하면 이 두 가지가 없으면 관찰력, 소통력, 행동력이 상호 보완적 작용을 하기 어렵기 때문이다. 저자들은 결정을 내려야 할지 확신이 서지 않거나 상황이 불확실할 때 도움을 주기 위해 '윤리적 행동 규칙'을 만들었는데, 이 규

---

136) 임성관·김은하·이연실·이환주. 2014. 『청소년을 위한 독서치료 1』. 파주: 시간의 물레. p. 335.

137) 조 내버로·토니 시아라 포인터 지음, 허성심 옮김. 2022. 『(성공할 수밖에 없는 FBI식 레벨업 프로그램) 자기 설계자』. 서울: 흐름출판.

칙은 실행을 고려 중인 행동이 적절한지 평가하는 데 유용한 네 가지 질문으로 구성
되어 있다.

- 나의 행동과 행위는 신뢰를 형성하는가?
- 나의 행동과 행위는 가치를 더하는가?
- 나의 행동과 행위는 긍정적인 형향을 끼치거나 영감을 주는가?
- 나의 행동과 행위는 친사회적인가?

'행동 강령 세우기' 활동은 향후 내가 원하는 모습을 설정한 뒤, 그 결과를 이루기
위해 어떤 과정을 거쳐야 하는지 구조를 설계해 보는데 도움이 될 것이다. 구체적인
활동자료는 〈관련 활동 8-2〉에 제시하였다.

우선순위 매트릭스

1. 학교 수업 이후 내가 주로 하는 것은 무엇인가요? 생각나는 대로 적어보세요.

2. 자신이 하고 있는 일을 다음과 같이 네 가지의 범주로 나누어 적어보세요.

▶ 긴급하고 중요한 일	▶ 긴급하지 않지만 중요한 일
▶ 긴급하지만 중요하지 않은 일	▶ 긴급하지도 않고 중요하지도 않은 일

3. 나는 어떤 부분에 시간을 많이 사용하고 있나요?

4. 나의 결심을 방해하는 요소들은 무엇인가요? 그것을 극복할 수 있는 방법은 무엇인가요?

행동 강령 세우기

나의 행동은 어떤 행동 강령에 의해 이루어지나요?

좋은 행동을 결정하는 4가지 기준의 질문을 보면서 나의 행동이 적절한지 평가해 보세요.

① 나의 행동과 행위는 신뢰를 형성하는가?

② 나의 행동과 행위는 가치를 더하는가?

③ 나의 행동과 행위는 긍정적인 형향을 끼치거나 영감을 주는가?

④ 나의 행동과 행위는 친사회적인가?

나 _____는 이제부터 도박의 유혹에 빠지지 않기 위해

_____ 행동하겠습니다.

9 세션Session

1) 세부목표 : 유혹 이겨내기 3 – 자원 충전

> NO를 거꾸로 쓰면 전진을 의미하는 ON이 된다. 모든 문제에는 반드시
> 문제를 푸는 열쇠가 있다. 끊임없이 생각하고 찾아내라. – 노먼 빈센트 필

사람은 저마다 자신의 자원을 가지고 있지만 그것을 발견하지 못하거나 잘 활용하지 못하기도 한다. 이 세상에 살고 있는 모든 사람들에게는 저마다의 잠재력이 있다. 따라서 그들은 그 잠재력을 활용해 자신에게 생긴 문제를 해결하거나 원하는 것을 성취해 나간다.

강점 기반 인지행동치료란, 'Aaron Back'의 인지행동치료를 기반으로 'Christine Padesky'와 'Kathleen Mooney'가 개발한 기법이다. 이 치료의 핵심은 내담자의 강점을 고양시키는 전략이 상담 효과를 높이고 변화를 위한 추가 이점을 제공한다는 것이다. 이 이론은 행복, 탄력성, 긍정적 정서 등을 강조하는 긍정심리학의 영향을 받은 것으로 보이는데, 특징은 초기부터 강점을 각 상담 단계에 통합한다는 것으로 초기 면접에서부터 상담을 찾게 된 계기를 이야기 한 후 삶의 긍정적 측면에 관심을 기울인다.

심리치료 장면에서 만나는 사람들은 자신에게 잠재력이 많지 않다고 여기는 경향이 있다. 더욱이 무기력하고 부정적인 신념을 가진 참여자들은 자신에 대해 부정적이고 자원이 있으리라는 생각을 하지 못한다. 따라서 자신에게도 긍정적인 에너지원이 있다는 것을 알게 된다면 자신에 대한 믿음과 존중감은 물론 타인을 바라보는 눈에도 긍정적인 영향을 미칠 것이다.

9세션의 목표인 '유혹 이겨내기 – 자원 충전'은, 스스로의 강점은 물론 주변의 자원을 통해 어려움을 이겨낼 수도 있다는 것을 참여자들이 인지하도록 하기 위해서이다. 주변의 자원은 환경이거나 사람일 수 있고, 그 밖에 어떤 것이라도 상관이 없다. 그러므로 가능한 많은 자원을 떠올려서 연결 지을 수 있도록 도울 필요가 있다.

2) 문학작품

도서 : 알레나의 채소밭 / 소피 비시에르 글·그림, 김미정 옮김 / 단추 / 2017

매일 아침 학교 가는 길에 지나는 밭. 어느 날은 잡초가 무성히 자라 있고, 어느 날은 그 무성하고 억센 잡초가 사라지고 흙덩어리만 남아 있다. 어느 날은 밭에 줄무늬가 생기고, 어느 날은 조그만 새싹들이 올라온다. 며칠 밤이 지나자 기적처럼 빨갛게 익은 토마토, 엄청 큰 양상추도 자라 있다. 그러던 어느 날 갑자기 사라진 채소들, 토요일 장이 열리는 날 엘레나 아줌마의 밭에서 수확한 채소들을 팔고 있었다. 바구니 한 가득 담아 온 채소들을….

아홉 번째 세션을 위한 문학작품으로 이 그림책을 선정한 이유는, 작은 것이든 큰 것이든 주변의 자원을 통해 어려움을 이겨낼 수 있다는 것을 알려주고 싶었기 때문이다. "나는 몰랐어요."라고 말하는 주인공처럼, 미처 알지 못했거나 찾지 않았지만, 그들의 주변에도 많은 자원들이 있음을 깨닫는데 도움이 되기를 바란다.

3) 관련 활동

① 숨은 보물찾기

이 활동은 참여자들이 자신의 내적, 외적 자원들을 찾는 것이다. 자신에게 있는 내적 자원을 찾는 일이 어려운 활동일 수 있지만, 그럼에도 자신의 자원을 찾아 보물로 만드는 것은 개인적이고 특수한 것이기에 필요하다. 자원은 원석과 같은 것이어서 잘 갈고 닦아 보물로 만드는 수고와 노력의 과정이 필요하다. 또한 내적인 자원뿐만 아니라 외적 자원을 찾고 활용하는 것 또한 중요한 일이다. 이 활동을 통해 참여자들은 스스로에게 어떤 어려움이 생겼을 때 효과적으로 도움을 요청할 수 있는 경로를 구축할 수 있도록 도울 것이다.

숨은 보물 찾기

내가 가지고 있는 보물은 무엇인가요?

보물을 찾았다면 그것을 어떻게 활용할 것인가 방법도 적어보세요.

보물	활용 방법

세션 Session

1) 세부목표 : 진로 목표 설정

미국의 과학자이자 교육학자인 '로버트 하비거스트(Robert J. Havighurst, 1900~1991)'는 각 개인이 속한 사회·문화적 환경에 따라 차이가 있기는 하지만, 환경에 적응하기 위해서는 인간 발달의 각 단계마다 반드시 성취해야 할 과업이 있음을 주장하였다. 이를 '발달 과업'이라고 하는데, 발달 과업은 단계별로 질서와 계열성을 가지고 있고, 각 발달 단계에는 '결정적 시기'라는 것이 있으며, 이전의 발달 단계는 다음 발달 단계의 행동에 영향을 미친다는 특성이 있다. 하비거스트는 청소년기의 발달과업으로 여러 가지를 제시하였지만, 그 중에서도 자아정체성을 확립하고, 경제적 독립을 위한 진로를 선택하며, 건강한 사회인으로서의 가치관을 정립해야 한다는 주장이 대표적이다.

그렇다면 청소년들은 왜 진로 목표를 설정해야 할까? 청소년기는 적성을 고려해 진로를 고민하고 설계해 보는 시기이다. 이 시기에는 꿈을 꾸고 도전하는데 희망적이어야 하지만, 급변하는 산업 구조, 취업난 등 현대 사회의 불확실하고 어두운 면이 부각되면서 도전도 하지 못하고 꿈을 포기하거나 적성과 무관한 직업을 바라기도 한다. 하지만 진로 목표를 뚜렷하게 가지고 있는 사람은 본인이 지금 무엇을 해야 할지 명확하게 알기에 자연스럽게 동기부여가 되어 스스로 일을 찾아 해보는 주도적인 생활을 할 수 있게 된다.

따라서 이번 세션에서는 인생에서 꼭 이루고 싶은 비전이 무엇인지를 생각해 보고,

직업을 포함한 자신의 미래를 구체적으로 설계해 봄으로써 참여자들 스스로가 자신에게 동기를 부여할 수 있는 목표를 수립하도록 돕고자 한다.

2) 문학작품
도서 : 나는, 비둘기 / 고정순 글·그림 / 만만한책방 / 2022

비둘기 한 마리가 반짝반짝 빛나는 전구에 걸려 날개를 다쳐서 하늘을 날아갈 수도 없고, 높은 곳에 앉아 아래를 내려다볼 수도 없다. 길에서 만난 눈 먼 쥐는 꼭 한 번만이라도 좋으니 날고 싶다는 비둘기에게, "나는 네가 나는 모습을 볼 수 없지만 세상에서 가장 멋진 날개로 날 수 있기를 기도하마."라며 용기의 말을 건넨다. 하지만 비둘기는 먹이를 찾던 중 날카로운 유리 조각에 베여 나머지 한쪽 발목까지 잃었다. 그러던 어느 날, 세찬 바람에 날려 온 검은 비닐봉지가 목에 걸려 떨어지지 않자, 비둘기는 바람에 부풀어 오르는 비닐봉지가 멋진 날개일지 모른다고 생각하며 날기 연습을 멈추지 않았다.

2021년에 방송되었던 「스트릿댄스 걸스 파이터」의 최종 라운드 무대에서 '브랜뉴차일드'의 리더인 '모니카'는, "그 과정에서 최선을 다했다면 결과에서 실패해도 괜찮아."라는 말로 팀원들을 격려했다. 그 말 덕분이었는지 '브랜뉴차일드'는 대회에서 4위라는 좋은 성적을 거두었는데, 물론 우승을 하지 못했기 때문에 아쉬움이 컸겠지만 최선을 다했다는 마음이 들어야 다음에도 도전을 할 수 있을 것이다.

삶의 목표를 설정하면, 그 목표를 한 번에 이루려고 하거나 도저히 이룰 수 없는 목표라고 스스로 한계를 정한 뒤 포기하는 경우가 있다. 물론 그 모든 과정들 또한 본인의 결정일 것이므로 존중받아야 하겠으나, 목표 설정이 잘못되었거나 과정에 아쉬움이 있어 후회가 남는다면 그 부분에 대해 생각해 볼 필요는 있을 것이다.

열 번째 세션을 위한 문학작품으로 이 그림책을 선정한 이유는, 고난의 상황일지라도 목표를 위해 끊임없이 노력하고 도전하는 비둘기처럼 참여자들이 목표를 설정하고 구체적인 행동까지 이어갈 수 있는 기반을 만들 수 있는 기회를 만들어 주기 위해서이다.

3) 관련 활동

① 다시 그리는 꿈의 사다리

10년 후, 20년 후, 50년 후, 70년 후 나는 어떤 사람이 되어 있을까? 『하루 10분 나를 생각해』[138]의 작가 '레슬리 마샹'은 꿈의 사다리 이야기를 통해 미래를 그려보도록 제안하고 있다. 그녀는 꿈의 사다리는 자신이 만들어 간다는 거, 자신이 놓는다는 거, 그리고 자신이 올라가는 것이기 때문에 중요하다고 말한다. 10년 후의 나의 모습은 지금의 나로부터 시작되고 내가 선택하고 설계하는 계획에 따라 변화하게 된다. 그러므로 이 활동은 자신이 원하는 삶의 주인으로 살고 싶다면 지금 꿈꾸는 꿈과 희망 및 목표를 신중하게 고민하고, 그 꿈에 도달하기 위해 실천 가능한 계획을 세울 수 있도록 돕는 것이다.

이 작업을 돕기 위한 활동은 '푸드 아트 테라피'를 활용해 참여자들이 자신의 꿈의 사다리(진로 목표)를 시각화하는 것을 돕고자 하였다. 〈관련 활동 10-1〉에 제시된 활동지를 활용하여 시각화를 위한 준비 작업을 마친 다음, 〈활동 예시 10-1〉처럼 과자 등을 활용해 작업을 해보자. 만약 활동지로만 대체하고 싶다면 〈관련 활동 10-2〉의 자료를 활용하면 된다.

---

138) 레슬리 마샹 저, 김지혜 역. 2020. 『하루 10분 나를 생각해』. 고양: 미디어숲.

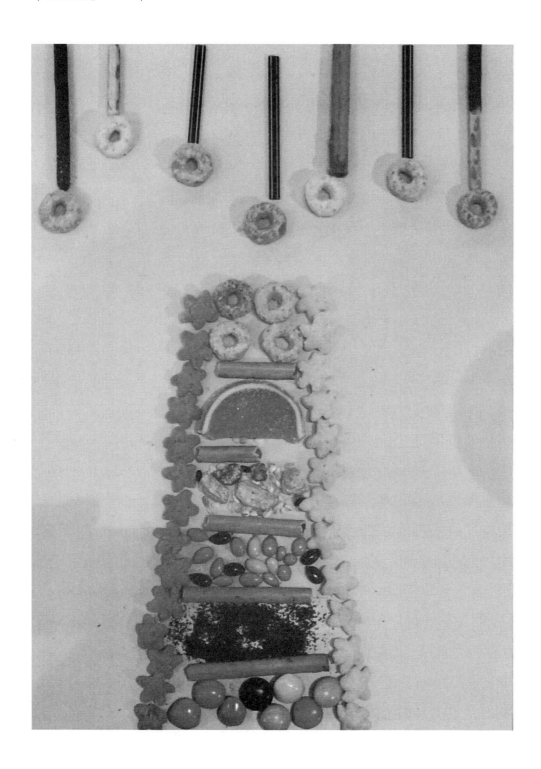

나의 꿈

인생에서 꼭 이루고 싶은 비전은 무엇인가요?

하고 싶은 것은?	
가고 싶은 곳은?	
배워보고 싶은 것은?	
갖고 싶은 것은?	
만나고 싶은 것은?	
갖고 싶은 직업은?	
보완할 점은?	
키워야 할 역량은?	
70년 후 나의 모습은?	

다시 그리는 꿈의 사다리

나의 꿈은 무엇인가요?

내 꿈을 이루기 위해 지금부터 준비해야 할 것이 있다면 무엇인가요?

자신이 희망하는 꿈의 사다리를 완성해 보세요.

나의 꿈

11 세션 Session

1) 세부목표 : 가치관 재정립

가치관이란 행동방향 선택에 영향을 주는 바람직한 것, 또는 해야 할 것에 관한 일반적인 개념이라고 정의할 수 있다. 특정 사회 집단에 속한 사회 구성원들은 삶의 목표로 무엇이 바람직하고, 무엇을 추구할 것인가에 대한 어느 정도의 공통된 신념을 갖고 살아간다. 그럼에도 각 개인이 일상의 생활 속에서 부딪치는 문제 상황에서의 행동은 이미 형성되어 있는 가치관에 따라 이루어진다. 우리의 생각과 행동을 규정하는 가치 혹은 가치관이 무엇인가를 한마디로 정의하는 것이 쉽지는 않지만, 가치는 보통 옳고 그름, 선과 악, 바람직하냐 바람직하지 않느냐의 문제에 대해 보통 사람들이 가지고 있는 평가 기준이나 신념체계, 그리고 행동을 지배하는 감정의 체계를 말한다.[139]

각 개인은 자신이 품고 있는 가치관에 따라 삶의 의미와 목적을 추구하며 살아가기 때문에, 개인적 가치관은 인생관, 직업적 가치관 형성에도 중요한 방향키와 같은 역할을 하게 된다. 특히 개인이 지향하는 가치의 특성에 다라 직업을 선택하게 되므로, 진로를 결정하는 과정에서 반드시 직업에 대한 올바른 가치관을 확립할 필요가 있다. 따라서 이번 세션에서는 참여 청소년들이 인생의 가치와 직업적 가치에 대해 알아볼 수 있는 기회를 주고자 한다. 가치관 탐색을 통해 자신에게 중요한 인생의 가치와 직업적 가치를 인식해서 올바른 가치관을 확립할 수 있기를 기대한다.

---

139) 정승희. 2012. 『성경을 기초로 한 청소년 가치관 정립에 대한 연구』. 석사학위논문. 광신대학교 신학대학원 신학과. pp. 4-5.

2) 문학작품

도서 : 세상을 알고 싶은 너에게 / 엠마 도드 글·그림, 정윤 옮김 / 키즈엠 / 2020

"엄마에게 가장 중요한 건 뭐예요?, 나에게 가장 중요한 건 뭘까요?", "엄청나게 큰 것이 중요할까요? 아니면 아주 아주 작은 것이 중요할까요?", "무언가를 많이 가지고 있는 게 중요할까요? 아니면 가지지 않는 게 중요할까요?", "많은 것을 알고 있는 게 중요할까요? 하나씩 알아 가는 게 중요할까요?"

인생이 궁금한 아이는 수많은 질문을 쏟아낸다. 이 그림책은 아이의 질문을 통해 읽는 이들로 하여금 가치 있는 것이 무엇인지, 나는 어떻게 살 것인지에 대해 생각해 볼 수 있도록 돕는다. 따라서 이번 세션을 위한 문학작품으로 이 그림책을 선정한 이유는, 참여 청소년들 스스로 삶의 목적에 대한 가치관을 정립할 수 있기를 바라는 마음에서다.

3) 관련 활동

① 가치 카드를 이용한 나의 가치관 찾기

가치란 인간 행동에 영향을 주는 어떠한 바람직한 것, 또는 인간의 지적·감정적·의지적인 욕구를 만족시킬 수 있는 대상이나 그 대상의 성질을 의미한다. 이 활동은 50장으로 구성된 가치 카드 중에서 자신이 의미 있다고 생각하는 것을 찾아보는 것으로, 50장의 카드를 펼쳐 현재 자신이 중요하다고 생각하는 가치와 인생의 가치, 직업 선택에 있어서 가치 있다고 생각하는 것을 고른 후, 그 카드를 고른 이유를 함께 나누면 된다. 참여자들의 생각을 정리하도록 도와줄 활동지는 〈관련 활동 11-1〉에 제시했다.

내 인생의 가치관

1. 나에게 지금 필요하다고 생각하는 가치는 무엇인가요? 그것을 꼽은 이유도 적어보세요.

가치	
이유	

2. 내 인생에서 가장 중요하다고 생각하는 가치 3가지를 고르고 이유도 적어보세요.

가치	이유

3. 내가 중요하게 생각하는 직업적 가치는 무엇인가요? 3가지를 고르고 이유도 적어 보세요.

가치	이유

4. 나의 가치관에 알맞은 직업에는 무엇이 있을까요?

12 세션 Session

1) 세부목표 : 다시 시작 / 프로그램 종결

이번 세션은 프로그램을 종결하는 시간이기 때문에 초기에 선정한 목표의 달성 여부를 점검할 필요가 있다. 따라서 그동안 프로그램에서 다루어진 내용을 다시 한 번 살펴보면서, 그 과정에서 스스로 변화된 점은 무엇인지 평가해 보도록 하고 나아가 목표 달성의 정도도 점검해 보게 하자. 결국 열두 번째 세션은 최종적으로 참여자들이 자신을 돌아볼 수 있는 기회가 될 것이며, 더불어 앞으로 자신이 채워야 할 것이 무엇인지에 대해서 다시 한 번 생각해 볼 수 있도록 도울 것이다.

이 프로그램은 도박 문제로 어려움을 겪고 있는 청소년의 긍정적인 미래 설계를 돕기 위해 계획되었다. 따라서 마지막 시간에는 프로그램이 끝나더라도 참여 청소년들이 지금까지 성취한 세부목표들을 지속적으로 훈련하며 강화할 수 있도록 의지를 독려하는 것이 중요하다. 결국 그들의 꿈은 이루어질 테니까.

2) 문학작품
① 영상 : 인생사진관 종합B – 삼성생명 광고 / 삼성생명, 제일기획 제작 / 2018

나와 사랑하는 사람의 30년 후의 모습을 볼 수 있다면 어떤 기분일까? 2018년 삼성생명이 제일기획과 함께 제작한 이 영상은 미래의 나이 든 모습을 찍어주는 사진관이 소재이다. 인생사진관에 방문한 예비부부, 결혼 5년차 부부, 20년 지기 친구들, 엄마와 딸은 30년 후의 미래를 경험하게 된다. 그들은 그 과정에서 무엇을 느꼈을까?

이번 세션을 위한 문학작품으로 이 영상을 선정한 이유는, 청소년들로 하여금 '30년 후의 나는 어떤 사람이 되어 있을까'를 생각하며, 미래에 대한 진로 목표 설정을 돕기 위해서이다.

② 도서 : …라고 말했다 / 이혜정 글·그림 / 길벗어린이 / 2020

아무것도 일어나고 있지 않는 것 같은 순간 속에서도 이미 무언가는 자라고 있으며 변하고 있다. 왜냐하면 지금 이 순간에도 누군가의 생각과 감정은 움직이고 있을 것이기 때문이다. 이 그림책은 누구나 살면서 겪게 되는 수많은 도전과 선택의 순간에서 애벌레가 이리저리 넘어지면서도 균형 잡는 법을 배우듯, 아기 새가 한 뼘 더 성장하기 위해 두려움을 무릅쓰듯, 백조가 가라앉지 않기 위해 물속에서 부단히 물장구를 치며 애를 쓰듯, 고양이가 자기 방식대로 자유롭게 길을 만들어 가듯, 삶에서 겪을 다양한 일들을 마주할 때 주저하지 말고 두려워하지 말고 용기를 가지라고 이야기하고 있다. 이 프로그램에 참여했던 청소년들은 새로운 마음으로 거듭났을 것이며, 앞으로도 그럴 것이다. 그러나 수많은 유혹에 흔들리고 좌절하는 순간들도 만날 것이다. 그러나 그럴 때에도 실망하거나 움츠러들지 않고 자신을 믿고 나아가길 응원하는 마음을 담아 이 그림책을 선정하였다.

3) 관련 활동

① 새로 쓰는 나의 이야기

타임머신을 타고 80살이 된 나를 찾아간다면 나는 어떤 삶을 살고 있을까? 가끔은 만화 「도라에몽」에 등장하는 '어디로든 문'을 통해 미래로 가보면 어떨까란 상상을 해본다. 이 활동은 미래의 내가 되어 자신의 일대기를 회고하며 써보는 것으로, 일종의 자서전 쓰기이다. 이 활동은 참여 청소년들에게 자신의 과거와 현재가 낳을 미래를 예측해 보게 함으로써 보다 충실한 현재의 시간을 보낼 수 있게 해줄 것이다. 활동지는 〈관련 활동 12-1〉에 담겨 있다.

② 실천 서약서 작성 (나의 약속)

이 활동은 그동안 진행되었던 열한 번의 과정을 통해 경험했던 내용들을 스스로 실천하며 지내겠다는 다짐을 하기 위한 것이다. 순서는 A4용지에 나의 목표를 적은 후 3가지 정도 실천할 수 있는 항목들을 적고 그림도 자유롭게 그릴 수 있도록 한다. 이후 그것을 모든 참여 학생들 앞에서 서약하듯 큰 소리로 읽어 보면 좋은데, 만약 자유롭게 구성하기를 원하는 학생이 있다면 백지를 제공하면 되겠다. 참고할 활동지는 〈관련 활동 12-2〉에 담겨 있다.

③ 참여 소감 나누기

본 프로그램의 마지막 활동으로, 참여 청소년들이 총 12세션 동안 참여하면서 느낀 점들을 알아보는 것이 목적이다. 구체적인 활동지는 〈관련 활동 12-3〉에 제시했으며, 세션별 활동 내용들을 떠올려 정리한 뒤 자유롭게 이야기를 나누면 되겠다.

새로 쓰는 나의 이야기

1. 80살 나의 이야기
▶

2. 나의 어린 시절 이야기
▶

3. 나의 청년 시절 이야기
▶

4. 나의 결혼 생활 이야기
▶

5. 내가 이룬 성공 이야기
▶

6. 나의 청소년 시절 이야기
▶

나의 약속

나 _____는

_____ 한 사람이 되기 위해

다음과 같은 약속을 지킬 것입니다.

1.

2.

3.

_____ 년 _____ 월 _____일

이름 : _____ (서명)

소감 나누기

프로그램에 참여하면서 느낀 점을 자유롭게 적어주세요.

세 번째 중독

성인의
약물 중독 회복을 위한
독서치료 프로그램

세 번째
중독

성인의
약물 중독 회복을 위한
독서치료 프로그램

1. 프로그램 목표

약물(drugs)은 인간의 신체에 들어가 신체와 정신, 기능에 변화를 주는 물질을 말한다. 주로 질병의 치료와 예방 목적으로 사용되는 의약품과 마약류와 같은 비의약품 모두를 포함한다.[140] 약물 중독은 약물의 부정적인 결과를 알면서도 약물에 사로잡혀, 강박적으로 약물을 갈망하고 계속 사용하도록 만드는 뇌의 구조와 기능이 변화되는 뇌 질환을 말한다. 다수의 약물 중독자들이 스스로 약물을 사용하는 첫 시작과 달리, 시간이 지남에 따라 자제력과 판단력을 잃고 약물을 사용하지 않을 수 없는 강력한 충동을 느끼게 된다. 중독은 신체기관의 정상적인 기능을 방해하고 매우 위험한 결과를 초래한다. 예방과 치료가 가능하지만 치료하지 않고 방치하면 평생 지속되는 질병이다.[141]

---

140) 최원석. 2008. 『약물중독자의 회복 및 사회복귀에 관한 사례연구』. 석사학위논문. 가야대학교 행정대학원 사회복지상담학과. p. 6.

141) 보건복지부 국립부곡병원 홈페이지. https://www.bgnmh.go.kr:2448/bgnmh/board

약물 중독자의 심리적 특성에는 자기중심적이고 대인관계가 어렵고, 변동이 심한 이상 성격을 가진 경우가 많고, 낮은 자존감, 우울, 충동조절이 힘들고 부인의 방어기제를 사용하는 특징이 있다. 이로 인해 자신의 삶을 파괴하고 가족을 비롯한 타인에게 부정적 영향을 끼치게 되고, 법적인 문제를 일으키고, 바닥을 치는 경험을 하며 스스로 회복하기 힘든 특성이 있다. 약물은 결과적으로 신체 및 정신적인 피해를 가져오며 가정 파괴와 경제, 사회, 영적 피해를 야기한다.[142]

이와 같은 이유로 약물 중독의 회복은 중독자에게 있어 꼭 이루어야할 과제라고 할 수 있다. 회복은 신체, 심리적 안정감을 갖고 자신의 삶을 책임지는 내적 통제력을 갖게 되며, 성장과 성숙을 이루어가는 변화의 과정이라고 할 수 있다.[143] 또한, 약물 중독으로부터의 회복은 약물 사용으로 인한 다양한 손상으로부터 회복하여 사회에 복귀해 사회생활을 건전하게 이루게 함으로써 약물 없이 일상생활이 가능하도록 하는 것이다. 이때의 회복의 개념은 완치보다는 존재하는 것과 되어가는 과정을 의미한다고 보며, 회복 중이라는 개념을 사용한다. 약물 사용으로 인한 개인의 상처를 치유하고 취약성을 관리해 건강하고 생산적인 삶을 살 수 있게 하는 계속적인 과정인 것이다. 과정은 크게 초기, 중기, 후기 회복 단계 및 유지 단계로 나눌 수 있고, 각 단계별 목표를 살펴보면 다음과 같다. 우선 초기 회복 단계에서는 약물에 의존하지 않은 생활, 중기 회복 단계에서는 균형 잡힌 생활, 후기 회복 단계에서는 성격의 변화, 유지 단계에서는 성장과 발달이 목표다. 이때 회복을 위해서는 다양한 요인들이 영향을 미친다. 삶에 대한 태도, 신체 및 정신의 건강, 희망, 긍정적 정서, 병원 치료, 규칙적인 생활, 취미활동, 관계 회복을 위한 노력, 신앙생활, 약물 중독에 대한 공부 등 회복을

142) 한부식. 2016. 『약물중독자의 회복 및 사회복귀에 관한 사례연구』. 석사학위논문. 가야대학교 행정대학원 사회복지상담학과. pp. 8-15.

143) 장하림. 2015. 『인터넷 게임중독 청소년의 회복과정 연구』. 박사학위논문. 고려대학교 대학원 사회복지학과. P. 21.

위한 다양한 방법의 노력이 필요하다.[144]

독서치료 프로그램은 앞서 말한 중독자의 심리적 특성에 따른 약물 중독 회복에 도움이 될 것이다. 따라서 독서치료의 자기 이해, 정서적 카타르시스의 경험, 통찰의 증진, 문제 해결력 증진, 관계의 변화, 정보 제공, 읽는 즐거움 등의 목적[145]이 중독 회복자의 노력에 도움이 될 것이라는 관점에서, 약물 중독 회복을 위한 독서치료 프로그램을 계획하였다.

2. 프로그램 구성

본 프로그램은 성인 약물 중독자의 회복을 돕는 것을 목표로 계획하였다. 약물의 종류, 약물을 접한 이유, 중독 인식의 정도, 회복의 단계 등 증상 및 회복의 욕구에 있어 개인별 차이가 큰 약물 중독의 특성상 집단이 아닌 1인 상담을 기본으로 하였다. 내담자 선정에 있어서는 회복에 관심이 있는 자발적 또는 비자발적 대상자를 모두 범주에 넣었다. 다만, DSM-5의 진단 기준에 따른 물질 관련 및 중독 장애 중 '마약류 사용 장애' 대상자로 한정했으며, 그 중에서도 사전 ASSIST 선별 검사 결과(저위험군(0~3점), 중위험군(4~26점), 고위험군(27점 이상)) 저위험군과 중위험군을 대상으로 정했다. 왜냐하면 고위험군은 병원치료에 집중을 해야 하기 때문이다.

다만 상담 동기가 비자발적이고 법적 문제의 양형 자료를 위해 내방한 내담자라면 프로그램이 5회기 전후에 종결될 가능성도 있다. 이는 내담자에게 프로그램에 대한 소개를 하면서 조율을 해야 될 부분이다. 왜냐하면 본 프로그램은 내담자가 12세션에

144) 길은혜. 2021. 『마약류 사용자의 약물사용에 대한 허용적 태도가 회복에 미치는 영향 : 신체적 정신적 건강의 다중매개효과를 중심으로』. 석사학위논문. 을지대학교대학원 중독상담학과. pp. 24-29.

145) 임성관. 2019. 『(개정판) 독서치료의 모든 것』. 파주: 시간의 물레. pp. 29-30.

모두 참석한다는 것과 선별검사 및 초기 면담은 사전에 이루어지는 점을 전제했기 때문이다.

　프로그램의 구성은 총 12세션이며, 1세션은 1시간을 기준으로 운영된다. 프로그램 중에는 선정한 문학작품을 읽고 이야기를 나누며 참여 내담자가 자신의 목표를 이룰 수 있도록 구성했다. 세션 별 구성을 자세히 소개하면, 1세션은 상담의 구조화 작업이 주된 세부목표이기 때문에 사전 면담 자료를 바탕으로 인적사항, 상담 동기, 약물 사용 이력, 기대 효과, 상담 시간 및 규칙 등을 확인하고, 프로그램에 대한 안내, 변화 단계 평가 설문지를 통해 개선하고 싶은 목표 정하기, 치료사 소개하기, 상담 진행 시 지켜야 할 규칙(약속) 정하기로 구성하였다. 이어서 2세션부터는 매 세션 시작 시 한 주간의 나눔 시간을 통해 삶의 내용에 대한 점검을 포함시켰고, 각 세션별로 변화 동기, 가치 탐색, 약물의 영향, 재범 방지, 감정 이해 및 해결, 위로, 관계 회복, 좋은 습관 형성하기, 감사, 미래 계획 및 마무리 등의 세부목표 아래 회복의 과정을 위한 진행이 되도록 세션을 구성하였다.

　본 프로그램을 위해 선정한 문학작품은 그림책, 시 등의 문학과 정보 제공과 사회 문제 일반을 담은 비문학 도서가 주가 되며, 관련 활동으로는 글쓰기와 이야기 나누기 등이 주로 활용된다. 다음의 〈표〉는 프로그램의 세부 계획서이다.

〈표〉 성인의 약물 중독 회복을 위한 독서치료 프로그램

세션	세부 목표	문학작품	관련 활동
1	상담 구조화	시 : 나는 오늘	소개하기, 목표 정하기, 변화 준비도 검사
2	변화 동기 강화하기	도서 : 잠시, 생각할 시간이 필요해	생각 뒤집어보기 결정 저울 사용하기
3	가치 탐색	도서 : 삶의 의미	가치관 경매
4	약물의 영향	도서 : 드럭 어딕션	약물 중독 위험에서 살아남기
5	사례를 통한 재범 방지	도서 : 따라꾸미	중독의 무서움 인식하기
6	감정 이해하기	도서 : 아들러의 감정수업	나의 다양한 감정 인식하기
7	감정 해결하기	도서 : 화가 호로록 풀리는 책	감정 해결 방법 알기
8	위로하기	도서 : 지쳤거나 좋아하는 게 없거나	마음 약방 처방전
9	관계 회복	도서 : 똑, 딱	동그라미 관계도 그리기
10	행복 찾기	도서 : 자신에게 엄격한 사람들을 위한 심리책	나만의 행복 찾기 카드 만들기
11	감사하기	도서 : 감사해요	불평을 감사로 바꾸기
12	마무리	시 : 다섯 연으로 된 짧은 자서전	미래 인생 계획 세우기

1 세션 Session

1) 세부목표 : 상담 구조화하기

1세션은 상담사와 내담자가 처음 만나는 시간이다. 때문에 상담의 구조화를 이루는 것이 필요하다. 상담사를 소개하고 상담 계약서, 생명 존중 서약서를 작성하게 한다. 이후, 면담 기록을 통해 인적사항, 상담 동기, 약물 사용 이력, 기대 효과, 상담 시간 및 규칙 등을 확인한다. 전체 12세션 프로그램에 대한 안내를 하고, 세션별로 선정되어 있는 문학작품은 미리 읽을 것을 권한다. 그림책이나 시는 해당 세션 시간 중에 함께 읽을 수 있지만, 일반도서의 경우 분량이 많기 때문에 미리 읽어올 수 있게 안내하는 것이 좋다. 물론 그럼에도 읽지 못할 가능성은 있기 때문에 만약 그렇더라도 프로그램에는 반드시 참여하는 것이 더 중요하다는 점도 말해줄 필요가 있겠다. 필요한 경우 발췌한 부분을 복사해 한 주 전에 준비해 주는 것도 좋겠다. 프로그램에 대한 안내를 끝낸 후, 내담자에게 궁금증이 있다면 해소할 기회를 주고, 상담 과정 중 필요하다고 생각하는 스스로와의 약속을 정하도록 한다. 약속 정하기가 끝나면 1세션의 문학작품을 읽고 현재의 나를 표현할 수 있도록 모방 시 쓰기를 진행한다. 내담자가 쓴 시를 가지고 이야기를 나누고, 세션을 끝내기 전 '변화 준비도 검사(Readiness To Change Questionnaire: RTCQ)'를 작성하게 한다. 작성한 검사지는 현재 내담자가 어떤 단계인지 결과를 나누고 변화 단계를 한 단계 올리는 것을 목표로 정하고 마무리 한다.

2) 문학작품

시 : 나는 오늘 – 시집 『마음의 일』 中 / 재수·오은 그림 시집 / 창비교육 / 2020

〈문학작품 1-1〉에 옮겨 실은 '나는 오늘'로 시작되는 이 시는, 토마토, 나무, 유리, 구름, 종이, 일요일, 그림자, 공기 등 다양한 것들로 오늘의 자신을 표현하고 있다. 또한 각각의 상징에는 어떤 의미가 포함되어 있는가에 대한 설명을 통해 자신의 상태와 욕구를 보여준다. 그렇게 드러난 오늘의 나는 만족감을 느끼거나 자유로움을 느낄 때도 있다. 그러나 얼룩져 있을 때도 있고 막막함도 느낀다.

첫 번째 세션을 위해 이 시를 고른 이유는 가장 마음에 와 닿은 부분에 대한 이야기를 나누면서 내담자의 마음을 열기 위해서이다. 나의 오늘은 어떤지 모방 시 쓰기를 통해 표현해 보게 하면 좋겠고, 만약 법적 문제가 있는 내담자라면 잘못에 치중해 캐묻지 않는 자세가 필요하겠다.

3) 관련 활동

① 소개하기

상담사에 대한 소개를 간단히 하고, 양식에 따라 상담 계약서 및 생명 존중 서약서를 작성하게 한다. 이어서 전체 프로그램에 대한 소개를 하면서, 세션별 목표와 문학작품 및 관련 활동을 알려준다. 이때 미리 읽어 와야 할 문학작품에 대한 당부를 꼼꼼하게 하고, 읽지 못한 경우라도 참여해야 함을 알린다. 마지막으로 프로그램 전반에 대한 궁금증이 있다면 질의응답 시간을 통해 해소시켜 주고, 내담자의 면담 자료를 통해 더 탐색해야 할 부분에 대한 작업을 진행한다.

② 규칙(약속) 정하기

프로그램에 참여하는 내담자가 기본적으로 지켜야할 규칙을 정하는 것은 구조화를 위해 중요한 과정이다. 다만 치료사가 일방적으로 약속을 정해서 강제성을 띠는 것보다는 내담자 스스로가 약속을 정하는 것이 좋기 때문에, 다섯 가지 정도의 항목을 내담자 스스로 떠올려 정할 수 있도록 해보자. 이때 함께 나눈 이야기를 다른 사람과 나누지 않는다는 비밀 지키기에 관한 사항은 필수로 적어 넣어 안전장치를 해두는 것이 중요하다. 이와 같은 장치는 결국 사적이고 감정적인 대화가 될 수 있는 부분에 대한 불안을 없애고, 적극적인 나눔이 이루어는 효과로 이어질 것이다. 만약 매주 만남을 가질 요일 및 시간을 정했는데, 부득이한 사정 등으로 변경을 원할 시에는 최소 2-3일 전에 연락해서 조율할 수 있음에 대한 사항도 나누는 것이 좋다. 결국 이런 약속들은 내담자 및 상담자 모두에게 책임 의식을 길러줄 것이다.

③ 모방 시 쓰기

모방 시는 원작 시의 형태나 내용과 비슷하게 쓰면서, 자신의 생각이나 감정으로 일정 부분을 다르게 바꾸는 활동이다. 따라서 연과 행은 자유롭게 늘이거나 줄일 수 있으며, 쓰고 싶은 만큼 쓸 수 있게 격려하면 된다. 시를 쓸 수 있는 종이는 백지보다는 테두리 혹은 줄이 그어져 있어 심리적인 부담을 줄일 수 있도록 하고, 작품이 완성되면 어떤 이야기를 담았는지 들어주면 되겠다.

④ 변화 준비도 검사 및 목표 정하기

행동 변화를 꾀하는데 있어 동기가 낮다면 시작이나 유지가 힘들기 때문에 좋은 결과를 얻기도 힘들다. 때문에 지속적인 변화를 위해 동기를 높이는 것은 중요한데, '변화 준비도 검사(Readiness To Change Questionnaire: RTCQ)'는 내담자가 단약에 대한 동기를 어느 정도 갖고 있는지 평가할 수 있는 도구이다. 검사는 개인의 변화 단계를 측정하기 위한 12개의 문항으로 구성되어 있기 때문에, 자신의 변화 동기가 어느 정도 수준인지 확인하고 그에 따른 목표를 내담자와 함께 생각해 보는 것을 도와줄 수 있다.

변화의 단계[146]는 Prochaska & DiClemente(1982)의 초이론적 변화 모델에 기초한 것으로, 자신의 문제 행동을 문제로 여기지 않고 변화의 필요성을 인식하지 못하는 전숙고 단계, 자신에게 문제 행동이 존재함을 인정하고 그 문제를 해결하기 위한 방법을 모색하려는 숙고의 단계, 변화를 위한 구체적인 계획을 세우기 위해 준비하고 결심하는 단계, 계획한 것을 실행에 옮기는 실행 단계, 변화된 행동을 유지하는 유지 단계의 5단계로 이루어져 있다. 따라서 변화 단계 평가를 실시하고 나면 그 결과를 내담자에게 설명해 주고, 현재 단계에서 한 단계를 올리는 것으로 참여 목표를 정하면 좋겠다.

---

146) 해피튜터 해피쟁이. 변화 단계. https://happytutor.tistory.com/36

나는 오늘

- 재수×오은 -

나는 오늘 토마토
앞으로 걸어도 나
뒤로 걸어도 나
꽉 차 있었다

나는 오늘 나무
햇빛이 내 위로 쏟아졌다
바람에 몸을 맡기고 있었다
위로 옆으로
사방으로 자라고 있었다

나는 오늘 유리
금이 간 채로 울었다
거짓말처럼 눈물이 고였다
진짜 같은 얼룩이 생겼다

나는 오늘 구름
시시각각 표정을 바꿀 수 있었다
내 기분에 취해 떠다닐 수 있었다

나는 오늘 종이
무엇을 써야 할지 종잡을 수 없었다
텅 빈 상태로 가만히 있었다
사각사각
나를 쓰다듬어 줄 사람이 절실했다

나는 오늘 일요일
내일이 오지 않기를 바랐다

나는 오늘 그림자
내가 나를 끈질기게 따라다녔다
잘못한 일들이 끊임없이 떠올랐다

나는 오늘 공기
네 옆을 맴돌고 있었다
아무도 모르게
너를 살아 있게 해 주고 싶었다

나는 오늘 토마토
네 앞에서 온몸이 그만 붉게 물들고 말았다

『마음의 일 / 재수 · 오은 그림 시집 / 창비교육 / 2020』

생명 존중 서약서[147]

나 _____는
나의 삶을 건강하고 아름답게 만들기 위해
아래와 같이 생명 존중 서약을 합니다.

1. 나는 나의 생명을 존중하고 사랑하며 어떠한 경우에도 자살로 생을 마감
   하지 않을 것입니다.

2. 나는 어떤 힘든 상황에 처해 있을 때 삶을 포기하지 않고 주위에 알려 적
   극적으로 도움을 받겠습니다.

3. 나는 내 몸과 마음의 건강을 위해 충분한 수면과 휴식을 취하도록 노력
   하겠습니다.

4. 나는 삶의 위기를 인생의 한 부분으로 받아들이며, 어떠한 위기의 순간
   에도 내 생명을 지킬 것을 서약합니다.

20   년   월   일

서 약 자 _____ (서 명)

---

147) 더나은성격심리코칭연구소. 생명 서약서. https://blog.naver.com/duamcoral/222660825802

약속 정하기

1.

2.

3.

4.

5. 상담 과정에서 나눈 내용에 대해 비밀을 지키겠습니다.

20 년   월   일

내담자 :   (인)

상담자 :   (인)

나는 오늘

권○○

나는 오늘 이효리
이리저리 봐도 이쁜 나
발그레 웃음 짓는 미소

나는 오늘 물
꼭 필요한 사람이 되고 싶어

나는 오늘 나무
아낌없이 주는
나무를 닮고 싶어

나는 오늘 자동차
엄마 아빠랑
어린 시절처럼 바닷가를
달리고 싶어

나는 오늘 핸드폰
모두에게 인기 있는
심심하지 않게 소통하며
바쁘고 싶어

나는 오늘 지우개
내 인생의 오점을
모두 지우고 싶어

나는 오늘

_____

변화준비도 검사[148]
(Readiness To Change Questionnaire: RTCQ)

성 명: _____

일 자: _____

응답보기 : (-2) = 전혀 그렇지 않다 (-1) = 그렇지 않다 (0) = 반반이다 (1) = 그렇다 (2) = 매우 그렇다

1. 내가 약물을 너무 많이 하는 것은 아니다. (   )

2. 약물을 끊기 위한 구체적인 노력들은 하고 있다. (   )

3. 약물을 가끔은 너무 많이 사용한다. (   )

4. 약물을 끊어야 한다는 생각을 가끔 한다. (   )

5. 내 약물문제는 문제가 없다. (   )

6. 나는 최근에 약물을 끊었다. (   )

7. 약물을 완전히 끊기 위한 구체적인 행동을 적극적으로 실천하고 있다. (   )

8. 약물을 끊는 것을 생각해야만 할 때가 되었다. (   )

9. 나의 약물사용은 문제가 된다. (   )

10. 내 약물사용과 관련해 바꿀 필요가 없다고 생각한다. (   )

11. 내 약물사용 습관을 실제로 바꾸고 있다. (   )

12. 약물을 끊는 것은 내게 별다른 이득이 없다. (   )

전숙고 단계	숙고 단계	실행 단계
1, 5, 10, 12	3, 4, 8, 9	2, 6, 7, 11

---

148) 한국중독재활복지협회 12단계 치료 공동체의 '알코올 변화 준비도 검사' 문항에서 '알코올'을 '약물'로만 바꾸어 사용함.

2 세션 Session

1) 세부목표 : 변화 동기 강화하기

이번 세션은 1세션의 '변화 준비도 검사'를 통해 알게 된 자신의 현재 단계와 실제 단계가 일치하는지 확인하고 수용 및 조정을 할 수 있으며, 단계 확인 후 변화 단계를 한 단계 올리기 위해 변화 동기를 찾아 강화하기 위한 시간이다. 약물 사용으로 인해 내담자들은 법적 문제를 비롯해 주변 사람들과의 관계, 금전적 문제 등 다양한 문제로부터 자유롭지 못하다. 따라서 그로 인해 벌어질 수 있는 문제를 인지하고 스스로 단약의 필요성을 느끼고 변화를 위해 무엇을 할지 생각할 시간이 필요하다.

행동 변화의 핵심은 변화 동기일 것이다. 동기 강화의 원리[149]는 공감 표현, 불일치감 만들기에 따른 변화와 열망 증가시키기, 논쟁을 피하고 저항과 하게 구르기, 자기 효능감 지지하기 등이다. 내담자와의 상담에 있어 상담사는 신뢰감을 형성하며 희망과 두려움, 전략적 방향에 초점을 맞추며 동기를 유발해, 스스로 실행을 위한 계획하기가 가능하도록 이끌어야 한다.

따라서 우선 일주일 동안 어떻게 보냈는지 일상을 확인하면서, 스스로 정한 약속에 따라 생활이 이루어지고 있는지, 주된 감정 상태는 어땠는지 등을 체크한다. 이후, 선정한 문학작품을 읽고 발문 활동을 하며 생각 나눔을 하고, 이어서 결정 저울 활동을 하며 변화 동기를 강화한 후 마무리 한다.

---

149) 해피튜터 해피쟁이 https://happytutor.tistory.com/36 변화단계

2) 문학작품

도서 : 잠시, 생각할 시간이 필요해 / 최환석 글 / 멘토르 / 2018

저자는 책의 서문에서 '잠시, 생각할 시간은 생각의 근육을 단련하는 중요한 일'이라고 말한다. 왜냐하면 우리는 살아가면서 예상하지 못했던 사건과 사고들을 겪게 되기 때문이다. 그럴 때마다 혼자 감당하며 이겨내려면 소위 말하는 멘탈이 강해야 한다. 멘탈은 타고나는 걸까? 강하게 할 수도 있는 것일까? "그렇다!" 혹은 "그럴 것이다!"라고 단언할 수 없겠으나, 분명히 자신을 돌아보고 생각할 시간을 갖고 선택한다면 조금이나마 나은 결과를 얻을 수 있을 것이고, 이러한 과정이 반복되면 멘탈도 강해질 것이다. 최악의 상황을 겪었다는 단면적 인식에서 벗어나 긍정적 의미를 발견하고 감사하는 태도를 가지는 특징과 삶에서 중요한 것이 무엇인지 깨닫고 원하는 삶으로 나아가는 두 가지 공통점이 있다고 하니까.

저자는 불행이 반복되는 길을 습관처럼 가는 사람에게 '잠시, 생각할 시간'은 행복의 길로 내딛도록 도울 것이라고 말한다. 타인의 부정적 평가에 민감하게 '반응'하지 말고, '막연한 상상'도 멈추고, '감정의 무한루프'에 빠져 침체된 상태에서도 잠시 생각할 시간을 가져 보자. 생각의 근육을 단련시키는 것은, 걸으며 다른 근육을 단련시켜 디스크 치료의 대체 효과를 기대하는 것과 같을 것이다. 중요한 것은 '상처 이후의 성장'이다. 감정이 기억을 꾸며내지 않도록 주의하며, 무력감이나 불행한 과거의 기억, 잘못될 미래에 대한 상상에서 벗어나는 생각을 연습하며 터닝 포인트를 찾아보자.

책 속에서 로빈슨은 표류한지 1년 반이 지날 즈음 자신이 처한 현실에 대한 객관적 분석과 평가를 위한 대차 대조표를 쓴다. 이와 같은 그의 노력은 행복은 상대적인 것임을 깨닫고 자기 앞에 놓인 삶을 있는 그대로 볼 수 있게 해주어, 결국 로빈슨이 28년 동안 무인도에서 살아낼 수 있는 힘을 주었다. 상담 시 이 대차 대조표를 이용해 이야기를 진행하면, 결정 저울 활동에 쉽게 접근할 수 있을 것이다.

〈표〉 로빈슨 크루소의 대차 대조표[150]

나쁜 점	좋은 점
▷ 나는 외딴 무인도에 표류했다.	▷ 다른 조난자들처럼 생명을 잃지는 않았다.
▷ 세상에 오직 나 홀로 동떨어져 비참한 생활을 하고 있다.	▷ 나는 신의 보호를 받은 행운아였으며, 신은 결국 이 상황에서도 나를 구출해 줄 것이다.
▷ 먹을 음식도 매우 부족하고 안전한 집도 없다.	▷ 먹을 물과 음식을 구할 수 있고 지금은 어느 정도 저장도 해놓은 상태다.
▷ 입을 옷이 없다.	▷ 옷을 입을 필요가 거의 없는 열대지방에 있다.
▷ 살기 위해 매일 힘겨운 노동을 하면 신경을 곤두세운 채 살고 있다.	▷ 사막이나 자갈밭에서 굶어 죽는 것에 비하면 다행이고 행복한 상황이다.
▷ 나는 사나운 짐승들로부터 내 몸을 지킬 힘도 없고 무기도 없다.	▷ 이 섬에서 나는 사나운 짐승을 보지 못했다. 만약 굶주린 짐승이 우글거리는 아프리카 해안에 도착했다면 어땠을까?

3) 관련 활동

① 한 주간의 나눔

한 주간에 있었던 일을 자유롭게 이야기할 수 있게 해주는 것은, 내담자에게 정서적 완화 및 스트레스 해소의 시간이 될 수 있다. 따라서 매 세션마다 첫 활동으로 5분 내외의 시간을 배분하여 진행한다. 이때 내담자의 이야기가 세션의 내용과 관계가 있다고 여겨지거나 꽤 중요하다고 판단된다면 시간에 얽매일 필요 없이 계속 이어가도 좋다. 이 활동을 통해 상담사는 내담자의 일상생활의 패턴을 확인하는 것은 물론이고, 스스로 정한 약속에 따라 생활이 이루어지고 있는지, 규칙적인 생활 습관을 갖고 있는지, 주된 감정 상태는 어떤 지 등을 확인할 수 있다.

② 생각 뒤집어보기 '결정 저울'

이 활동은 건강, 기분, 돈, 직장, 가족, 친구, 법 등 구체적인 목록을 가지고 약물을

---

150) 최환석 지음. 2018. 앞의 책. p. 154.

사용했을 때의 이득과 손해, 약물을 끊었을 때의 이득과 손해를 각각 따져보는 것으로, 약물에 대한 피해 인식을 높이고, 양가감정을 정리하는데 도움이 된다. 따라서 각 하위 영역별로 약물을 사용했을 때와 끊었을 때의 이득과 손해를 구체적으로 기록하도록 한다. 만약 적어야 할 양이 많다고 판단되면 목록의 개수를 줄이거나, 내담자에게 선택할 수 있도록 제안하는 것도 좋다.

이야기를 나눌 때에는 상담자가 너무 앞서가서 목록에 따른 손익을 먼저 이야기하지 않고, 내담자가 이야기하는 부분에 집중하며 따라가 주면 좋겠다. 내담자 스스로 생각하고 판단해서 결정할 때 효과가 클 것이라고 생각하며, 상담자가 제시한 경우 인정할 수 있겠으나 동기강화에서 자의적 선택과 결정이 아닐 수 있어 시간이 지나면서 동기가 약화될 우려가 있기 때문에, 모든 목록에 답하지 않더라도 조급하지 않았으면 한다. 아래에 제시한 〈표〉의 내용을 참고해서 작성할 수 있도록 유도해도 되고, 〈관련 활동 2-1〉에 제시한 결정 저울[151] 활동지를 활용해도 좋겠다.

〈표〉 약물 사용의 대차 대조표

나쁜 점	좋은 점
▷ 기분이 좋다.	▷ 건강에 해롭다.
▷ 자신감이 생긴다.	▷ 경제적으로 어렵다.
▷	▷ 법적인 문제가 생긴다.
▷	▷
▷	▷
▷	▷

151) Velasquez M. M. 저, 다사랑병원 알코올중독연구소 역. 2003. 『알코올 및 약물중독환자를 위한 집단 치료 : 변화의 단계 치료 매뉴얼』. 서울: 하나의학사. – 원본 표에 순위 칸을 추가하는 것으로 수정

결정 저울 : 약물을 계속 사용할 것인가?

◆ 변화하고 싶은 주요 영역 순위 매기기 　　　　　　　　　　　 - 권○○

구분	순위	이득 (약물을 사용했을 때)	손해 (약물을 사용했을 때)
건강	2	전혀 없다.	많다(혈액 순환이 안 되고, 헌혈하고 싶은 데 못한다)
기분	4	좋아진다(평소2, 약물1,000)	잠이 안 오고 한 가지에 꽂힌다. 피가 더러워진 기분이다.
돈	6	전혀 없다.	돈도 없는데 약값으로 많이 나간다.
직장	5	전과가 생겨 이득이 없다.	평생 취직 못할 것 같다.
가족	3	전혀 없다.	외면하신다.
친구	7	이득 없다. 비밀이라 친구들 모름.	친구 만날 시간이 없어진다.
법	1	전혀 없다.	평생 안 가본 경찰서를 갔다.
구분	순위	이득 (약물을 끊었을 때)	손해 (약물을 끊었을 때)
건강	4	건강해진다.	없다.
기분	3	내 자신이 대견하다.	없다.
돈	7	돈 나갈 일이 없다.	없다.
직장	6	글쎄요.	모르겠다.
가족	1	기뻐하시고 정말 좋아하실 거 같다.	없다.
친구	5	만날 시간이 많아진다.	술 먹을 거 같다.
법	2	잘 해결 되서 다시는 경찰서 안 간다.	없다.

결정 저울 : 약물을 계속 사용할 것인가?

◆ 변화하고 싶은 주요 영역 순위 매기기

구분	순위	이득 (약물을 사용했을 때)	손해 (약물을 사용했을 때)
건강			
기분			
돈			
직장			
가족			
친구			
법			
구분	순위	이득 (약물을 끊었을 때)	손해 (약물을 끊었을 때)
건강			
기분			
돈			
직장			
가족			
친구			
법			

3 세션 Session

1) 세부목표 : 가치 탐색

가치[152]는 좋음과 나쁨, 옳음과 그름, 아름다움과 추함 등에 대한 사람들의 신념과 감정의 체계를 말하며, 어떤 선택이나 행동이 바람직한지 그렇지 않은지에 대한 판단 기준을 제공한다. 예를 들어 사람들은 인간의 생명에 대해 일반적으로 높은 가치를 부여한다. 그래서 건물에 불이 나면, 건물이나 물건은 잃더라도 생명을 구하고자 구조 작업을 펼치는 것이 일반적이다. 이처럼 가치는 사회 구성원의 판단과 행동의 방향을 결정하는 데에도 영향을 준다. 따라서 내담자가 어떤 부분에 가치를 두고 있는지 탐색하는 것은 단약 동기 증진에 도움이 된다. 약물로 인해 자신의 가치를 잃어버리지는 않았는지, 어떤 부분에서 자신의 가치가 흔들리고 갈등을 일으키는지, 약물 사용 문제와 충돌하는지 등을 확인하고, 내담자의 인생에서 자신의 가치를 유지하기 위해서는 무엇을 할 수 있는지 생각하는 것을 목표로 하는 세션이다.

한 주간의 나눔을 하며 나의 가치와 충돌하는 현실적 문제는 없었는지 이야기 해보면서, 일상을 확인한다. 이어 선정 문학작품을 읽고 〈관련 활동 3-1〉에 제시한 활동으로 이어간다. 이후 가치관 목록에 따른 우선순위를 정하는데, 우선순위는 3-5가지 정도만 정한 뒤에 그 가치가 약물 사용 문제와 어떤 충돌을 일으키는지 찾아본다. 마지막으로 내담자가 가치 유지를 위해 할 수 있는 일은 무엇인지 탐색한 후 마무리 한다.

---

152) 다음백과 학습용어사전. 가치. https://100.daum.net/encyclopedia/view/24XXXXX66007

2) 문학작품

도서 : 삶의 의미 / 오스카 브로니피에 글, 자크 데프레 그림, 이주희 옮김 / 미래아이 / 2009

삶에 대해 사람들은 저마다 다른 생각을 한다. 의미 있는 삶이란 무엇일까? 누군가는 바랄 것이 없을 만큼 많은 것을 가졌을 때 삶의 의미가 있고, 누군가는 아무것도 가진 것 없이 자유롭게 사는 것이 의미 있는 삶이 된다고 믿는다. 또 다른 누군가에게는 모든 일을 즐기며 재미나게 사는 것이 의미 있는 삶일 수도, 해야 할 일을 성실하게 하는 것이 의미 있는 삶일 수도 있다. 이처럼 의미 있는 삶에 대한 생각은 저마다 다르다.

이번 세션을 위해 이 그림책을 선정한 이유는 다양한 물음을 통해 내가 생각하는 의미 있는 삶이 무엇인지 생각해 보는 기회를 주기 위해서이다. 마침 그림책에서는 장면마다 두 상황을 제시하고 있기 때문에, 어느 것이 더 낫거나 모자라지 않다는 인식을 바탕에 깔고 자유롭게 선택하고, 그 이유가 무엇인지까지 밝힐 수 있도록 해보자.

3) 관련 활동

① 한 주간의 나눔

근래에 최고로 생각하는 가치가 있었는지를 주제로 가볍게 이야기를 시작해 보자. 그러면서 일주일 동안 있었던 이야기를 바탕으로 내담자가 생각하는 가치, 의미 있는 삶은 무엇인지를 살펴본다. 더불어 한 주 동안의 수면 및 운동 시간 등 생활 패턴을 확인해 보자.

② 가치 탐색

인생을 살아가면서 중요하다고 생각하는 가치를 20개까지 정하게 해보자. 그 중 특히 첫 번째부터 다섯 번째까지의 순위에 그 가치를 포함시킨 이유를 들어보고, 그 가치가 약물을 하면서 어떻게 훼손이 되었는지에 대해 확인한다. 이어서 나의 중요 가치를 위해 고쳐야 할 행동이나 지속해야 할 행동은 무엇인지 찾아보고 실천할 수 있도록 계획을 세워본다. 이 활동은 내담자들이 변화 동기를 위해 우선적으로 찾아야 할 가치가 무엇인지에 대해 생각할 수 있는 기회를 줄 것이다.

의미 있는 삶이란?

나에게 의미 있는 삶은 어느 쪽인지 O표 해보세요.

어떤 사람은 마음 내키는 대로 하고 싶은 일을 해야 삶에 의미가 있다고 생각해.	어떤 사람은 규칙을 지키고 책임감 있게 행동해야 의미 있게 살 수 있다고 생각해.	
어떤 사람은 내일의 꿈을 이루기 위해 노력하는 삶이 의미 있다고 생각해.	어떤 사람은 현실을 있는 그대로 받아들이고 주어진 오늘을 사는 삶이 의미 있다고 생각하지.	
어떤 사람은 삶이란 피할 수 없는 힘든 일들을 받아들이고 헤쳐 나가는 과정이라고 생각해.	어떤 사람은 골치 아픈 일은 피하고 늘 즐겁게 살려고 노력해야 의미 있는 삶이라고 생각하지.	

가치 탐색

- 권○○

다음의 표에 제시되어 있는 것은 사람들이 추구하는 가치 가운데 스무 가지를 임의대로 정리한 것입니다. 그렇다면 내게 100만 원이 생겼다고 가정을 하고, 이 돈으로 먼저 사고 싶은 것들에 순위를 매기고, 자신이 얻고자 하는 것을 확인해 보세요. 5위까지 순위를 정하고 이 가치들이 약물문제와 충돌하는 이유는 무엇이며 가치를 지키기 위해 내가 할 일은 무엇인지 기록해 보세요.

순번	목록	순위	약물문제와의 충돌	가치를 위해 할 일
1	행복한 가족			
2	돈 걱정 없이 사는 것	1	돈 걱정 생김	일을 한다
3	건강한 삶	3	몸이 아프다	약을 하지 않는다
4	환경에 휘둘리지 않는 평온함			
5	홀로 설 수 있는 독립심			
6	잘생긴 외모			
7	우수한 두뇌			
8	자존감			
9	정의롭게 나설 수 있는 용기			
10	맡은 바 일을 잘 해내는 책임감			
11	감정과 행동에 따른 자기조절			
12	원하는 일을 해내는 성취감			
13	남들에게 인정과 칭찬을 받는 것			
14	정직하게 사는 것			
15	사람들을 이끌 수 있는 리더십			
16	사람들에 대한 이해심			
17	영적인 성숙	2	이상한 게 보인다	기도, NA 참석
18	속임수가 없는 정의로운 세상			
19	개미와 같은 부지런함			
20	주변의 간섭이 없는 자유로움			

- 목록이 많아 하기 싫다며 3위 까지만 하겠다고 했음. 2위의 경우 영적인 성숙을 위해 NA(Narcotic Anonymous)에 참석하는 것이 도움이 되었는데, 특히 같은 경험을 했던 사람들의 이야기를 듣는 것이 좋았다고 했음.

가치 탐색

다음의 표에 제시되어 있는 것은 사람들이 추구하는 가치 가운데 스무 가지를 임의대로 정리한 것입니다. 그렇다면 내게 100만 원이 생겼다고 가정을 하고, 이 돈으로 먼저 사고 싶은 것들에 순위를 매기고, 자신이 얻고자 하는 것을 확인해 보세요. 5위까지 순위를 정하고 이 가치들이 약물문제와 충돌하는 이유는 무엇이며 가치를 지키기 위해 내가 할 일은 무엇인지 기록해 보세요.

순번	목록	순위	약물문제와의 충돌	가치를 위해 할 일
1	행복한 가족			
2	돈 걱정 없이 사는 것			
3	건강한 삶			
4	환경에 휘둘리지 않는 평온함			
5	홀로 설 수 있는 독립심			
6	잘생긴 외모			
7	우수한 두뇌			
8	자존감			
9	정의롭게 나설 수 있는 용기			
10	맡은 바 일을 잘 해내는 책임감			
11	감정과 행동에 따른 자기조절			
12	원하는 일을 해내는 성취감			
13	남들에게 인정과 칭찬을 받는 것			
14	정직하게 사는 것			
15	사람들을 이끌 수 있는 리더십			
16	사람들에 대한 이해심			
17	영적인 성숙			
18	속임수가 없는 정의로운 세상			
19	개미와 같은 부지런함			
20	주변의 간섭이 없는 자유로움			

4 세션 Session

1) 세부목표 : 약물의 영향 알기

이번 세션에서는 세 번째 세션에 이어 보다 구체적으로 약물의 영향에 대해 이해를 시키는 것이 목표이다. '약물을 하지 않은 사람은 있어도 한 번만 한 사람은 없다'는 말이 있을 정도로, 약물의 유혹은 피하기 어렵다. 따라서 내담자들이 막연하게 알고 있을 약물의 폐해를 책을 통해 구체적으로 설명해 주며 이해를 구할 필요가 있다. 이때 이미 알고 있는 내담자와 연관된 약물의 특성과 영향에 대해 준비를 하는 것이 좋은데, 만약 내담자의 자기 인식이 분명하다면 자신의 이야기를 가지고 다가가도 좋고, 책 속의 사례를 통해 거부감을 줄여 다가가는 것도 좋겠다. 한 주간의 나눔 후 도서 나눔을 하고, 약물의 영향을 인지했는지 확인하는 것도 필요하다. 세부목표를 확인했다면 약물 중독에서 살아남기 위한 나만의 방법이 있는지 확인하고, 실천사항 한 가지를 정해 보는 것도 도움이 될 것이다.

2) 문학작품
도서 : 드럭 어딕션 / 남경애 지음 / 한국경제신문i / 2018

마약 투약 사건이 더욱 빈번해지면서, 우리나라도 더 이상 마약 청정국이 아니다. 그런데 생활 속에서 사용되는 '마약 떡볶이, 마약 방석' 등의 단어가 '무섭고 해서는 안 되는 금기'의 의미를 퇴색시키고 있다. 작가는 이런 문제점을 제시하며 약물 이야기를 쉽게 풀어준다. 이제는 그 누구도 피하기 어려운 문제가 되어 버린 마약이 주는 폐해로부터 다양한 약물의 특성, 이어서 고급편에서는 청소년들이 손대기 쉬운 마약인 본드, 신나, 부탄가스부터 대마, 코카인 등에 대한 구체적 사례를 보여준다. 또한 교육편에서는 약물 중독의 유혹에서 살아남기를 소개하고, 실전편에서는 약물 중독 유형별 진단과 대처법, 치료 재활, 약물의 유혹을 물리치는 스트레스 관리법 등에 관한 제언을 해준다. 다음은 책의 내용 중 일부이다.

30대 중반의 나이에 초기 치매를 진단 받은 한 환자의 경우도 젊은 날의 본드 사용이 원인이었습니다. [중략] 본드를 하면 머리가 몽롱해지면서 공부 스트레스에서 벗어나 해방감을 느낄 수 있었답니다. 그리고 그때는 머리만 약간 몽롱한 정도였지 몸에 크게 무리가 온 적도 없었습니다. [중략] 그때는 몰랐던 독성이 세월이 지나면서 뇌세포와 신경세포를 점점 파괴해 돌이키기 힘든 결과를 가져온 사례였습니다(p. 163).

우리 주변 곳곳에 도사리는 중독성 물질과 마약의 부작용을 경고하는 이 책은, 제법 두께가 있어서 다 읽는 것이 쉽지 않을 수 있다. 때문에 내담자가 사용한 약물과 관련된 부분 및 약물의 영향에 대한 필요 부분을 발췌해 미리 읽어 오게 하거나, 해당 시간에 함께 읽을 수 있는 분량을 읽고 이야기를 진행하는 것도 좋겠다.

3) 관련 활동

① 한 주간의 나눔

한 주간의 생활 패턴을 나누고 주로 느꼈던 감정에 대한 이야기를 나누는 등 가벼운 나눔을 한다. 지난주에 미리 책을 읽어올 것을 권했다면, 그 부분에 대해 확인하면서 발문을 나누는 것도 좋다. 만약 읽어 오지 않았다면 미리 발췌 해놓은 부분을 같이 읽도록 한다.

② 약물 중독 위험에서 살아남기

이 활동 역시 책을 활용하는 것으로, 약물에 대한 상식 20가지를 묻고 답하는 형태로 나누고 필요 시 해석을 해준다. 특히 내담자가 사용한 약물의 특성과 폐해에 대해 설명을 해주며, 내담자의 약물 중독 위험에 대한 인지 정도를 확인하면 좋겠다. 이어서 책에 소개된 방법 이외에 내담자가 사용하는 방법이 있는지 확인한 뒤 적절성 여부에 대해서도 이야기를 나눈다. 약물 중독에 빠져 있는 환자들 대부분은 자신이 충분히 약물을 조절할 수 있다고 생각하거나, 아직 중독은 아니라는 생각을 하는 경우가 많다. 따라서 이번 세션에서는 교육상담 형태로의 접근을 시도해 본다.

기본 중독성 약물 상식 테스트[153]

◆ 빈 칸에 O, X로 체크해보세요.

1	약물을 의사 처방이나 약사 지시에 따르지 않고, 잘못된 용법이나 용량으로 사용하는 것을 중독이라고 한다.	
2	세균을 없애는 약을 '항바이러스제'라고 하며 반드시 용법 용량에 맞게 복용해야 한다.	
3	약물을 사용했을 때 효과가 점차 감소하거나 같은 효과를 얻기 위해 점차 약물의 사용량을 증가시켜야 하는 것을 내성이라고 한다.	
4	담배가 우리나라에 전파된 시기는 조선시대다.	
5	청소년이 부모 심부름으로 편의점에서 술을 살 수 있다.	
6	학교에서 콧물이 나면 친구가 먹던 감기 처방 약을 먹어도 큰 문제가 없다.	
7	의학적, 사회적 통념에 맞지 않게 약물을 지속적으로 과량 사용하는 것을 남용이라고 한다.	
8	담배에 있는 중독물질은 니코틴이다.	
9	담배에 들어 있는 중독물질은 마약류인 대마 속 성분보다 일반적으로 중독성이 적다.	
10	부작용을 겪은 적 있는 약물이라도 그다음 번에 복용하면 별 문제가 안 될 수 있다.	
11	몸무게가 평균보다 10kg 정도 많이 나가는 사람이라도 정해진 용량만큼 먹어야 한다.	
12	가족들끼리는 상비약 리스트를 공유하는 게 좋다.	
13	알약이 커서 잘 넘어가지 않으면 자르거나 갈아서 먹어도 약 효과는 같다.	
14	술을 먹고 나서 머리가 아프다고 진통제를 먹으면 간에 무리가 갈 수 있다.	
15	비타 스틱이나 전자담배는 청소년에게 판매가 금지된 제품이다.	
16	필로폰, 메스암페타민으로 불리는 마약은 일제강점기 때 최초로 사용됐다.	
17	화장품 제조에 카페인을 사용하는 것은 금지됐다.	
18	젊고 건강한 사람이라도 카페인을 과다 복용하면 심장에 무리를 줘 사망에 이를 수 있다.	
19	믹스커피 한 봉 속의 카페인 양은 피로회복제 박카스 속 카페인보다 적다.	
20	술을 많이 먹는 것과 치매에 걸릴 확률은 전혀 상관이 없다.	

---

153) 남경애 지음. 2018. 앞의 책. pp. 75-78.

◆ 정답

1	2	3	4	5	6	7	8	9	10	11	12	13	14	15	16	17	18	19	20
X	X	O	O	X	X	O	O	X	X	O	O	X	O	O	O	X	O	X	X

- 정답 10개 미만은 기본 상식 부족
- 정답 11-17개는 기본 상식은 있음. 취약 부분 확인과 보충 필요
- 정답 18개 이상은 기본 상식 풍부

| 마약류 사용의 폐해 | [154]

1. **개인의 신체, 정신적 문제** : 중추신경계에 작용해 뇌 기능에 변화를 일으켜 피로감을 느끼지 못하게 되고, 쾌감과 흥분, 일시적인 정서적 안정을 느낄 수 있다. 장기간 사용 시 호흡 곤란, 두통, 근육 경련, 어지러움, 수면 장애, 구토, 발열 등 부작용 발생하고, 도파민의 증가로 환각, 뇌손상, 우울 및 불안 장애, 수면 장애, 정신분열 등의 영향이 있으며, 내성, 금단, 갈망을 경험한다.

2. **가족 문제** : 가까운 가족도 의심의 대상이 되고, 자기 방어적인 태도를 보이며 거짓말을 빈번하게 사용한다. 마약류에 대한 집착이 강해지면 가정, 학교, 직장, 생업을 외면해 경제적인 문제, 부부 갈등, 아동 학대 및 폭력 문제 등 심각한 가족 문제로 이어진다.

3 **사회적 문제** : 마약류 제조, 매매, 소지, 투약 등 불법 행위로 법적인 처벌의 대상이다. 마약류 사용은 이성의 마비에 따라 공격성이 높아지고, 구입에 필요한 비용을 마련하기 위해 절도, 강도 등의 문제로 이어지며, 사용 후 운전이나 기계조작 등에 따른 위험 상황이 발생한다. 장기간 사용으로 인해 자살, 살인 등의 문제까지 생기고 있고, 치료 및 격리 등 사회적 비용 발생의 문제도 있다.

---

154) 길은혜. 2021. 앞의 논문. pp.13-14.

5 세 션 Session

1) 세부목표 : 사례를 통한 재범 방지

2021년 4월 5일자 법률신문 기사[155]에 의하면, 2019년도 마약류 사범 중 전과자 비율은 35.6%로 다른 범죄에 비해 높은 재범률을 보이고 있다. 특히 2020년 12월 「마약류 관리에 관한 법률」이 개정됨에 따라 유죄 판결을 받은 마약류 사범에 대해 수강 명령 또는 재활교육프로그램 이수 명령이 의무적으로 부과되기 시작해 효과적인 재범방지 교육이 필요한 상황이다. 마약 투약자는 범법자인 동시에 마약중독 환자라는 양면성이 있으므로 형사처벌 외에 중독문제 해결을 위한 교육과 치료의 병행이 재범 방지에 필수라는 것이다.

이번 세션에는 선정된 문학작품에 포함되어 있는 다양한 사례를 읽고 중독의 무서움을 인식하게 해 내담자가 재범자가 되지 않도록 하는데 목표가 있다. 마침 사례들이 현장에서 약물 중독자를 만났던 실제 경험을 바탕으로 제시된 것들이기 때문에, 그 자체만으로도 중독의 무서움을 간접 경험하고 재범에 대한 경각심을 가질 수 있을 것이다.

---

155) 법률신문. https://www.lawtimes.co.kr 박솔잎 기자 soliping@lawtimes.co.kr 2021.04.05

2) 문학작품

도서 : 따라꾸미 / 이재규 글 / 맑은샘 / 2018

필로폰 중독 사례자들의 생생한 이야기가 담긴 이 책의 제목 '따라꾸미'는 마약중독자들이 겪는 증상으로서 환각, 환청을 말하는 그들만의 은어이다. 중독자들은 필로폰 투약 후 환상을 보고 환청을 듣는다. 예를 들면 의처증, 황금박쥐 출현, 헬리콥터가 날아다니는 것 같은 따라꾸미를 겪는 것이다. 그런 현상들은 그들에게 현실이며 생생한 삶이다. 그래서 이 따라꾸미를 그만 겪고 싶은 중독자들은 마약을 끊고 싶어 한다.

마약을 남용하는 것은 정신병을 유발시켜 아슬아슬하게 즐기는 것이라 할 수 있다. 저자는 인간이 마약 앞에서 한없이 무기력해지며, 그 뒤에는 죽음만이 존재할 뿐이라고 말한다. 그러나 마약이 위험하다는 것은 누구나 알고 있는 것 같지만, 책을 읽다 보면 우리가 마약에 대해 정말 모르고 있었음을 깨달을 수 있다. 또한 중독자들을 몸소 대면하면서 마약의 실체를 깨달아가는 과정이 드러나 있어, 내담자는 물론 상담자도 쉽게 이해할 수 있다. 호기심으로 시작된 마약이 인간의 삶을 얼마나 피폐하게 만드는지 여실히 확인할 수 있기 때문에, 중독자들의 재범 방지 및 재활에 도움이 될 것이다.

만약 내담자가 책을 읽어오지 않아서 발췌 독서를 해야 하는 상황이라면 다음의 장면들이 도움 될 수 있겠다.

| 따라꾸미 사례 1 |

그는 유복한 집의 외동이었다. [중략] 친구들과 함께 호기심에 마약을 처음 접하기 전까진 말이다. [중략] 한두 번은 교도소 옥바라지를 해주며 다시 남편이 돌아오길 기다린 아내였다. [중략] 이제는 대놓고 남편을 경찰에게 밀고하는 사람이 되었다. 그의 따라꾸미는 아내의 외도와 국가기관의 감시망이었다(p. 124~).

| 따라꾸미 사례 2 |

그는 차를 포기하고 도망쳤다. [중략] 경찰에게 평생 쫓겨 다니다 내 손으로 직접 전화를 하다니…. "여기 황금박쥐가 나타나 시민들을 물어뜯고 있어예. 빨리 와 주이소!" [중략] 자신이 생각해도 어처구니가 없었다. 황금박쥐라니(p. 144~).

| 귀신에 홀린 사람들 |

사람들은 마약이 무엇인지 잘 모르고 있다. [중략] 따라꾸미 증상이 온다고 해서 그 사람들의 말투나 행동이 우리의 모습과 크게 다르지 않다. 똑같다. 약물에 중독된 모습이나 평범하게 살아가는 우리의 모습이나 크게 다르지 않다. 중독자들도 처음엔 그랬다. 이겨낼 수 있을 거라고 생각했다. [중략] 결과를 감당해야 하는 시기에 가서야 깨달았다. 난 마약을 끊을 수 없다고. 먹는 것은 순간이지만 고통을 감당해야 하는 시간은 당신의 상상을 초월할 정도로 길다는 것, 우리는 마약 앞에 무기력하다(p. 225~).

| 그들만의 느낌 |

마약은 스스로 걸어서 중독자에게 가는 것이 아니다. 반드시 사람을 통하여 상대방에게 전달된다. 내가 아무리 끊고 있어도 생각지도 못하게 누군가 나타나 마약을 내밀면 대부분의 중독자들은 다시 넘어가게 돼 있다. 이상한 흐름이다. 흐름에서 벗어날 방법은 없다. 대신 새로운 흐름 속으로 들어가야 한다(p. 259~).

3) 관련 활동

① 한 주간의 나눔
규칙적인 생활 패턴을 잘 유지하고 있는지 확인한다. 만약 규칙적으로 생활하지 못했다면 어떤 이유였는지 들어보고, 의사의 도움이 필요하다면 통원 치료 및 약물 처방을 권할 수도 있다. 이번 나눔에서는 약물에 대한 갈망이 일어나는 경우는 어떤 상황인지, 단약 의지가 생기는 때는 또 어떤 때인지 나누면 좋겠다.

② 중독의 무서움 인식하기

중독의 무서움 중 하나는 재발이다. 재발은 질병에서 완벽한 회복이나 부분적 회복 이후에 다시 질병 상태로 되돌아오는 것을 말하는데, 약물 중독자들의 90% 이상이 12개월 이내에 재발하고, 5-60%는 치료 후 3-4개월 이내에 재발하는 것으로 보고되고 있다.[156] 내담자가 고위험군은 아니라고 해도 중독과 재발에 있어 자유롭지 않기 때문에 재범방지를 위해서 사례의 심각성을 나누는 것은 필요하다. 책 속의 일곱 가지 사례 중 한두 가지를 직접 읽고 나누며 중독의 무서움을 간접 체험하는 효과를 기대해 보자.

③ 소감문 작성하기

사례를 바탕으로 한 간접 체험 후 이야기를 나누었다면, 그 소감을 글로 남길 수 있도록 한다. 두서가 없어서 잘 쓴 글이 아니더라도, 지금 여기에서의 생각과 느낌을 정리하도록 하는 것은 이후에 다시 읽고 기억할 수 있는 효과와 자신의 생각을 스스로 정리하며 다짐하는 효과를 기대할 수 있을 것이다.

---

156) 김주은. 2018. 『마약중독에서의 재발방지』. 한국마약퇴치운동본부 카다 전문가 양성과정. p. 4.

따라꾸미 사례 나누기

- 이옥분의 사례(pp. 163-176) -

요약 : 강기동은 귀한 아들이었다. 대대로 손이 귀한 집안에 딸 하나를 낳은 후 어렵게 얻은 아들이었다. 기동은 대학을 졸업한 후 직장을 따라 서울로 올라갔고 전공 잘 살려서 괜찮은 직장을 얻었다. 서울에서 어여쁜 처자를 며느리 감이라고 데려 와 더 이상 부러울 것도 없다고 생각하며 지냈는데, 문제가 시작된 것은 어느 날 밤, 더 이상 혼자 남편을 감당할 수 없다는 며느리의 전화 한 통에서였다. 옥분은 기동의 아버지와 함께 서울로 갔고, 그곳에서 난장판인 집안을 확인할 수 있었다. 직장을 그만둔 지 오래로 생활비도 안주고, 의처증이 심해져 손찌검까지 한다는 것이다. 아들에게 자초지종을 들으려했으나 깜깜한 방에서 말도 없이 창문 밖만 바라보는 아들이 섬뜩하기만 하다. 새벽 시간에 창밖에서 자신을 보고 다 듣고 있다며 귀신에 씐 것 같은 행동을 하는 아들이 갑자기 며느리의 머리채를 잡고 욕을 하는 모습을 보게 되었다. 남편이 참다못해 기동을 때렸고, 집을 나간 기동의 모습에 다들 멍해졌다. 마약을 하는 것 같다는 며느리의 말에 마약에 대해 몰랐던 옥분은 술을 과하게 먹는 증상 정도로 생각했다. 결국 며느리는 친정으로 갔고, 이혼을 요구해 큰 위자료를 주고서 헤어졌다. 대구로 아들을 데리고 온 옥분은 가게도 접고 아들의 안정을 위해 노력했다. 며칠 사이 기동은 집을 나가 1년여를 집에 오지 않았다. 이후 대구검찰청에서 낡아빠진 추리닝에 신발도 못 신고 잡혀 온 아들을 대구검찰청에서 볼 수 있었다. 눈물을 참고 교도소에서 출소하면 마음을 잡을 수 있게 도와줄 생각을 했다. 기동은 2년 징역 선고를 받았고, 옥분은 하루도 빠지지 않고 면회를 갔다. 출소 후 기동은 한 달도 못되어 다시 교도소로 갔다. 억장이 무너졌다. 피를 말리는 전쟁이 시작 됐다. 1년 후 출소한 아들을 데리고 시골로 이사를 하고 마약을 끊어 내겠다는 다짐을 했지만 일주일도 안돼서 구한 아들. 절에서 기도도 하고, 부적도,

굿도, 정신병원도 다녔지만 소용이 없었다. 따라꾸미가 최고조 상태가 된 아들은 누가 저를 죽이려고 독가스를 넣고 있다든가 잠을 자지 않고 흥분상태로 밥도 먹지 않는 아들의 모습. 남편은 외면하고 딸은 정신병원에 넣으라고만 한다. 옥분은 천금 같은 아들이 포기가 안 되어 고민했고, 결국 방법이 없다고 생각하고 가스를 피워 함께 죽으려한다. 창문 틈마다 테이프로 막고, 번개탄을 피우려고 할 때, 아들이 잠깐 깨어, 자신도 이러는 게 너무 싫다며 미안하다는 말을 하는 것을 보고는 대구의 모든 의사들에게 전화를 해 도움을 요청했고, 한국마약퇴치운동본부가 있다는 걸 알게 되었다. 이후 저자를 만나게 되었다.

- 부모님에 대해 미안한 마음을 가진 내담자에게는 부모가 단약동기의 자원이 될 수 있다. 다양한 사례 가운데 부모의 시선을 통해 진행되는 사례를 읽고 상호작용 후 소감문을 작성하게 하면 좋겠다.

소감문 쓰기

- 안○○

이옥분이라는 이름을 보고 어머니의 이야기일 것 같다는 생각을 했습니다. 강기동이 저 같았고, 자랑스러운 아들, 남편에서 사람이 어떻게 망가져 가는지 짧은 글이었지만 어머니의 입장으로 보니 더 와 닿았습니다. 아버지와 다른 가족들 조차 포기한 강기동에게 희망이 없어보였는데 그것마저 감싸 안는 이옥분을 보면서 어머니에게 미안한 생각이 들었고, 마약이라는 게 사람을 어떻게 망가뜨리는지 저도 조금은 느껴봤기에 생각이 많아지는 글이었습니다.

6 **세션**Session

1) 세부목표 : 감정 이해하기

심리학자 아들러는 모든 인간의 행동과 감정에는 저마다의 고유한 목적이 있다고 보았다. 인간은 스스로 정한 목적을 달성하기 위해 이성과 감정, 신체 등의 모든 수단을 동원한다. 즉, 겉으로는 나의 이성과 감정이 모순되는 것 같아도, 사실은 하나의 목적을 향해 함께 달려가는 중이며 감정은 내가 선택할 수 있는 것으로 내 감정의 주인은 나라고 한다.[157] 그런데 분명 내 감정의 주인인 내가 나로 사는 것이 쉽지 않다. 여러 이유가 있겠으나 감정을 제대로 이해하지 못하기 때문일 것이다.

감정은 자연스러운 본성이고 있는 그대로 받아들이고 이해하고 조절해야하는 대상이다. 감정의 문제는 약물사용의 동기이자 결과이고 다시 동기로 이어지는 악순환의 고리를 형성하고 있다.[158] 따라서 내담자가 자신의 감정을 이해하는 것은 재발방지의 중요한 요인이 된다. 이에 이번 세션의 목표는 문학작품을 통해 다양한 감정을 발견하면서, 감정의 속성과 감정을 이루는 다섯 가지의 사고 기술, 나아가 감정 훈련의 중요성을 깨달을 수 있도록 돕는 것이다.

157) 게리 D. 맥케이 , 돈 딩크마이어. 2017. 『아들러의 감정수업』. 서울:시목. pp. 26-32.

158) 전수미, 2021. 『마약류 사용자 재범방지 법정의무교육 강의자료집』. 한국마약퇴치운동본부. p. 297

2) 문학작품
도서 : 감정의 발견 / 마크 브래킷 지음, 임지연 옮김 / 북라이프 / 2020

이 책에서는 감정을 무시하거나 억누르면 오히려 더 강해지는 속성을 갖고 있기 때문에, 무시하거나 억눌러서도 안 되는 것이라고 말한다. 대신 정보로서 감정에 접근하며 감정을 만들어 내는 능력과 감정에 대한 지식을 이해하는 능력, 정서적이고 지적인 성장을 촉진하는 감정을 조절하는 능력인 '감정 지능'을 높여, 내 감정의 노예가 아닌 주인으로 살 수 있도록 안내한다.

저자는 감정 지능을 구성하는 요소를 'RULER', 즉 '감정 인식하기(Recognizing)', '감정 이해하기(Understanding)', '감정에 이름 붙이기(Labeling)', '감정 표현하기 (Expressing)', '감정 조절하기(Regulating)'라는 단계로 소개한다. 이 가운데 앞의 세 단계는 감정을 인지하는데 활용하는 '사고 기술', 뒤의 두 단계는 실생활에서 우리의 감정을 드러내고 다스리는데 활용하는 '행동 기술'이라고 했다. 더불어 '사고 기술'을 좀 더 잘 배우고 쓰기 위한 보조 도구로 무드 미터(Mood Meter)를 활용하라고 제안하기도 했으며, 감정 조절하기가 어렵기 때문에 마음 챙김 호흡, 전망하기, 주의 돌리기, 인지 재구조화, 메타 모먼트(Meta-Moment) 등 구체적인 전략을 끊임없이 연습하고 시도하라고 권하고 있다.

감정 문제로 끊임없이 크고 작은 어려움을 겪는 사람들은 그 밑바닥에 무엇이 깔려 있는지 끈질기게 살펴볼 필요가 있다. 그 과정에서 의미를 찾을 수 있고, 나아가 악순환의 고리를 끊을 수 있다면 현명하게 감정 문제에 대처하며 살아가는데 도움이 될 것이다.

3) 관련 활동

① 한 주간의 나눔

지난 일주일 동안 주로 느낀 감정이 무엇인지 물어 보고, 감정을 인식하고 표현하는 것은 어땠는지 확인해 보자. 특히 감정 단어를 단순하게 기쁨, 슬픔, 우울 등으로 막연하게 표현하는지, 구체적인 상황과 감정을 다양한 감정 언어로 표현하는지, 감정을 감추려는 욕구와 표현하려는 욕구 중 어느 쪽이 더 큰가에 관해서도 관찰하면 좋겠다.

② 나의 다양한 감정 인식하기

살아가면서 느끼는 감정에 대해 물어보면, 대부분의 사람들은 화가 난다, 슬프다, 우울하다, 좋다, 즐겁다, 행복하다 등으로 단순하게 표현한다. 이런 현상이 발생하는 것은 본인의 감정을 정확하게 모르기 때문이거나, 적확한 단어를 몰라서일 수도 있고, 표현이 익숙하지 않기 때문일 수도 있다. 그런데 자신의 감정을 잘 아는 것과 적정하게 표현하는 것은 매우 중요하기 때문에, 그럴 때 무드 미터(Mood Meter)를 활용 한다면 자신의 상황에 따라 느끼게 되는 다양한 감정을 인식하는데 도움이 될 것이다.

무드 미터는 감정을 인식하고 측정할 수 있도록 돕기 위해 만들어진 도구로 가로축은 '쾌적함(Pleasant)'의 정도를, 세로축은 '활력(Energy)'의 정도를 나타낸다. 쾌적함이 낮고 활력도 낮아서 매사에 무관심하거나 슬프거나 우울한 상태이면 '파란색', 쾌적함은 낮지만 활력은 높고 초조하거나 짜증이 나거나 화가 나는 상태라면 '빨간색', 쾌적함은 높지만 활력은 낮은 평온하고 차분한 상태라면 '초록색', 쾌적함도 높고 활력도 높아서 기쁘고 행복하며 신나는 날이면 '노란색'으로 감정을 표현할 수 있다. 이어서 각 색깔을 다시 5단계씩 나누고 각 칸마다 감정 단어를 명시하고 있기 때문에 감정의 정도를 바로 확인할 수 있다. 물론 감정의 인식부터 어려움이 많았던 사람이라면 처음부터 명확한 감정 단어를 구분해 내지 못할 것이다. 그럼에도 나의 감정이 어느 색깔 구간에 있는지 확인을 하는 것에서 시작해, 점차 확실히 구분할 수 있는 단계로 나아가면 되겠다. 내담자에게는 그날그날 무드 미터의 색깔을 달력에 표시하며 감정의 흐름을 기록하면서, 어떤 상황에서 어떤 감정을 느꼈는지 확인해 보는 과제를 내도 좋겠다. 만약 과제가 주어진다면 다음 세션의 한 주간 나눔 시간에 그 이야기를 나누면 된다.

MOOD METER 무드 미터

출처 : <감정이 발견> 저자 마크 브래킷, 출판 북라이프

	Low Pleasantness ←					→ High Pleasantness			
격분한 Enraged	공황에 빠진 Panicked	스트레스 받는 Stressed	초조한 Jittery	충격받은 Shocked	놀란 Surprised	긍정적인 Upbeat	흥겨운 Festive	아주 신나는 Exhilarated	황홀한 Ecstatic
극노한 Livid	몹시 화가 난 Furious	좌절한 Frustrated	신경이 날카로운 Tense	망연자실한 Stunned	들뜬 Hyper	쾌활한 Cheerful	동기 부여된 Motivated	영감을 받은 Inspired	의기양양한 Elated
화가 치밀어 오른 Fuming	겁먹은 Frightened	화난 Angry	초조한 Nervous	안절부절못하는 Restless	기운이 넘치는 Energized	활발한 Lively	흥분한 Excited	낙관적인 Optimistic	열광하는 Enthusiastic
불안한 Anxious	우려하는 Apprehensive	근심하는 Worried	짜증나는 Irritated	거슬리는 Annoyed	만족스러운 Pleased	집중하는 Focused	행복한 Happy	자랑스러운 Proud	짜릿한 Thrilled
불쾌한 Repulsed	골치 아픈 Troubled	염려하는 Concerned	마음이 불편한 Uneasy	언짢은 Peeved	유쾌한 Pleasant	기쁜 Joyful	희망찬 Hopeful	재미있는 Playful	더없이 행복한 Blissful
역겨운 Disgusted	침울한 Glum	실망스러운 Disappointed	의욕 없는 Down	냉담한 Apathetic	속 편한 At Ease	태평한 Easygoing	자족하는 Content	다정한 Loving	충만한 Fulfilled
비관적인 Pessimistic	시무룩한 Morose	낙담한 Discouraged	슬픈 Sad	지루한 Bored	밝은 Calm	안전한 Secure	만족스러운 Satisfied	감사하는 Grateful	감동적인 Touched
소외된 Alienated	비참한 Miserable	쓸쓸한 Lonely	기죽은 Disheartened	피곤한 Tired	여유로운 Relaxed	차분한 Chill	편안한 Restful	축복받은 Blessed	안정적인 Balanced
의기소침한 Despondent	우울한 Depressed	둔한 Sullen	기진맥진한 Exhausted	지친 Fatigued	한가로운 Mellow	생각에 잠긴 Thoughtful	평화로운 Peaceful	편한 Comfortable	근심 걱정 없는 Carefree
절망한 Despairing	가망 없는 Hopeless	고독한 Desolate	소모된 Spent	진이 빠진 Drained	나른한 Sleepy	흐뭇한 Complacent	고요한 Tranquil	안락한 Cozy	안온한 Serene

← 높은 에너지 High Energy → ← 낮은 에너지 Low Energy →

← 쾌적함 낮음 Low Pleasantness → 쾌적함 높음 High Pleasantness →

* 무드 미터를 활용해 현재 나의 감정을 확인해 보자.

1. 나는 평소에 어떤 감정을 주로 느끼나요?

2. 1번에 적은 감정들이 무드 미터의 어디쯤에 있는지 찾아보세요.

3. 주로 느끼는 감정이 어떤 상황에서 발생하나요?

4. 그 감정을 해결하는 나만의 방법이 있나요?

7 세션 Session

1) 세부목표 : 감정 해결하기

『하버드 감정 수업』[159]이라는 책의 내용에 따르면, 감정이 균형을 이룰 때 에너지가 샘솟는다고 한다. 감정이 생각을 만들고, 생각이 행동을 결정하기에 감정이 균형을 잃으면 매사에 부정적일 수 있다는 것이다. 때문에 지난 시간 무드 미터를 한 주간 활용하면서 현재의 내 감정이나 상태를 인식했다면, 이번 세션에서는 인식한 감정을 각자의 방식으로 잘 해결할 수 있도록 돕는 것이 목표다.

이번 세션의 시작도 한 주간의 나눔부터이다. 이때 '화'라는 감정뿐만 아니라 본인이 부정적이라고 느끼는 감정들이 있으면, 그것이 무엇이고, 그것에 대해 어떻게 대비하고 해결해 나갈 수 있을지 이야기를 나누어 보자.

2) 문학작품
도서 : 화가 호로록 풀리는 책 / 신혜영 글, 김진화 그림 / 위즈덤하우스 / 2021

모든 측면에서 이미 어른이 된 사람이라 하더라도, 감정에 있어서는 여전히 모르는 것들이 많기 때문에 어린 아이와 같다고 할 수 있다. 이 책은 소리 지르기, 발 구르기,

---

159) 쉬센장. 2019. 『하버드 감정 수업』. 서울: 와이즈맵. pp.14-29.

울기, 애착물이나 사람을 안기, 수 세기, 음악듣기 등을 통해 '화'라는 감정을 어떻게 풀어야 하는가에 대한 방법을 다양하게 제시해 준다.

화를 잘 푸는 것도 재능이다. 만약 어떤 감정을 나쁜 것이라고 여겨 무조건 참아야 한다고 생각을 한다면, 원만한 사회생활을 할 수 없을 테고, 정신 문제도 해결할 수 없을 것이다. 따라서 다양하면서도 효과적인 화 풀기 방법을 많이 아는 것은, 자신의 감정을 잘 다룰 수 있는 풍부한 자원을 갖추는 것이다. 이 책은 나만의 방법으로 특정 감정들을 호로록 풀 수 있도록 안내해 준다.

3) 관련 활동

① 한 주간의 나눔

무드 미터를 활용한 감정 기록을 잘 하고 있는지 확인해 보자. 특히 기록한 감정에 대해, 그 감정을 어떤 상황에서 느꼈는지, 그래서 어땠으며 어떤 행동을 취했는지, 나아가 어떻게 조절 혹은 해결을 했는지에 대해 확인해 보자.

② 감정 해결 방법 알기

감정 조절하기는 개인적, 직업적 목표를 달성하기 위해 감정 반응을 관찰하고 통제하여 바람직한 방식으로 수정하는 것이다. 불편한 감정을 무시하라는 뜻이 아니라 감정을 받아들이고 다루는 법을 배워야 한다는 뜻이며, 표현하기와 더불어 조절하기는 우리가 원하는 궁극적인 목표를 달성하기 위해 어떻게 관리해야 하는지를 알려 준다. 조절하기를 위한 첫 번째 방법으로는 '마음 챙김 호흡'으로 몸과 마음을 차분히 진정시키며 주변에서 일어나는 일에 압도되지 않고 현재 순간을 충실히 살아갈 수 있도록 돕는 것이 있다. 이어서 두 번째는 '전망하기 전략'으로 원하지 않는 감정을 유발할 요인을 미리 예상하여 이를 피하거나 물리적 환경을 바꾸는 것이다. 세 번째는 '주의 돌리기 전략'으로 감정을 유발하는 원인으로부터 주의를 돌려 그 영향을 완화하는 것으로 스트레스를 주는 원인을 피하는 것이다. 네 번째는 '사건을 재구조화'하는 방법으로 감정을 유발한 원인을 분석하고 새로운 시각으로 바라는 것이다. 마지막으로 메타 모먼트는 감정적 상황에 반응하는 대신 최선의 행동을 하게끔 도와주는 것이다. 다만, 감정을 자유롭게 표현하도록 허용하면서 동시에 실패해도 괜찮다는 여지를 줄 수 있어야함을 알아야 한다. 다른 사람에게 하듯 자신을 용서하는 용기를 가지고 실패한 뒤에는 다시 시도하면 된다.[160)

이 밖에도 선정한 문학작품에 소개된 소리 지르기, 발 구르기, 울기, 애착물이나 사람을 안기, 수 세기, 음악듣기 등의 방법도 있다. 그리고 등산이나 낚시, 걷기, 맛있는 음식 먹기, 수다 등 셀 수 없이 많은 방법들이 더 있을 것이다. 그러므로 자신에게 알맞은 방법을 찾고, 그것을 실천하며 감정을 조절할 방법을 찾아 실천한다면, 내 감정의 주인은 항상 나인 채로 편하게 생활할 수 있을 것이다.

---

160) 마크 브래킷. 2020. 『감정의 발견』. 서울: 북라이프. pp. 86, 213-240.

8 세션 Session

1) 세부목표 : 위로하기

6세션과 7세션은 내담자에게 자신의 감정에 대해 이해할 수 있음은 물론이고, 감정을 조절하는 방법을 알아가는 시간이었을 것이다. 특히 어려웠던 상황이 많았을 것이므로, 그때 충분히 살펴주지 못했을 아픔을 들여다보는 기회도 되었을 것이다.

이번 세션을 위해 선정한 문학작품에 이런 문장이 담겨 있다.

> "누군가 따뜻한 사람이 옆에 있어서 애쓰지 않아도 돼. 그냥 너답게 편하게
> 있어도 돼."라는 말을 듣는다면, '눈물이 날지 모른다(p.16)'.

누구에게나 나 자신을 치유하며 위로할 시간이 필요하다. 이 과정은 내가 살아온 삶이 결코 무의미하지 않았다는 생각을 할 수 있게 해주며, 계속 살아낼 힘을 내게 도와준다. 따라서 이번 세션의 목표를 '위로하기'로 정했다.

이번 세션에도 가장 먼저 한 주간의 나눔을 하고, 이어서 문학작품을 바탕으로 이야기를 나눈다. 문학작품은 시처럼 짧은 글로 이루어져 있어 치료사의 의도에 따라 발췌하거나 내담자가 선택한 글을 읽고 나누는 것도 좋겠다. 이후 마음 약방 처방전 활동을 통해서는 스스로를 위로하는 방법을 배우고, 나아가 자신을 위해 선물을 하는 등 위로의 시간을 가질 수 있도록 안내하면 좋겠다.

2) 문학작품

도서 : 지쳤거나 좋아하는 게 없거나 / 글배우 지음 / 강한별 / 2021

이 책의 저자는 살다 보면 누구나 지치거나 좋아하는 게 없는 순간을 만나게 되는데, 그 순간이 삶에서 가장 무기력해지는 때라고 말한다. 그러나 그런 순간에도 자책하지 말라며, 그냥 늘 잘하고 싶었을 뿐인, 오늘도 잘하고 싶은 마음 하나로 긴 하루를 버틴 독자에게 고생했다는 위로를 전한다. 1부 '넘어지고 일어서기를 반복하겠지만 당신은 많은 것을 해낼 것입니다'에서는, 힘들 때 떠올리면 좋은 3가지, 불안한 이유 등의 짧은 글을 통해 나를 돌아보고 스스로를 위로할 수 있게 해준다. 이어서 2부 '너무 참기만 하느라 지쳐버린 당신에게'에서는 불행을 자초하는 선택 3가지, 감정기복이 심하면 등의 글로 위로를 건넨다. 마지막으로 3부 '내가 좋아하는 게 가장 나다운 것'에서는 변화하기 위해 필요한 3가지로 본인이 변하고 싶어 하는 의지, 변하기 위한 시간, 변할 수 있다는 믿음을 꼽았다. 전체적으로 이 책에는 독자들의 인생이 지금보다 조금 덜 힘들고 덜 슬프기를, 그리고 더 많이 웃을 수 있게 되기를 바라는 작가의 마음이 담겨 있다.

다음은 작가의 이런 마음을 대변할 수 있는 본문의 일부이다.

| 힘들 때 떠올리면 좋은 3가지 | (p. 17)

당신은 지금 정말 힘든 이 순간을
포기하지 않고 잘 버텨내고 있다는 것과

지금처럼 버티다 보면 이 순간이
어느새 다 지나가 있을 거라는 것

그리고 당신은 당신이 생각하는 것보다

훨씬 강하다는 것

| **불안한 이유** | (pp. 62-64)

첫째, 내가 잘해야 된다는 생각이 지나치게 강한 사람입니다. [중략]

둘째, 열심히 해야 하는 건 아는데 열심히 하고 싶은 게 없는 사람입니다. [중략]

셋째, 충분히 잘하고 있는데도 끊임없이 스스로를 낮게 보는 사람입니다. [중략]

넷째, 자신의 마음을 절대 인정하지 않는 사람입니다. [중략]

다섯째, 집중할 게 없거나 싫어하는 것만 하거나 내가 의욕적으로 하고 싶은 게 없는 사람입니다. [중략]

| **나의 꿈** | (p. 106)

우리가 신호등을 기다릴 수 있는 이유는

곧 바뀔 거라는 걸 알기 때문이다

그러니 힘들어도 조금만 참자

곧 바뀔 거야 좋게

신호등처럼

| **당신은** | (p. 106)

지금도 충분히 괜찮은 사람이다.

| **그동안** | (p. 152)

혼자서 묵묵히 많은 일들을 해결해 오느라/고생 많았어요.

| 불행을 자초하는 선택 3가지 | (p. 152)

1. 나에게 상처 주는 사람을 계속 만나는 것
2. 자신만 생각하는 사람을 계속 만나는 것
3. 말을 함부로 하는 사람을 계속 만나는 것

3) 관련 활동

① 한 주간의 나눔

어떤 상황에서 캡슐 처방전을 꺼내 보았는지, 처방전대로 실행했는지, 만약 처방전대로 실행하지 못했다면 이유가 있는지, 다른 캡슐을 열어 실행한 경우는 없었는지, 실행에 옮겼다면 기분이나 결과는 어땠는지 물어보자. 실행을 해서 기분이 나아진 사람은 그런대로 캡슐을 뽑을 일이 있었던 나에게, 실행을 하지 못해 기분이 저조한 내담자는 또 그 자체로 위로가 필요한 시간이었을 것이다.

② 마음 약방 처방전

대부분의 사람들은 몸이 아프면 병원에 가서 진료를 받고, 진단에 따른 처방이 나오면 주사를 맞거나 약을 받아서 먹고, 그 상태가 나아지기를 기다린다. 그렇다면 마음이 아플 때는 어떻게 해야 할까? 몸이 아플 때와 마찬가지 단계를 밟으면 된다. 하지만 많은 사람들이 마음이 아플 때는 드러내지 않고 그것을 숨긴다. 따라서 약국에도 가지 않는다. 이런 상황을 개선해 보고자 서울문화재단에서는 2015년 마음약방 자판기를 설치했다. 자판기 안에는 20여 가지 병명에 따른 처방전이 담겨 있어서, 그것을 얻으려면 500원짜리 동전을 넣어야 한다. 동전을 넣고 원하는 처방을 고르면 나름의 해결 방안들이 적혀 있는 처방전을 받게 된다.

이 활동은 자신이 앓고 있는 마음에 병에 직접 이름도 붙여 보고, 나아가 치료 방법도 적어보는 것이다. 활동을 위한 준비물은 '약 봉투'와 처방약이 될 수 있는 간식류 등이며, '약 봉투' 양식은 〈관련 활동 8-1〉에, 마음의 병명은 〈관련 활동 8-2〉에 제시했으니 바로 활용해 보실 수 있을 것이다.

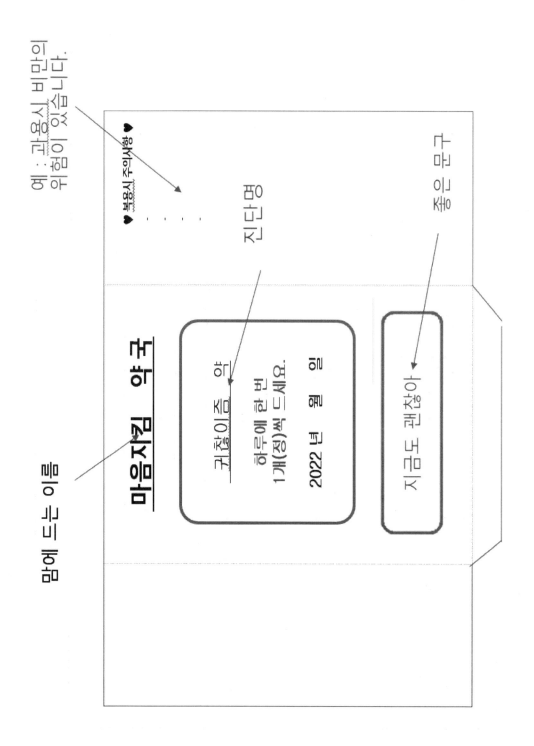

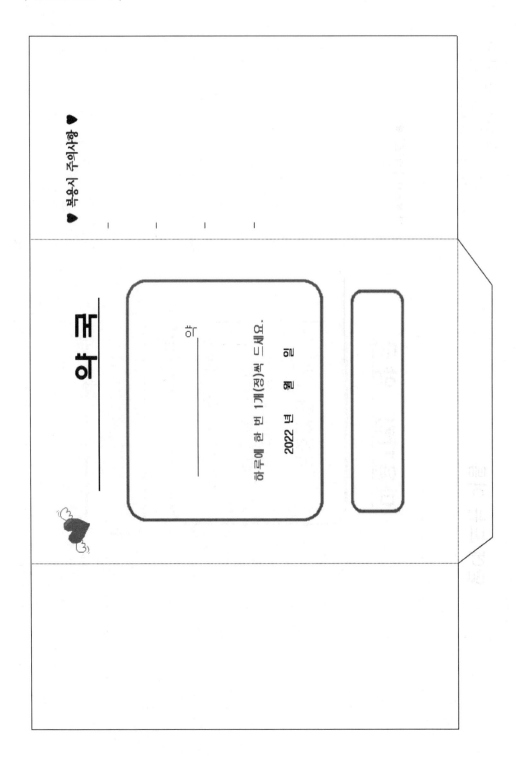

증상진단

용기 부전	월요병	작심 3일
의욕상실증	결정장애	귀차니즘
막말증	예스증후군	속앓이증
애정결핍증	부부남남증	현실도피증
방콕증후군		

*자신에게 맞는 진단명이 없으면 직접 만들어 보세요.

9 세션 Session

1) 세부목표 : 관계 회복

관계[161]는 둘 또는 여러 대상이 서로 연결되어 얽혀 있는 상태를 말한다. 또한, 여러 대상들이 서로 연결되는 구체적인 양상이나 '~로'의 꼴로 쓰여 까닭이나 원인을 가리키는 말, 그것과 연결된 일, 어떤 부문이나 영역에 이르기까지를 포함하는 말이다.

그렇다면 사람들은 무엇과 연결되어 있을까? 가족, 친구, 이웃 등의 많은 사람들, 건강, 기분, 돈, 법에 이르기까지 정말 많은 것들과 연결되어 있다. 따라서 관계의 회복이라고 하면 대부분 사람을 먼저 떠올리겠지만, 내담자마다 다른 영역에서 필요할 수 있다.

이번 세션에는 한 주간의 나눔을 통해 관계 회복이 필요한 관계에 대한 이야기를 나누고, 문학작품을 통해 생각의 변화와 회복의 길을 찾아보자. 더불어 동그라미 관계도 활동을 통해 나와 주변의 관계를 종합적으로 파악한 뒤, 관계 회복의 우선순위와 방법을 고려해 볼 수 있게 돕는 것도 좋겠다.

---

161) 다음 국어사전. https://dic.daum.net/word

2) 문학작품

도서 : 똑, 딱 / 에스텔 비용-스파뇰 글·그림, 최혜진 옮김 / 여유당 / 2018

마치 시계 소리를 연상하게 하는 '똑, 딱'은 두 친구의 이름이다. 태어나면서부터 함께 한 두 친구, 함께 먹고, 자고, 놀고, 사소한 일상을 보내는 것이 너무나 자연스러운 그들에게 어느 날 문제가 생긴다. 딱이가 없어진 것이다. 똑이는 딱이를 찾던 중에 친구들로부터 "딱이가 없는 너는 똑이가 아니야!"라는 말을 듣게 되면서 혼란에 빠진다. 그러다 다른 새들과 행복한 모습으로 놀고 있는 딱이를 발견하고는 슬픔에 빠진다. 시간이 흐른 뒤, 활짝 피는 꽃을 보며 신기해하는 똑이를 이번에는 딱이가 찾아 나선다. 드디어 다시 만나게 된 둘, 그들은 변함없는 친구였기 때문에, 다른 것에 관심을 갖는 것이나 따로 떨어져 있는 것이 아무런 문제가 되지 않는다는 점을 깨닫게 된다.

관계가 건강하게 유지되기 위해서는 다름을 인정하는 것이 필요하다. 아홉 번째 세션을 위해 이 그림책을 선정한 이유는 각자 주체적인 삶을 사는 것이 필요하다는 메시지가 담겨 있기 때문에, 내담자에게 건강한 관계의 모델이 되어줄 것이라 여겼기 때문이다.

3) 관련 활동

① 한 주간의 나눔

나와 관계를 맺고 있는 것들에 대해 이야기를 나눠본다. 지인들이나 단체와의 관계는 물론이고, 영적인 부분에 대한 관계 등에 이르기까지, 과거부터 오랜 기간 동안 맺고 있는 관계에서부터 최근에 맺은 관계까지 상관없이, 내담자 중심으로 이야기를 나누어 본다.

② 동그라미 관계도 그리기

소시오그램[162]이라고 칭하는 동그라미 관계도는, 상징을 사용해 사회적 유대 관계를 표현하는 미술치료 기법 중 한 가지다. 동그라미 안에는 집단 내 구성원들 간의 상호작용과 선호 관계가 표현되는데, 모레노(Moreno)가 체계화한 방법이다.

활동에 앞서 먼저 내담자 주위 사람들에 대해 돌아볼 수 있는 시간을 준다. 그리고 가운데 원 안에 자신의 이름을 쓰거나 이미지를 그리도록 한다. 이어서 나와 관계가 깊은 사람들 순서대로 원 안에서 밖으로 채워나가게 한다. 이때 사람이 아닌 사물 등의 특정 대상을 떠올려 적어도 괜찮다고 말해준다. 이를 조금 더 응용하자면, 가까운 사람이지만 거리상 멀리 있다면 이미지나 색깔, 상징을 활용할 수도 있다. 즉, 친밀도가 높은 사람은 붉은색이나 하트, 친밀도가 떨어지는 사람은 회색의 네모 등 미리 정한 약속에 따라 표현할 수 있다. 이와 같은 방식으로 동그라미를 다 채웠다면, 내용과 함께 관계도를 그릴 때의 느낌도 함께 나누어 보자.

---

162) 임성관·김은하·문선경·이현정. 2021. 『(주제별 독서치료 시리즈 2) 우울 극복을 위한 독서치료』. 파주: 시간의 물레. p. 127.

관계 동심원

내 주변 사람들 중 친해서 오랜 관계를 맺고 싶은 사람은 안쪽에 가깝게,

반대인 사람은 바깥쪽에 이름이나 별칭, 상징으로 표현해 보세요.

내가 좋아하는 것들을 그리거나 써 넣어도 좋습니다.

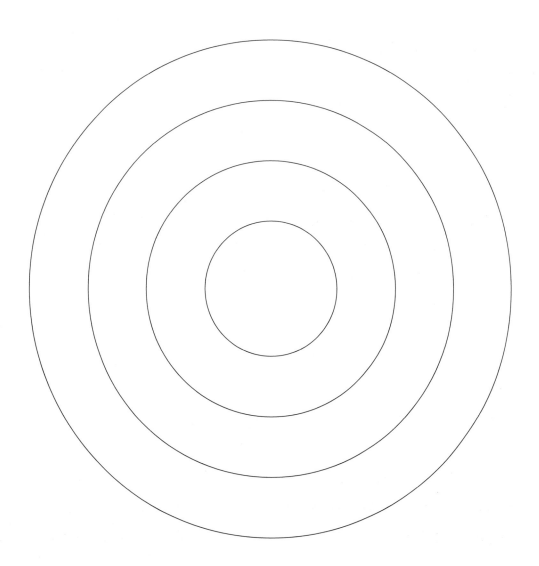

10 세션Session

1) 세부목표 : 행복 찾기

행복은 주관적인 감정이라 각자 다른 상황에서 느낄 수 있다. 그럼에도 공통점을 찾는다면 모든 사람들에게 행복할 자격이 있다는 것이다. 그러나 어떤 사람은 행복함을 많이 느끼는 반면 그렇지 못한 사람도 있다. 왜 이런 차이가 발생하는 것일까? 여러 이유가 있겠으나 행복하기 위한 노력의 정도가 다르기 때문일 수 있다.

약물 중독자들도 똑같은 사람이기 때문에 행복을 추구할 것이다. 왜냐하면 행복에 가까워질수록 스트레스 지수는 낮아질 것이고, 약물 중독에서도 멀어질 것이기 때문이다. 그래서 이번 세션에는 어떤 것을 행복이라고 여기는지, 그렇다면 그 행복을 얻기 위해 어떤 노력을 하고 있는지에 대해 이야기를 나누는 것이 목표이다. 부디 이 여정이 더 큰 행복을 가져다 줄 수 있을 것이라는 믿음이 함께 하기를 바란다.

2) 문학작품
도서 : 자신에게 엄격한 사람들을 위한 심리책 / 오언 오케인 지음, 정지현 옮김 / 갤리온 / 2021

'나도 모르게 나를 힘들게 하는 10가지 생각 비우기 연습'이라는 부제가 붙어있는 이 책은, 이미 지나간 일을 깔끔하게 잊는 법, 쓸데없는 생각에 마음을 주지 않는 법, 과거의 후회에서 벗어나 현재를 사는 법, 꼬리에 꼬리를 무는 걱정과 안전하게 이별

하는 법, 지옥을 천국으로 만드는 관계 정리법, 나를 파괴하는 습관과 이별하는 법, 내 몫의 책임과 함께 진정한 내 인생을 사는 법, 나를 지키는 내면의 목소리를 듣는 법, 나만의 인생 시나리오를 적는 법, 남부럽잖게 현재를 사는 법 등을 제시하면서, 이런 것들을 실천하면 오늘이 어제보다 행복할 수 있다고 말한다.

3장 '과거의 후회에서 벗어나 현재를 사는 법'(p. 83)에는 다음과 같은 내용이 담겨 있다.

> 인간은 마치 반복 재생을 눌러놓은 플레이리스트처럼 후회를 계속 재생하도록 진화했다. 그만큼 후회에서 벗어나는 것은 결코 쉬운 일이 아니다. 인간은 희한하게도 자기에게 벌주는 것을 좋아한다. 이는 인간의 뒤틀린 본성이다. 과거의 잘못을 곱씹으며 자책하는 것은 자신을 벌하는 행위라는 사실을 기억하자. 자기 처벌을 하는 대신 자기 자신을 끊임없이 돌보자. 후회로 인해 계속 괴로워해야 할 이유가 없고, 자기 비난은 아무런 가치도 없으며, 후회를 반복해봤자 자신은 물론 주변 사람들에게도 부정적인 영향을 끼칠 뿐이다.

내담자가 어떤 면에서 자신에게 엄격한지 확인하고, 10가지 생각 비우기 중 가장 필요한 것을 골라 이야기를 진행하면 좋겠다. 이후, 시간과 여건에 따라 내담자 스스로 우선순위를 정해서 읽고 실천해 보도록 권장하자. 만약 열심히 실천을 한다면 분명 오늘이 어제보다 행복할 테니까.

3) 관련 활동

① 한 주간의 나눔

'자신 때문에 일을 그르친 건 아닐까?', '노력해도 항상 제자리걸음일까?', '기·승·전 내 탓인 적은 없었나?' 등, 책에 담겨 있는 질문을 바탕으로 한 주간의 나눔을 진행해 보자.

② 나만의 행복 찾기 카드 만들기

이 활동은 선정한 문학작품에서 제시하고 있는 10가지 행복 처방전을 활용한 것으로, 〈관련 활동 10-1〉의 활동지에서 확인할 수 있는 것처럼 STEP 1에서 STEP 4까지 각 단계별로 해야 할 것들이 제시되어 있다. 따라서 내담자들이 이해한 뒤 자신의 언어로 작성할 수 있도록 하면 좋겠는데, 일례로 약물중독자인 내담자들은 과거의 후회에서 벗어나기 어려운 부분이 있다. 따라서 이런 측면을 위해 3장 '과거의 후회에서 벗어나 현재를 사는 법'을 익힌 후, 후회를 내려놓는 행복 처방전을 카드로 만들어 보는 것이다. 만들어진 카드는 코팅을 해서 책갈피 등으로 활용하며 그 내용을 자주 볼 수 있도록 하는 것도 좋다.

행복 찾기 카드

후회를 내려놓는 행복 찾기

STEP 1 : 후회에 이름 붙이기
- 후회와 마주하다 보면 과거의 감정을 들여다보는 일
  에 익숙해진다.

STEP 2 : 진실한 마음을 전하기
- 상대방에게 진심을 전하는 것은 나도 치유하는 일이다.

STEP 3 : 스스로 용서하기
- 만약 스스로 용서하는 게 어렵다면, 나를 용서하겠
  다고 선택하는 것만으로도 충분하다.

후회를 내려놓는 행복 찾기

STEP 1 : 후회에 이름 붙이기
-

STEP 2 : 진실한 마음을 전하기
-

STEP 3 : 스스로 용서하기
-

해로운 습관을 내려놓는 행복 찾기

STEP 1 : 해로운 습관을 인정하자.
- '나는 남들만큼 심하지 않다'는 착각에서 벗어나자.

STEP 2 : '나는 이대로 완전한 사람'이라는 결심을 하자.
- 내가 이대로 완전한 존재임을 스스로에게 알려주자.

STEP 3 : 습관은 서서히 끊고, 유익하게 바꿔나가자.
- 오래된 습관일수록 빈도를 줄이는 방법을 택하자.

STEP 4 : 자기 진정법을 배우자.
- 해결책은 내 안에 있다. 자신에게 친절해질 때 삶의
  모든 것이 바뀐다.

해로운 습관을 내려놓는 행복 찾기

STEP 1 해로운 습관을 인정하자.
-

STEP 2 : '나는 이대로 완전한 사람'이라는 결심을 하자.
-

STEP 3 습관은 서서히 끊고, 유익하게 바꿔나가자.
-

STEP 4 자기 진정법을 배우자.
-

11 세션 Session

1) 세부목표 : 감사하기

감사는 고마움을 표현하는 인사다. 『수천억의 부를 가져오는 감사의 힘』[163]의 저자는 감사하는 사람은 스트레스를 잘 받지 않으며, 다른 사람보다 더 행복하다고 느낀다고 말한다. 그런데 이 감사하는 마음은 그냥 저절로 생기는 것이 아니라서 여러 가지 훈련과 노력이 더해져야 유지되는 것이라고 한다. 감사하기가 습관이 되려면 최소 3개월의 지속 시간이 필요하다고 하니 10세션만으로 어려울 수 있겠으나, 중독 재발을 방지하기 위해서는 필수 조건이라고 생각했다. 그래서 이번 세션의 목표를 '감사하기'로 정했다.

2) 문학작품
도서 : 감사해요 / 이정원 글, 임성희 그림 / 걸음동무 / 2020

감사를 잘하면 좋은 관계가 형성될 뿐만 아니라 정서적으로도 안정감이 생기기 때문에, 사회생활의 질도 좋아지면서 삶의 균형을 맞추는 데에도 유리할 것이다. 이 책은 주인공인 돼지는 아침에 일어나 마실 물과 먹을 음식이 있음에 감사하고, 따뜻한 물로 샤워할 수 있는 포근한 우리 집이 있음에 감사한다. 또한 노래를 들을 수 있는

---

163) 샤넬 서 지음. 2021. 『수천억의 부를 가져오는 감사의 힘』. 서울: BG북갤러리. p. 23. 67.

귀와 따라 부를 목소리가 있는 점, 숨을 쉴 수 있는 산소를 만들어 주는 나무에게도 감사한다. 매일 학교에 가는 나의 성실함에, 부끄러움을 이겨내고 수업 시간에 자신감 있게 발표하는 나에게도 감사를 잊지 않는다. 따라서 독자들은 주인공인 돼지의 모습을 통해 '세상에 당연한 것은 없으며, 감사란 아주 작은 것부터 하는 것이고 찾아야 하는 것'임을 알 수 있게 된다.

앞서 감사도 습관이라고 했다. 즉, 내 몸에 체득이 되어 있어야 쉽고 편하게 할 수 있다는 것이다. 이는 다른 시각으로 보자면 그만큼 감사가 어렵다는 의미이다. 따라서 이 책을 바탕으로 감사한 것을 찾아보고, 그것들에 감사를 해보는 것으로 시작해 볼 것을 권한다.

3) 관련 활동

① 한 주간의 나눔

일주일 동안 지내면서 감사할 일이 있었는지 물어보자. 선정 문학작품을 미리 읽었다면 분명 영향을 받았을 것이기 때문에, 아주 사소했던 일에도 감사한 마음을 느꼈고 직접 표현했을 수도 있다.

② 감사 목록 쓰기

이 활동은 감사할 것을 찾아 적어보는 것으로, 세션 중에는 연습처럼 실행해 보자. 이어서 내담자가 방법을 익혔다고 판단되면 매일 잠자리에 들기 전 최소 3가지 이상 감사할 일을 적어보는 과제로 부여해 보자. 초반에는 힘들어 할 수 있으나, 익숙해지면 오랜 시간이 걸리지 않을 것이며, 무엇보다 그 기분이 잠으로까지 이어져 숙면을 취하는 데에도 도움이 될 것이다.

12 세션 Session

1) 세부목표 : 마무리

프로그램을 마무리 하는 시간이다. 매 세션마다 한 주간의 나눔, 선정된 문학작품 읽기와 관련 활동을 하면서, 가장 중요했던 점은 내담자가 빠지지 않고 참여하는 것이었다. 따라서 만약 여전히 내담자가 내 앞에 앉아 있다면 감사의 마음부터 전하자.

이어서 첫 세션부터 열한 번째 세션까지 했던 활동들을 살펴보며, 치료사 및 내담자가 정했던 목표는 어느 정도 달성했는지 평가해 보는 시간도 갖자.

2) 문학작품

시 : 다섯 연으로 된 짧은 자서전(There's a hole in my sidewalk: The Romance of Self-Discovery Autobiography in Five Short Chapters) / 포샤 넬슨

〈문학 작품 12-1〉에 옮겨 실은 이 시는, 처음 구멍에 빠졌을 때는 내 잘못이 아니라던 화자가, 점차 자신의 잘못임을 인정하더니, 나중에는 다른 길로 돌아가면서 같은 상황에 처하지 않게 된다는 내용을 담고 있다.

그런데 약물 중독도 이 시의 흐름과 유사한 패턴을 가진다. 따라서 내담자는 치료사가 이 시를 선정한 이유를 단박에 알아챌 것이다. 따라서 발문을 바탕으로 내담자 역시 다시 그 상황에 빠지지 않고 돌아갈 수 있는 방안을 모색할 수 있도록 도울 필요가 있다.

3) 관련 활동

① 한 주간의 나눔

이번 세션에는 그동안 가장 기억에 남는 세션이나 활동에 대해 묻고, 마지막 시간까지 열심히 참여한 나에게 한 마디를 해주게 하는 것도 좋겠다.

② 세션 돌아보기

내담자가 12세션을 모두 참여한다는 전제로 계획된 프로그램이지만, 약물 중독 상담의 경우 법적인 문제에 도움이 될까 싶어 4-5회기 전후의 참석률을 보이는 것이 대부분일 뿐, 완료를 한다는 것 자체가 어렵다. 그럼에도 마지막 세션에서도 치료사와 내담자가 만났다면 함께 감사의 마음을 전하며 마무리 작업을 하면 되겠다.

③ 목표 달성 여부 확인하기

이 활동은 1세션에서 실시했던 '변화의 단계' 결과를 마지막 세션까지 한 단계 올렸는지의 여부를 확인하는 것으로, 사후 검사로 '변화 준비도 검사'를 다시 한 번 실시한 뒤 결과 점검을 해보는 객관적인 방법과, 내담자가 직접 평가를 해보게 하는 주관적인 방법이 있겠다. 나아가 일상생활 패턴에서의 약속이나 다짐이 있었다면 그 부분에 대해서도 확인을 해보고, 만약 목표 달성을 못했다면 그대로 수용은 하지만 이유를 찾아 재도전할 수 있는 계기도 만들어 주면 좋겠다.

④ 미래 인생 계획 세우기(미래를 위한 짧은 자서전 쓰기)

이 활동은 문학작품으로 선정한 시를 연장해 내 미래의 이야기를 더해보는 것으로, '미래를 위한 짧은 자서전 쓰기'라고 할 수 있다. 시가 완성되면 낭독을 부탁한 뒤, 그동안 참여하면서 느꼈던 점 등을 나누며 마무리 한다.

다섯 연으로 된 짧은 자서전

- 포샤 넬슨 -

1.

난 길을 걷고 있었다.

길 한가운데 깊은 구멍이 있었다.

난 그곳에 빠졌다.

난 어떻게 할 수가 없었다.

그건 내 잘못이 아니었다.

그 구멍에서 빠져 나오는데

오랜 시간이 걸렸다.

2.

난 길을 걷고 있었다.

길 한가운데 깊은 구멍이 있었다.

난 그걸 못 본 체했다.

난 다시 그 곳에 빠졌다.

똑같은 장소에 또다시 빠진 것이

믿어지지 않았다.

하지만 그건 내 잘못이 아니었다.

그곳에서 빠져 나오는데

또다시 오랜 시간이 걸렸다.

3.

난 길을 걷고 있었다.

길 한가운데 깊은 구멍이 있었다.

난 미리 알아차렸지만

또다시 그곳에 빠졌다.

그건 이제 하나의 습관이 되었다.

난 비로소 눈을 떴다.

난 내가 어디 있는가를 알았다.

그건 내 잘못이었다.

난 얼른 그곳에서 나왔다.

4.

내가 길을 걷고 있는데

길 한가운데 깊은 구멍이 있었다.

난 그 둘레로 돌아서 지나갔다.

5.

난 이제 다른 길로 가고 있다.

미래를 위한 짧은 자서전

- 안○○

5.

난 이제 다른 길로 가고 있다.

6.

그런데 저쪽에서 한 사람이
길 한가운데 있던 구멍으로 걸어가고 있었다.
아마도 무언가 힘든 게 있어보였지만
그곳에 빠지면 잠깐은 편해도
평생 후회할 것이란 걸 말해주고 싶다.

7.

술도 끊고
다른 것에 기대는 삶도 끊는다.
목표한 것을 못할 수도 있지만
최선을 다할 거다.

미래를 위한 짧은 자서전

_____

5.

난 이제 다른 길로 가고 있다.

6.

네 번째 중독

노인의
알코올 중독 조절을 위한
12단계 독서치료 프로그램

네 번째
중독

노인의
알코올 중독 조절을 위한
12단계 독서치료 프로그램

1. 프로그램 목표

미국의 국립알코올남용 및 알코올중독연구소[164] 에 따르면, 2012년 기준 18세 이상 성인 중에서 약 7.2%인 약 1,700만 명이 진단 가능한 알코올 사용 장애를 갖고 있다고 한다. 그 중 여성보다 알코올 사용 장애가 거의 두 배 더 발생하는 남성들은 1,700만 명 중 1,120만 명이고 여성이 570만 명이었으며, 또한 술에 대한 면역력이 없는 12세부터 17세 사이 청소년들은 85만 5천 명이 이 장애를 갖고 있을 것으로 추정되었다.

이어서 보건복지부와 질병관리청이 발간한 '2019 국민건강통계 : 국민건강영양조사 제8기 1차 년도(2019)'[165] 내용을 통해 살펴본 우리나라 현황은, 만 19세 이상

---

164) American Addiction Centers. 2021. Retrieved from. https://americanaddictioncenters.org/alcoholism-treatment/stages

165) 보건복지부·질병관리청. 2020. 『2019 국민건강통계 : 국민건강영양조사 제8기 1차 년도(2019)』. 세종:

성인의 월간 음주율[166]은 2019년 남자 73.4%, 여자 48.4%로 2018년에 비해 남자는 2.9% 증가, 여자는 2.8% 감소하였다. 이어서 월간 폭음률[167]은 남자 52.6%, 여자 24.7%로 2018년에 비해 남자는 1.8% 증가, 여자는 2.2% 감소하였으며, 남자는 30대(62.0%)에서 여자는 20대(44.1%)에서 다른 연령에 비해 높았다.[168] 또한 고위험 음주율[169](만 19세 이상, 표준화)은 2019년 평균 12.6%로 2018년의 14.7%보다 2.1% 감소하였다. 그 중 남자는 2018년 20.8%에서 2019년 18.6%로, 여자는 2018년 8.4%에서 2019년 6.5%로 각각 감소하였다.

이상과 같이 미국과 우리나라 성인들의 음주 현황을 살펴본 결과, 비록 시기의 차이는 있지만 남성이 여성에 비해 술을 더 많이 마시기 때문에 알코올 사용 장애를 겪는 비율 또한 높다는 것을 알 수 있다. 나아가 알코올 섭취 수준이 높은 만큼 관련 질병의 유병률이나 사망률 또한 높을 것이라는 점도 짐작할 수 있다.

이 부분에 대해 황예린 등(2020)[170]은 매년 통계청에서 발표하는 알코올 관련 질환 사망률 외 알코올 관련 질환에 관한 유병률이나 발생률에 관한 정보가 거의 없는 실정을 감안해, 2013년-2017년 건강보험심사평가원 청구 자료와 2002년-2015년 국민건강보험 표본 코호트를 이용하여 알코올성 간질환으로 1회 이상 청구한 경우를 환자로 간주하여 알코올 기인 질환의 발생률 및 유병률, 음주 습관에 따른 발생률 및 예후의 차이를 분석하였다. 그 결과 2013년-2017년 동안의 알코올성 간염 유병률은

보건복지부, 질병관리청. pp. 62-64.

166) 최근 1년 동안 한 달에 1회 이상 음주한 분율.

167) 최근 1년 동안 월 1회 이상 한 번의 술자리에서 남자 7잔, 여자 5잔 이상 음주한 분율.

168) 보건복지부·질병관리청. 2020. 앞의 책. p. 22.

169) 1회 평균 음주량이 남자의 경우 7잔 이상, 여자의 경우 5잔 이상이며, 주 2회 이상 음주하는 분율

170) 황예린 등. 2020. 알코올 섭취 수준에 따른 알코올 관련 질환의 유병률 및 발생률. 『주간 건강과 질병』, 13(49): 3467-3484.

연간 1,000명 당 9명 정도였고, 알코올성 간질환의 유병률은 2003년의 1,000명 당 11.76명에서 2013년에는 1,000명 당 10.45명으로 증가 추세는 보이지 않았다고 분석했다. 또한 알코올성 간질환의 발생률은 1,000명 당 4.68명이고, 국민건강보험공단 표본 자료로는 2003년의 1,000명 당 9.07명에서 4.37명으로 감소 추세를 확인하였다. 다만 건강보험 청구 자료의 특성상 진단 기준의 일관성이 낮아 과소평가되었을 가능성 등으로 산출 근거가 부족하기 때문에, 향후 알코올 섭취량, 당뇨병 및 간질환 발생, 합병증 및 사망을 정확히 측정할 수 있는 코호트 및 환자 등록 연구가 수행되어 보다 정확한 관련도 지표가 산출되고, 이를 근거로 알코올의 기여 위험도를 추정한다면 우리나라에서의 음주에 의한 질병 부담의 크기를 정확히 파악할 수 있을 것이라고 하였다.

마지막으로 2001년 이후 5년 간격으로 보건복지부 국립정신건강센터에서 실시 및 발표하고 있는 '2021년 정신건강실태조사 보고서'[171] 결과에 따르면, 전국의 만 18세 이상 만 79세 미만 성인 5,511명을 대상으로 조사한 결과 '알코올 사용 장애'[172]의 평생 유병률은 11.6%(남자가 17.6%, 여자가 5.4%)로 남자가 3.3배 더 높았다. 또한 1년 유병률은 2.6%(남자는 3.4%, 여자는 1.8%)로 남자가 여자보다 1.9배 높았다. 더불어 연령대별 1년 유병률은 18-29세가 4.5%로 가장 높았고, 뒤를 이어 30-39세가 2.9%, 40-49세가 2.7%, 50-59세가 2.6%, 60-69세가 1.5%, 70-79세가 0.3%로 연령대가 높아질수록 유병률이 낮았다.

종합해 보면 우리나라 만 18세 이상 성인들의 알코올 관련 질환에 관한 유병률이나 알코올 사용 장애 비율이 결코 낮지 않다고 할 수 있다. 따라서 술이 기호식품이고 연령대도 이미 성인이기 때문에 스스로의 선택에만 맡겨두기 보다는, 시민들의 정신

---

171) 보건복지부 국립정신건강센터. 2021. 『2021년 정신건강실태조사 보고서』. 서울: 보건복지부 국립정신건강센터.

172) 알코올 사용과 관련된 정신장애로 알코올 의존과 알코올 남용을 포함함.

건강을 위해 적정한 선에서 규제 등의 개입이 필요해 보인다. 더불어 이미 알코올 사용 장애 단계에 접어든 사람들을 위한 도움도 필요하겠다.

이에 본 프로그램은 중독 치료 모델 가운데 한 가지인 12단계 촉진 치료에 독서치료적 요소를 더해, 알코올 중독 상태에 빠져 있는 노인들을 돕는데 목표를 두었다.

2. 프로그램 구성

본 프로그램은 총 12세션으로 구성되었다. 종합목표를 달성할 수 있도록 12단계 촉진 치료 단계에 따라 세부목표를 수립한 뒤 독서치료적 개입을 위해 적정 문학작품을 선정했다. 다음은 Nowinski 등(1992)[173]이 제시한 12단계 촉진 치료자의 역할과 자세를 김한오(2016)[174]가 옮긴 것을 가져온 것이다.

1) 12단계 촉진 치료자의 역할 : 교육과 행동 촉진

치료자의 주요 역할은 중독자가 중독을 받아들이고 A.A.[175] 모임에 헌신할 수 있도록 도와주는 것이다. 이를 위하여 치료자는 교육과 행동 촉진이라는 두 가지 역할을 해야 한다. '교육'이란 중독의 정의, 실수, A.A.에 대한 저항, 부정, 12단계 소개, 모임 참석, 후원자, A.A. 서적에 관한 질문에 대한 답변 등을 말하며, '행동 촉진'이란 A.A. 모임 참석, 후원자 찾기, 부정에 주의하기, 회복 과제 주기 등이다.

---

173) Nowinski, J., Baker, S. and Carroll, K. 1992. *Twelve Step Facilitation Therapy Manual.* Rockville, MD, National Institute on Alcohol Abuse and Alcoholism.

174) 김한오. 2016. 12단계 촉진치료 개괄. 『J Korean Academy of Addiction Psychiatry』, 20(2): 55-60.

175) Alcoholics Anonymous, 익명의 알코올 중독자들을 의미.

2) 12단계 촉진 치료자가 되기 위한 바람직한 치료자의 자격과 자세

12단계 촉진 치료는 중독자의 A.A. 참석을 촉진시킴으로써 단주에 이르게 하는 프로그램이기에, 치료자는 12단계 촉진 치료뿐만이 아니라 A.A.에 대한 기본적인 소양도 갖춰야 한다. 더욱이 동기강화치료나 인지행동치료는 치료자가 고안하여 환자에게 적용한 프로그램이나, 12단계 촉지 치료는 환자들이 1935년부터 이미 실행하고 있는 A.A. 및 12단계 프로그램을 응용하여 만든 것이기에 12단계 촉진 치료자가 되기 위해서는 A.A. 및 12단계에 대한 기본 지식을 갖춰야 한다. 이를 위하여 치료자는 다음과 같은 자격과 자세를 취해야 한다.

(1) 치료자가 꼭 회복자일 필요는 없다. 그러나 12단계 회복의 원리를 잘 알고 있어야 하며, 이를 위하여 최소한 10회 정도 A.A. 모임에 참석해 보고, 모든 A.A. 도서를 충분히 숙지해야 한다. 그리고 A.A. 회원들과의 네트워크를 형성하여 환자가 A.A. 참석을 주저하는 등 A.A. 참석에 어려움을 느낄 때 이미 알고 있는 A.A. 회원에게 함께 가 줄 것을 부탁할 수 있어야 한다. 더불어 12단계 촉진 치료 매뉴얼을 숙지해야 한다.

(2) 치료자는 적극적이어야 하고, 환자와의 대화를 즐길 줄 알아야 하며, 적절히 자신을 노출할 수 있어야 한다.

(3) 12단계 촉진 치료에서 제시하는 핵심 주제에 집중해야 한다. 이는 단주 이외의 대인관계, 재정 등 다른 문제를 길게 다뤄서는 안 된다는 말이다.

(4) 12단계 촉진 치료에서는 '치료자'가 아닌 'A.A. 참석'을 단주의 주요 인자로 보기에, 환자로 하여금 '치료자'가 아닌 'A.A. 모임 및 사교적 모임 참석, 후원자 만나기'에 더 의지하도록 해야 한다.

(5) 직면도 시켜줘야 한다. 환자를 존중하는 태도로 솔직하게 환자의 행동을 환자와 나눠야 한다.

(6) 치료자는 A. A.의 다양한 슬로건(예 "첫째 할 일을 먼저 하자.")을 활용할 수 있어야 한다.

(7) 환자들이 12단계 회복 프로그램에 적극적으로 참여하는 과정에서 만나게 되는 장애물을 극복할 수 있도록, 치료자는 적극적 경청, 정확한 공감, 문제 해결능력, 되먹임, 직면의 기술을 지님과 동시에 12단계 프로그램에 대한 교육자로서의 역할을 수행해야 하고, 지역 모임에 대한 정보도 가지고 있어야 한다.

(8) A. A.의 가입은 알코올 의존도, 정신과적 증상, 지지 체계의 붕괴, 변화의 준비 정도에 비례하며, 이 중 알코올 의존도가 A. A. 가입의 가장 큰 요인이기는 하나, 누가 A. A.에서 도움을 받을지를 예측하기란 어려우므로 치료자는 모든 환자에게 A. A. 참석을 해보도록 권해야 한다.

(9) A. A 참석자 중 5-10% 이하만 A. A.에 지속적으로 참석하겠지만, 잠시 참석했던 것만이라도 도움이 된다. 그러나 A. A. 참석은 반드시 자발적이어야 하며, 강제적으로 참석시키는 것은 부작용만 초래한다.

(10) Gitlow(1985)[176]는 12단계 모임 참석 제고를 위해서 다음과 같이 제안하였다. ① 매일 최소한 한 군데의 모임에 참석하여, 규칙적으로 다니는 것이 좋을 것이라는 느낌이 드는 모임을 선택하라. ② 선택한 모임에 규칙적으로 참석할 것을 다짐하라. ③ 항상 시작 시간 전에 도착하라. ④ 맨 앞줄에 앉아라. ⑤ 당신 주위에 앉아 있는 사람이나 또는 당신이 아직 모르는 사람에게 당신을 소개하라. ⑥ 모임에 참석할 때마다 의견을 말하라. 비록 짧은 한 마디일지라도. ⑦ 모임의 대표에게 당신이 맡아서 할 일을 달라고 부탁하라. 예) 의자 정리, 커피 준비 등. ⑧ 다른 참가자와 의견 교환을 반드시 하고서 모임에서 떠나라. ⑨ 모임에서 맨 나중에 떠날 것이며, 다른 사람을 권하여 커피나 식사나 토론을 함께 하라. ⑩ 성공적으로 단주를 하고 있는 사람을 선택하여 모임 외의 시간에 교제하라.

---

176) Gitlow, S. 1985. Considerations on the evaluation and treatment of substance dependency. *J Substance Abuse Treat*, 2: 175-179.

다음의 〈표 1〉은 12단계 촉진 치료의 주제와 내용을 정리한 것이다.

〈표 1〉 12단계 촉진 치료의 주제와 내용[177]

세션	주제	내용 및 주제별 특별 과업
1	프로그램 소개	[토론] ① 인사, ② 이전 치료 경험, ③ 음주력, ④ 음주 폐해, ⑤ 내성, ⑥ 조절 장애, ⑦ 진단, ⑧ 프로그램 개관, ⑨ 과업(㉠ A.A. 모임 참석, ㉡ A.A. 서적 독서 : 익명의 알코올 중독자들, 12단계와 12 전통, 온전한 생활, ㉢ 단주 일지 : 참석한 A.A. 모임의 장소 및 일시, 참석 소감, 서적 독서 소감)
2	제1단계 – 중독 인정	[토론] ① 중독 인정의 단계, ② 부정, ③ A.A.에 대한 소개 [특별 과업] 생활관리불가(unmanageability) 글쓰기 알코올 중독으로 인해 그동안 정상적인 생활을 하지 못한 점을 인정하는 글쓰기.
3	제2, 3단계 – 항복	[토론] ① 믿음, ② 조력자, ③ 위대한 힘, ④ 종교적 배경, ⑤ 나간 정신(insanity), ⑥ 불합리적인 판단, ⑦ 자만
4	A.A. 적극 참여하기	[토론] ① A.A. 모임 참석, ② 전화 요법, ③ 후원자 구하기
5	가계도	[토론] 최소 3세대의 중독 문제
6	음주 지속 조장	[토론] ① 음주 지속 조장의 정의, ② 음주 지속 조장 행동 목록, ③ 음주 지속 조장의 동기, ④ 음주 지속 조장에 저항하기 [특별 과업] 음주 지속화 행동에 대한 대처법 3가지 쓰기
7	사람, 장소, 상황	[토론] ① 생활양식과 회복, ② 생활양식(사람, 장소, 상황, 일상) 개선 [특별 과업] 단주와 관련하여 생활양식에 대한 각오를 쓰기
8	배화외피 (배고픔, 화, 외로움, 피곤함)	[토론] ① 배고픔과 피곤함, ② 불안, ③ 첫째 할 일을 먼저 하기, ④ 여유 있게 하기, ⑤ 분노/분개, ⑥ 애도 5단계 [특별 과업] 알코올에게 보내는 작별 편지 쓰기
9	제4, 5단계 – 도덕적 검토	[토론] ① 음주로 인한 실수와 잘못, ② 죄책감, ③ 장점
10	단주 생활	[토론] ① 영양, ② 운동, ③ 취미
11	연합 세션	연합 세션 주제 1 : 음주 지속 조장(enabling) [토론] ① 음주 지속 조장의 정의와 예, ② 음주 지속 조장의 동기, ③ 음주 지속 조장 다루기 [정리] ① 배우자의 저항, ② 배우자의 물질 남용, ③ 치료자에게로의 배우자의 응급 전화 연합 세션 주제 2 : 탈착(detaching) [토론] ① 알아논(Al-Anon) 알코올 중독자 가족과 친구들의 자조 모임, ② 탈착의 정의 [정리] ① 알아논 이용
12	종료	[토론] ① 알코올 중독, A.A. 및 본인의 알코올 사용 등에 대한 프로그램 전과 후의 견해 변화, ② 프로그램 중 가장 많이 그리고 가장 적게 도움이 되었던 부분, ③ 후원자의 도움을 받아 12단계 전 단계 훈련하기

---

177) 김한오. 2016. 앞의 논문. p. 58.

〈표 1〉에 정리해 제시한 바와 같이 12단계 촉진 치료는 12세션과 12개의 주제로 구성되어 있다. 그런데 중요한 점은 한 세션에 하나의 주제를 다루는 것이 아니라 먼저 주제 2(제1단계 – 수용), 주제 3(제2, 3단계 – 항복), 주제 4(A.A. 적극 참석하기) 등의 핵심 주제(Core Topics)를 모두 다루어준 다음, 여유가 있을 때 그 외 주제를 선택해 다루어 준다는 것이다. 또한 제2세션부터 11세션까지는 공통 세션으로, 지난 주간 나누기(review) 10-15분, 새 주제(new material) 30분, 회복 과업(recovery tasks) 10분, 요약(summary) 5분으로 형식이 정해져 있다. 더불어 진행 시간에 있어서도 1세션만 90분이고 나머지 세션들은 60분으로 지정되어 있다. 또한 '후원자 만나기'는 기독교라는 종교의 하나님(혹은 초월자)을 뜻하는 부분이고, A.A. 서적에도 관련 내용이 포함되어 있다.

이어서 〈표 2〉에 정리한 내용은 12단계, 동기면담(변화단계), 인지행동치료의 보완적 관계 하의 중독 치료 목표 및 치료 방법이다. 이 내용이 중요한 이유는 임상 현장에서 세 가지 치료가 함께 활용되면서 효과적인 중독 치료에 기여하고 있기 때문이다. 따라서 치료사들은 이 세 치료법에 대해 정확히 알고 있어야 하고, 시의 적절하게 활용할 수 있어야 한다.

〈표 2〉 12단계, 동기면담(변화단계), 인지행동치료의 보완적 관계 하의 중독 치료 목표 및 치료 방법[178]

12단계	변화단계	치료 목표	치료 방법
제1단계	숙고전 단계(중독 부정 단계)	중독 문제 고민	중독에 대한 일반적 정보 제공
	숙고 단계(중독 시인 단계)	중독 인정	음주 패턴 파악, 사건과 음주의 연관성 고려
제2단계	준비 단계(단주 결심 단계)	단주 결심	음주, 절주, 단주의 장단점 저울질
제3단계	실행 단계 1(단주 단계)	단주법 익히기	인지행동치료, A.A.(모임+빅북+후원자)
제4–7단계	실행 단계 2(성격 회복 단계)	인격 성숙	스트레스 관리 훈련 등
제8–9단계	실행 단계 3(관계 회복 단계)	관계 개선	대인관계 훈련 등
제10단계	유지 단계 1	재발 방지	재발 방지 교육, 회복일지
제11단계	유지 단계 2	역할 찾기	자원봉사, 직업 재활
제12단계	유지 단계 3	단주 보상 누림	메시지 전달

---

178) 김한오. 2016. 앞의 논문. p. 59.

본 프로그램에서는 이상에서 살펴본 12단계 촉진 치료의 기본 체계를 따르지만, 다음과 같이 몇 가지 측면들을 수정할 것이다. 첫째, 1세션 당 프로그램 운영 시간은 120분으로 정해 참여자들이 충분히 상호작용할 수 있도록 하고자 한다. 둘째, '후원자'의 개념을 기독교의 하나님이나 초월자만이 아니라 자신이 믿고 있는 종교, 혹은 주변 자원들 가운데 그 역할을 해줄 수 있는 사람이나 사물에 이르기까지 포괄적으로 확장하고자 한다. 셋째, 독서치료는 문학작품을 매개로 상호작용을 하기 때문에 여러 권의 서적이 선정될 수 있다. 따라서 반드시 읽어야 할 A.A. 서적은 세션과 상관없이 상시 읽을 수 있도록 권할 예정이며, 더불어 2021년 11월에 출간된 도서 『취한 날도 이유는 있어서 / 박미소 지음 / 반비』를 우선적으로 읽어보시게 할 예정이다. 왜냐하면 이 책의 저자도 알코올 중독을 겪었고, 스스로 정신과를 찾아가 벗어나기까지의 과정을 상세히 담고 있기 때문이다. 그 외 각 세션에는 선정된 문학작품을 활용하고자 한다.

이때 문학작품은 시를 위주로 선정해 참여 노인들이 미리 읽어 와야 하는 부담감을 줄이고자 했으며, 세션 내에서 치료사가 읽어드리거나 함께 읽으며 치료적 정보를 파악한 뒤 함께 이야기를 나누는 기회를 더 갖고자 한다. 더불어 관련 활동도 활동지를 통한 간단한 쓰기를 위주로 하면서 필요 시 다른 분야들과의 접목도 꾀하고자 한다.

다음의 〈표 3〉은 이상의 내용을 종합적으로 구성한 독서치료 프로그램 세부 계획서이다.

〈표 3〉 노인의 알코올 중독 조절을 위한 12단계 독서치료 프로그램 계획

세션	세부 목표	문학작품	관련 활동
1	마음 열기	시 : 방문객	프로그램 소개, 집단 서약서 작성, 자기 소개하기
2	중독 인정하기	글 : 금이 간 항아리	중독 상태 점검 및 치료 경험 확인, 생활관리불가 글쓰기
3	단주 결심하기	노래 : 한잔해 시 : 지우개	음주, 절주, 단주의 장단점 찾기
4	단주법 익히기	시 : 술	단주법 익히기(인지행동치료 이론 습득)
5	인격 성숙시키기 1	시 : 나를 화나게 하는 것들	스트레스 관리 훈련 1 – 상황별 스트레스 지수 점검
6	인격 성숙시키기 2	동시 : 스트레스	스트레스 관리 훈련 2 – 스트레스 관리 방안 모색과 실천
7	관계 개선하기 1	글 : 내가 만나는 사람은 시 : 너무 늦게 그에게 놀러 간다	대인관계 훈련 1
8	관계 개선하기 2	글 : 또 한 해가 빠져나간다	대인관계 훈련 2
9	재발 방지	시 : 소주 한 병이 공짜	재발방지교육, 회복일지 쓰기
10	내 역할 찾기	시 : 내가 운다	가정 및 사회에서의 역할 찾기
11	변화 느끼기	시 : 다섯 연으로 된 짧은 자서전	단주로 인해 달라진 점 찾기
12	단주 보상 누리기	시 : 인생의 계획	남은 인생 계획하기, 참여 소감 나누기 및 종결

1 세션 Session

1) 세부목표 : 마음 열기

대부분의 사람들은 자신의 마음 상태를 잘 모른다. 따라서 그런 마음을 열어보자고 하면 당장 어떻게 얼마나 열어야 하나 하는 생각과 함께 불안감이 생길 것이다. 따라서 이처럼 마음을 여는 것이 어렵기 때문에 각자 노력을 하면 그런 면들이 서로에게 닿아 비교적 쉽게 친밀감이 형성될 수 있고, 더불어 프로그램에 참여하는 사람들 모두가 집단 구성원이라는 유대감도 생길 수 있다. 마음 열기를 위한 과정은 치료사 소개, 프로그램 소개를 시작으로, 집단 서약서를 작성한 뒤 각자 자기 소개하기로 이어지면 된다.

2) 문학작품
시 : 방문객 – 시집 '섬' 중에서 / 정현종 지음 / 문학판 / 2015

첫 번째 세션을 위해 선정한 문학작품은 정현종 시인의 시 '방문객'이다. 이 시를 선정한 이유는 참여자들의 입장에서는 프로그램 참여를 위해 일주일에 한 번씩 방문을 하는 것이지만, 치료사의 입장에서는 그들 한 명 한 명이 많은 역사를 갖고 있는 사람들이기 때문에 실로 어마어마한 만남이 될 것이기 때문이다. 따라서 이 시는 치료사가 읽어주고 참여자들 각자가 마음에 와 닿은 부분들을 중심으로 이야기를 나누면서 친밀감과 신뢰감을 형성해 나가고자 한다. 시의 전문은 〈문학작품 1-1〉에 제시했다.

3) 관련 활동

① 프로그램 소개

프로그램 소개는 치료사가 직접 진행하는 공식적인 첫 활동으로, 참여한 분들이 앞으로 어떤 것들을 할 예정이고, 그에 따라 어떤 결과를 도출하고자 하는지 등에 대해 안내를 하는 기회이다. 따라서 이 내용은 참여자들의 동기 및 참여 정도에 영향을 미칠 수 있기 때문에, 상세하면서도 정확하게 안내할 수 있도록 준비할 필요가 있다.

② 집단 서약서 작성

서약서는 '약속을 이행하겠다는 다짐을 적은 문서'로, 집단 프로그램에 참여하면서 정해진 규칙을 잘 지키겠다는 측면의 스스로에 대한, 더불어 치료사와 집단원들과의 약속이라고 할 수 있다. 집단 서약서에는 '프로그램 시간에 늦지 않겠다.', '모든 세션에 성실히 참여하겠다.'와 같은 시간에 대한 측면과, '자발적으로 이야기 하고, 타인의 말은 경청하겠습니다.', '프로그램 참여 중에는 휴대폰을 끄겠습니다.' 등의 태도에 대한 내용이 주로 포함된다.

③ 자기 소개하기

조선의 제21대 왕이자 숙종의 아들로 이름은 금, 자는 광숙이었던 영조(英祖)는, 재위 33년째이던 1757년에 64세가 되자 지난날을 회상하면서 다음과 같은 글을 썼다고 한다.

나는 여덟 살에 작위를 받았으니 이 해는 경진년(庚辰年)(1700)이다. 계미(癸未)(1703)에 관례(冠禮)를 행하고, 갑신(甲申)(1704)에 길례(吉禮)를 행하고, 신축(辛丑)(1721)에 왕세제로 책봉되었으며, 임인(壬寅)(1722)에 성균관에 입학하였고, 갑진(甲辰)(1724)에 왕위를 이었다. 처음에는 연잉군(延礽君)으로 봉해지고 아울러 종친부(宗親府)의 당상(堂上),

사옹원(司饔院)의 도제조(都提調), 종부시(宗簿寺)의 도제거(都提擧), 오위도총부(五衛都摠府)의 도총관(都摠管)을 겸임하였다. 잠저(潛邸)에 있을 때의 호는 양성주인(養性主人) 또는 육오거사(六吾居士)였다. 51세에 기사(耆社)에 들어갔다. 64세에 쓰다.

이 내용은 짧은 자기소개 형식의 자서전이라고 할 수 있는데, 본격적인 프로그램 시작에 앞서 참여 노인들에게도 이와 비슷하게 자기를 소개할 수 있는 기회를 줄 필요가 있다. 왜냐하면 치료사는 물론이고 다른 참여자들의 입장에서는 노인들 각자가 자신을 어떻게 소개하는가 탐색할 수 있기 때문이다.

방문객

- 정현종 -

사람이 온다는 건
실은 어마어마한 일이다.
그는
그의 과거와
현재와
그리고
그의 미래가 함께 오기 때문이다.
한 사람의 일생이 오기 때문이다.
부서지기 쉬운
그래서 부서지기도 했을
마음이 오는 것이다 - 그 갈피를
아마 바람으로 더듬어 볼 수 있을
마음,
내 마음이 그런 바람을 흉내 낸다면
필경 환대가 될 것이다.

『섬 / 정현종 지음 / 문학판』

2 세션Session

1) 세부목표 : 중독 인정하기

병식(insight)은 '병에 대한 인식'을 줄인 말로, 환자가 자신의 문제가 무엇인지, 그런 문제가 어떤 원인으로 발생했으며 아직까지 이어지고 있는지, 따라서 어떤 노력을 해야 하는가에 대해 알고 있는 능력을 뜻하는 말이다. 결국 환자에게 있어 병식의 유무는 치료 방법과 예후를 결정짓는 절대적 요소라고 할 수도 있는데, 충남대학교 의과대학의 김종성 교수는 논문[179]을 통해 알코올 환자들이 갖고 있는 다섯 가지의 신념 체계를 다음과 같이 제시했다.

세션	음주 문제가 진행 중인 환자의 신념 체계	회복 중인 환자의 신념 체계
문제	나의 음주에는 아무런 문제가 없다. 나는 술을 좋아하는 애주가일 뿐이다. 나의 음주에 문제가 있는 것으로 취급하면 기분이 나쁘다.	나의 음주에는 많은 문제가 있었다. 안타깝게도 술 때문에 나의 많은 것을 잃었다.
조절 의존	나는 마음만 먹으면 술을 조절할 수 있다. 내가 알코올 중독이라고 하면 억울하다.	일단 술을 입에 대면 절제하지 못한다. 안타깝게도 나는 알코올 중독자이다.
단주	술을 완전히 끊기보다 줄여서 마셔야겠다. 술 없이 사회생활을 유지할 수 없다.	술을 끊어야만 나의 문제가 해결된다. 끊지 않으면 죽을 것 같다는 생각이다.
주위	나의 음주로 인해 주위 사람들에게 해를 주지는 않는다. 나를 술 마시게 한 주위 환경이나 사람들이 원망스럽다.	술 때문에 주위 사람들이 많은 고통을 받았다. 주위 사람에게 고통을 준 것이 가슴 아프다.
입원 치료	술 문제로 치료 받을 상태는 아니다. 술 때문에 치료 받게 되어 억울하다.	술 문제로 치료 받을 필요가 있다. 치료 받게 되어 다행스러운 느낌이다.

---

179) 김종성. 2000. 『병식-지향 치료 프로그램이 알코올 의존 환자들의 병식 상태와 퇴원 후 단주 성적에 미치는 영향』. 박사학위논문. 충남대학교 대학원 의학과 예방의학전공.

또한 성상경 등(2003)[180]은 알코올 중독 환자의 통찰력 수준을 평가하고 효과적인 치료 프로그램 개발을 위한 기초 자료를 제공하기 위해 실시한 연구를 통해 입원 알코올 중독자와 외래 알코올 중독자의 병식 상태를 비교하였다. 연구 대상자는 경기도에 소재한 알코올/약물남용치료센터에 입원한 알코올 중독자 입원 환자 65명과 퇴원 후 외래 알코올 치료 프로그램을 받은 외래 알코올 중독자 38명이었으며, 설문조사를 통해 인구통계학적 자료, 임상적 특성, 과거 알코올력을 조사하였고, NAST(National Alcoholism Screening Test)와 HAIS(Hanil Alcohol Insight Scale)를 통해 통찰력 상태를 측정하였다. 그 결과 외래 알코올 환자는 입원 알코올 환자보다 NAST 수치, NAST 점수, 평균 HAIS 점수가 통계적으로 유의하게 높았다. 또한 외래 알코올 중독자가 입원 알코올 중독자보다 과거 입원 횟수가 통계적으로 유의하게 높았으며, 중독과 치료의 필요성을 더 인식하고 있었다. 따라서 알코올 중독 환자의 병식 상태에 맞는 입원 알코올 치료 프로그램을 보다 융통성 있게 조정할 필요가 있음을 시사하며, 향후 독립된 프로그램이 각 환자에게 미치는 영향, 입원환자 알코올 치료 프로그램을 통해 병식 상태를 높일 수 있는 가이드 목표, 금욕에 대한 통찰력 수준의 개발 등 다른 변수들 간의 상관관계에 대한 연구가 필요할 것이라고 제안하였다.

이상의 연구 결과를 통해 살펴본 바와 같이 알코올 중독 환자들에게는 병식이 없는 경우가 많다. 따라서 치료가 어렵고 예후 또한 좋지 못하다. 그러므로 이번 세션에서는 자신의 문제를 얼마나 정확히 알고 있는지를 확인하고 인정할 수 있도록 돕는데 목표가 있다. 다음은 인정의 필요성과 중요성에 대한 명언들로, 프로그램 중 활용할 수 있을 것 같아 옮겨 놓은 것이다.

---

180) 성상경 외. 2003. 입원 및 외래 알코올 중독 환자의 병식 차이에 대한 연구.『중독정신의학』, 7(1): 60~68.

첫 번째 단계는 변화를 인식하는 것이다. 그 다음 단계는 인정하는 것이다. - 나다니엘 브랜든

자신의 약점이나 모자란 점을 숨기고 감추기보다는 있는 그대로 드러낼 수 있는 용기를 가진 자에게는 결국 길이 열리게 될 것이다. - 이드리스 샤흐

항상 잘못을 인정하라. 그러면 권한이 있는 사람들이 경계심을 버릴 것이며, 당신에게 더 많은 잘못을 저지를 기회가 주어질 것이다. - 마크 트웨인

당신의 약점들을 직면하고 인정하라. 하지만 그것이 당신을 지배하게 하지 마라. 그것으로 하여금 당신에게 참을성, 상냥함, 통찰력을 가르치도록 하라. - 헬렌 켈러

실수란 언제라도 용서받을 수 있는 것이라고 생각한다. 단, 실수한 사람이 그 실수를 스스로 인정할 때만 말이다. - 이소룡

2) 문학작품
글 : 금이 간 항아리 / 교원아동발달연구소 지음 / 구몬학습

이 글은 완벽하지 않음이 때로 긍정적인 결과를 가져오기도 한다는 내용을 담고 있다. 또한 세상이 삭막하게 되는 것은 금이 간 인생 때문이 아니라 너무 완벽한 사람들 때문이라면서, 어딘가 흠이 있는 사람들을 응원하고 있다. 사실 이 글은 비슷하면서도 약간 다른 여러 개의 버전이 있다. 따라서 출처 또한 정확하지 않은데, 그 중에서 확인 가능한 가장 명확한 것을 기재했다. 글의 전문은 〈문학작품 2-1〉에 제시했다.

3) 관련 활동

① 중독 상태 점검 및 치료 경험 확인

중독 상태를 점검하고 치료 경험을 확인하는데 있어 가장 쉽고 빠른 방법은 병원에서의 진단과 진료 기록을 확인하는 것이다. 따라서 이 부분은 프로그램에 참여할 분들이 결정되면 해당 기관이나 가족들을 통해 미리 관련 서류를 제출받거나 확인하는 것이 좋다. 만약 그렇게 할 수 있다면 참여 노인들이 거짓말을 하는지, 아니면 정확히 알고 솔직히 밝히면서 참여하고 있는지에 대해서도 확인할 수 있을 것이다.

② 생활관리불가 글쓰기

이 활동은 알코올 중독으로 인해 그동안 정상적인 생활을 하지 못한 점을 인정하는 글쓰기로, 혹시 단주일지나 회복일지와 같은 글쓰기를 이미 하고 있다면 그 내용을 함께 나눈 뒤 이어가는 것도 좋다. 생활관리불가 글쓰기를 위한 별도의 양식은 없으며, 줄 노트를 활용해 작성할 양도 마음껏 결정할 수 있도록 하는 것이 좋겠다.

금이 간 항아리

어떤 사람이 양 어깨에 막대기로 만든 지게를 지고 물을 날랐다. 오른쪽과 왼쪽에 각각 하나씩의 항아리가 있었다. 그런데 왼쪽 항아리는 금이 간 항아리였다. 물을 가득 채워서 출발했지만, 집에 오면 왼쪽 항아리의 물은 반쯤 비어 있었다. 금이 갔기 때문이다. 반면에 오른쪽 항아리는 가득 찬 모습 그대로였다. 왼쪽 항아리는 주인에게 너무 미안한 마음이 들었다. 그래서 주인에게 요청했다.

"주인님, 나 때문에 항상 일을 두 번씩 하는 것 같아서 죄송해요. 금이 간 나같이 항아리는 버리고 새 것으로 쓰세요."

그때 주인이 금이 간 항아리에게 말했다.

"나도 네가 금이 간 항아리라는 것을 안단다. 네가 금이 간 것을 알면서도 일부러 바꾸지 않는단다. 우리가 지나온 길 양쪽을 바라보아라. 오른쪽에는 아무 생명도 자라지 않는 황무지이지만, 왼쪽에는 아름다운 꽃과 풀이 무성하게 자라지 않니? 너는 금이 갔지만, 너로 인해서 많은 생명이 자라나는 모습이 아름답지 않니? 나는 그 생명을 즐긴단다."

많은 사람들이 완벽함을 추구한다. 자신의 금이 간 모습을 수치스럽게 여긴다. 어떤 때는 자신을 가치 없는 존재로 여겨 낙심에 빠질 때도 있다. 세상이 삭막하게 되는 것은 금이 간 인생 때문이 아니라 너무 완벽한 사람들 때문이다.

당신은 금이 안 간 아내인가? 그래서 남편이 죽는 것이다. 당신은 금이 안 간 남편인가? 그래서 아내가 죽는 것이다. 아버지와 어머니가 모두 명문대를 나온 어떤 학생을 알고 있다. 부모의 완벽함 때문에 그 자식이 죽어가고 있었다. 2등을 해도 만족이 없었다. 심지어 1등을 해도 전교 1등을 해야 한다고 다그쳤다. 그 아이의 심성이 아스

팔트 바닥같이 메마른 것을 알게 되었다.

세상을 황무지로 만드는 똑똑한 사람들이 너무 많다. 금이 간 항아리같이 부족해도 살리는 사람이 좋은 이웃 아니겠는가? 좀 금이 가면 어떤가? 틈이 있으면 어떤가? 좀 부족하면 안 되는가?

영국 의회에 어떤 초선 의원이 있었다. 의회에서 연설을 하는데, 청산유수로 너무나도 완벽한 연설을 했다. 연설을 마치고 난 다음에 연설의 대가인 윈스턴 처칠에게 다가왔다. 그리고 자기의 연설에 대해서 평가를 해달라고 했다. 물론 처칠로부터 탁월한 연설이었다라는 평가와 칭찬을 기대하는 질문이었다. 윈스턴 처칠의 대답은 의외였다.

"다음부터는 좀 더듬거리게나!"

너무 완벽함은 정떨어진다. 한 방울의 물도 떨어뜨리지 않는 항아리는 황무지를 만든다. 탁월함은 완벽함이 아니다. 약함과 부족함과 누수 되는 물이 주는 생명력이다. 금이 간 항아리들 때문에 생명이 충만한 세상을 보고 싶다.

『금이 간 항아리 / 교원아동발달연구소 지음 / 구몬학습』

3 세션 Session

1) 세부목표 : 단주 결심하기

바보들은 항상 결심만 한다고 하지만, 그럼에도 결심조차 하지 않으면 실천은 단 1분 동안에도 이루어지지 않는다. 따라서 더욱 중요한 것은 결심을 한 대로 실천하는 시간을 늘리는 것일 텐데, 단주는 금연이나 다이어트 등과 함께 새해 결심의 단골 소재이다. 그런데 다른 것들도 마찬가지이지만 가장 실천하기가 어려운 부분이다.

물론 단주 결심에 있어 중요한 점은 그 사람이 평소 얼마나 자주, 얼만큼 많이 음주를 했는가일 것이다. 왜냐하면 아무래도 음주 및 폭음 빈도가 높았다면 단주를 하는 것 또한 어렵기 때문이다. 특히 알코올 중독은 뇌의 질환으로 음주에 대한 조절 능력을 상실한 상태이기 때문에, 이미 의존 정도가 높은 단계에 들어선 사람의 경우에는 술을 끊겠다는 의지만으로 단주를 하기는 불가능하다. 따라서 당장 오늘부터 단주를 하겠다며 술을 마시지 않거나 평소보다 술을 적게 먹게 되면, 이미 알코올의 인공적인 간섭으로 인한 수치 변화에 익숙해진 도파민과 GABA의 수치가 급격히 변동하면서 뇌의 신경 체계에 혼란이 생기고 금단 증상을 겪게 된다. 왜냐하면 알코올은 도파민과 GABA라는 뇌의 신경전달물질들을 변화시키는데, 이와 같이 알코올에 의한 인위적인 신경전달물질의 변화가 반복되면 뇌는 평소에도 도파민이나 GABA와 같은 여러 신경전달물질에 적절히 반응하고 조절하는 능력을 잃게 되는 것이다. 금단 증상으로는 어지러움, 나른함, 피로, 불안, 근육통, 식욕감퇴와 같이 일상생활을 불편하게 하는 정도의 신체적인 측면과 더불어 심리적인 측면도 발생할 수 있고, 만약 그 정도가 심하면 고열이나 부정맥과 같은 합병증이 발생할 수도 있다. 그러므로 평소 알코올 의존도가 높았다면 의사 등 전문가와 상의해 금단 증세를 잘 관찰하면서 적절한 치료를 병행하는 것이 중요하다.

세 번째 세션의 목표는 단주를 결심하는 것이다. 전술한 바와 같이 참여 노인들의 상태, 더불어 전문의와의 협업이 필요한 부분이지만, 어쨌든 그런 마음을 먹고 실천을 위한 초석을 놓는데 의미를 두는 시간이다.

2) 문학작품
① 노래 : 한잔해 – 디지털 싱글 / 바비문·위더베스트 작사·작곡, 위더베스트 편곡, 박군 노래 / ㈜오감엔터테인먼트 / 2019

월요일부터 금요일까지 나름의 이유가 있으니 마실 수 있을 만큼 함께 마셔보자는 가사의 노래로, 절주 및 단주를 계획하는 사람들에게는 반드시 피해야 할 곡이다. 그럼에도 이 노래를 고른 이유는 그만큼 절주 및 단주가 어렵다는 점을 상기시켜, 이런 어려움에도 절주 및 단주를 시작할 수 있는 확실한 방안을 찾아보자는데 목적이 있다. 노래 가사는 〈문학작품 3-1〉에 제시했다.

② 시 : 지우개 – 시집 '일찍 늙으매 꽃꿈' 중에서 / 이선영 지음 / 창작과비평사 / 2003

내 몸에 새겨진 자취를 지우는 것이 결코 쉽지 않음을 은유적으로 표현하고 있는 작품이어서, 이번 세션의 목표에 잘 부합된다는 생각에 선정된 시이다. 시의 전문은 〈문학작품 3-2〉에 제시했다.

3) 관련 활동

① 음주, 절주, 단주의 장점 찾기

술을 마셔본 사람들은 취했을 때 나름의 장점이 있다고 생각하는 경향이 있다. 따라서 계속 선택하게 된 결과 의존을 과하게 하는 상황까지 초래했을 텐데, 치료 과정에 참여하면서 절주를 하고 단주까지 가게 된다면 어떤 장점이 있을지 스스로 정리해 보게 하는 활동이다. 만약 프로그램에 참여하는 분들이 서로 다른 단계에 있다면, 그 경험 나누기를 통해 절주 및 단주에 대한 의지를 더 다질 수 있을 것이다. 활동지 양식은 〈관련 활동 3-1〉에 제시했다.

한잔해

- 바비문 · 위더베스트 작사 · 작곡, 위더베스트 편곡, 박군 노래 -

한잔해 한잔해 한잔해 갈때까지 달려보자 한잔해
오늘밤 너와 내가 하나되어 달려 달려 달려 달려
한잔해 한잔해 한잔해 갈때까지 달려보자 한잔해
내가 쏜다 한잔해

월요일은 원래 먹는 날 화요일은 화가 나니까
숙취에 한잔 목이 말라 한잔
금요일은 불금 이니까 밤새도록 한잔 어때요

한잔해 한잔해 한잔해 갈때까지 달려보자 한잔해
오늘밤 너와 내가 하나되어 달려 달려 달려 달려
한잔해 두잔해 세잔해 갈때까지 달려보자 한잔해
내가 쏜다 한잔해

삼겹살에 한잔 때리자 치킨에다 한잔 때리자
두부김치 해물파전 시원한 한잔 주세요
밤새도록 한잔 어때요

한잔해 한잔해 한잔해 갈때까지 달려보자 한잔해
오늘밤 너와 내가 하나되어 달려 달려 달려 달려
한잔해 두잔해 세잔해 갈때까지 달려보자 한잔해
내가 쏜다 한잔해

한잔해 한잔해 한잔해 갈때까지 달려보자 한잔해
오늘밤 너와 내가 하나되어 달려 달려 달려 달려
한잔해 두잔해 세잔해 갈때까지 달려보자 한잔해
내가 쏜다 한잔해

『한잔해 – 디지털 싱글 / 박군 노래 / ㈜오감엔터테인먼트』

지우개

- 이선영 -

내 몸에 선명하게
새겨진 너를,
내 몸 속 생생한
기록이었던 너를,
오래도록 내 행복과
불행의 주문이었던 너를,
오늘 힘주어 지운다

사납게 너를 지우며
너와 섞여 내가
지워지는 이 참상

이제야 깨닫는다
너를 지우는 일은
몸이 부서질 듯
나부터 지우는 일임을

지워야 할 너의 자취만큼

내 몸엔 베어먹힌
사과의 퀭한 이빨자죽

종이에서 그득
털어내는 나의 부재

『일찍 늙으매 꽃꿈 / 이선영 지음 / 창작과비평사』

음주, 절주, 단주의 장점 찾기

음주를 했을 때와 절주 및 단주의 장점에는 어떤 것들이 있을지 각각 정리해 보세요.

이미 경험한 바가 있으면 그 내용을 바탕으로 적으시고,

아직 그 경험이 없다면 추측해서 적어보시기 바랍니다.

음주의 장점	절주의 장점	단주의 장점

4 세션 Session

1) 세부목표 : 단주법 익히기

 과학 기술의 발전에 따라 의학적 치료 방법도 다양해지고 있으며, 그 효과 또한 순차적으로 검증이 되면서 적용 비율 또한 높아지고 있다. 그 가운데 VR(Virtual Reality)은 여러 분야에 적용되고 있는 현재형 기술로, 가상현실을 통해 알코올 중독 등의 중독 치료에서도 활용되면서 그 효과가 검증되고 있다.

 VR 치료의 임상적 유용성을 확인하고 진료현장에서 적극 활용해 왔던 중앙대학교 정신건강의학과 한덕현 교수 등이 2015년 '알코올과 약물 연구' 저널에 발표한 연구[181]에 따르면, 뇌 PET/CT 검사를 시행했을 때 VR 치료 전후 뚜렷한 뇌 신진대사 변화가 나타났다고 한다. 평소 알코올 의존 환자는 알코올 중독 경력이 없는 건강한 성인(대조군)보다 대뇌 기저핵과 측두엽의 뇌 신진대사가 지나치게 활성화되어 있는데, 10회에 걸친 VR 치료 후 대사 활성화가 감소하면서 대조군과 유사해진 것이다. 통상 알코올 의존 환자의 뇌는 가상 음주를 경험하는 동안 일반인보다 더 흥분하고 혐오 자극에도 더욱 민감하게 반응하는데, VR 치료가 환자의 흥분을 가라앉히는데 도움을 주면서 궁극적으로 술에 대한 욕구를 줄이고 알코올 의존성을 낮추는 것으로 해석이 된다. 따라서 VR과 인지행동치료를 접목하면 상담만으로 잘못된 행동 패턴을 교정하는

---

181) Han, D. H. et al. 2015. Virtual Reality Therapy for the Treatment of Alcohol Dependence: A Preliminary Investigation With Positron Emission Tomography/Computerized Tomography. *J Stud Alcohol Drugs*, 76(4): 620–627.

것보다 몰입하기 쉽고, 환자가 극복하기 힘들어하는 부분을 접목해 맞춤형 치료가 가능하다고 할 수 있겠다.

이와 같은 VR 체험은 3D 입체 영상을 통해 오감을 자극하면서 치료 효과를 보고자 하는 일종의 인지 훈련 프로그램이다. 즉, 알코올 중독 환자들이 겪을 수 있는 상황을 실제로 체험하는 것처럼 느낄 수 있도록 하기 위해 관련 영상을 준비해서 스크린과 입체 안경, 음향 시스템 등이 구비된 장소에서 보여준다. 따라서 환자들은 치료실에서 VR 고글을 착용하고 가상의 음주 장면들을 보게 된다. 이처럼 가상의 인물들과 함께 고기를 구워 술을 마시다 보면, 시각과 청각, 후각이 두루 자극되면서 실제 술집에 있는 듯한 착각에 빠지게 된다. 그러다가 취기가 오르면 술병이 잔뜩 버려진 쓰레기 더미에 피를 흘리고 구토를 하며 쓰러져 있는 화면으로 바뀌고, 결국 죽어 땅 속에 묻히는 장면으로 이어지면서 환자들은 두려움과 공포감을 느끼게 된다.

4세션을 위해 VR 치료를 소개한 이유는, 이 치료도 인지행동치료의 일환이기 때문이다. 일명 CBT(Cognitive Behavioral Therapy)라고 칭해지는 인지행동치료는, 다양한 방법을 통해 인지의 변화를 촉진하는 목표 지향적이고 해결중심적인 치료라고 할 수 있다. 특히 정신 건강을 향상시키는데 가장 널리 사용되는 증거 기반 학습인 심리 사회적 개입을 위해, 경험적 연구에 따라 지금 여기(here and now)를 강조하면서 현재의 문제를 해결하고 인지(예 : 사고, 신념 및 태도), 행동 및 정서적 규칙에 도움이 되지 않는 패턴을 변경하는 것을 목표로 하는 개인 대처 전략의 개발에 중점을 둔다. 원래는 우울증을 치료하기 위해 고안되었지만, 지금은 중독 치료는 물론이고 정신 건강상의 여러 문제를 돕는데 활용되고 있다. 따라서 이번 세션에는 참여 노인들에게 인지행동치료의 이론을 알려드리면서 단주를 할 수 있도록 도울 예정이다.

2) 문학작품

시 : 술 – 시집 '광대의 해골이 삐거덕거리는 소리' 중에서 / 오순한 지음 / 극단 열린 / 2001

이번 세션을 위해 선정한 시 '술'은 내 마음을 가장 잘 알아주는, 그래서 가장 마음이 편하고 정직하다고 여기는 친구이다. 때문에 사는 것이 힘들어도, 외롭고 고독함을 느낄 때에도, 화가 날 때에도 찾을 수밖에 없는 대상으로서의 역할을 한다. 이는 결국 그런 상황이 발생할 때마다 술을 찾게 되고 나아가 의존할 수밖에 없는 단초가 될 것이므로, 이와 같은 자동적 사고가 형성되지 않도록 하는 대신 다른 방안을 머릿속에 갖고 있도록 돕기 위해 선정했다.

3) 관련 활동

① 단주법 익히기(인지행동치료 이론 습득)

알코올 문제를 갖고 있는 분들을 위한 인지행동치료에 관한 이론적 측면은 『알코올 문제를 극복하기 위한 인지 행동 치료 프로그램 / Elizabeth E. Epstein· Barbara S. McCrady 지음, 이준 옮김 / 하나의학사 / 2014』와, 같은 저자들이 2015년에 펴낸 『알코올 문제를 극복하기 위한 인지 행동 치료 프로그램 워크북』의 내용들을 활용할 수 있다.

다음 내용은 임영란(2000)[182]이 정리한 알코올 중독 치료를 위한 인지행동치료의 주요 치료 기법들로, 그는 알코올 중독자들이 단주에 이르는데 필요한 적절한 사고와 관점, 감정 상태, 행동 기술들을 연습하고 갖추게 하는 것이 필요하다고 하였다. 왜냐하면 이러한 연습이 충분히 이루어지면 음주라는 부적응적 대처 습관에서 벗어나 좀

---

182) 임영란. 2000. 『알코올 의존 환자를 위한 인지행동치료의 효과 검증 및 심리적 위험 인자에 대한 구조 모형 분석』. 박사학위논문. 고려대학교 대학원 심리학과. pp. 33-40.

더 적응적인 대처 기술들을 적용하게 되고, 그러한 학습 과정을 통해 결국 단주라는 목표에 도달하게 되기 때문이다.

㉠ 고위험 상황의 인식

금주를 하려는 목표를 세우고 나면, 내담자는 직후 또는 곧이어 다시 술을 마시거나 과도한 음주로 이어질 수 있는 위험을 느끼는 고위험 상황을 만나게 된다. 따라서 이러한 고위험 상황을 정확히 인식하고 이에 대처할 수 있는 여러 방법들이 인지행동치료의 출발점이다.

㉡ 대처 기술 부족과 낮은 자기효능감에 대한 대처

술을 다시 마시게 되거나 초기 알코올 사용 상태로 돌아갈 정도로 자신의 금주 목표를 위배하는 것은, 고위험 상황에 처했을 때 이에 대처할 수 없는 낮은 자기효능감과 연관된다. 따라서 치료에서는 고위험 상황에 직면했을 때 술을 마시지 않고 그 상황을 효과적으로 다룰 수 있는 인지적 또는 행동적 대처 반응을 익히도록 돕는다.

㉢ 음주 충동 및 재발에 대한 대처

인지행동치료에서는 음주에 대한 갈망과 충동들을 생물학적 욕구가 아니라 즉각적인 만족을 바라는 인지에 의해 매개된 것으로 재개념화 한다. 그런 다음 내담자는 그들의 음주 충동을 경감시킬 수 있는 더 건강한 만족의 수단을 추구하도록 격려 받는다. 또한 음주 충동과 동일시하기 보다는 갈망들을 외재화 하도록 제시하거나 충동을 직접적으로 다루어준다. 많은 중독자들이 음주 충동의 힘이 점점 증가하다가 자신을 압도할 것이라는 신념을 갖고 있기 때문에, 치료자가 충동 자체는 파도와 같아서 시간이 지나면 그 강도나 높이가 점점 줄어든다는 것을 알려준다. 이를 통해 충동 자체는 아무런 해가 없다는 것과 충동에 즉각적으로 음주 행동으로 대처하지 않고 다루는 방법을 익힌다.

또한 인지행동치료에서는 재발에 대한 대처가 강조된다. 재발에 대한 대처에는 행동적, 인지적, 정서적 요소들이 다 포함된다. 행동적 방법으로는 술을 마시게 되었을 경우 그 이후에 취할 수 있는 행동을 미리 계획하고, 때로는 카드에 써서 항상 들고 다니게 한다. 그럼에도 만약 재발이 된다면 죄책감이나 자기 비난에 빠져 더 극단적인 음주에 빠지지 않도록 유도한다. 술을 더 마시지 않는 것이 중요하며, 일시적으로 그런 감정이 드는 것은 정상적 반응이라고 개념화한다. 나아가 목표를 다시 점검하여 즉각적인 회복 계획을 짠 뒤, 재발에 이르게 한 사건들을 검토하여 자신의 고위험 상황에 대한 정보를 얻거나 효과적인 대처 기술을 다시 배울 수 있는 기회로 삼도록 한다.

㉣ 삶의 균형 회복 및 생활 태도의 변화

인지행동치료에서는 삶의 균형 회복을 중시한다. 재발은 특히 그 사람의 생활방식이 불균형적일 때 일어나기 쉽다. 균형 잡힌 생활방식이란 일상의 생활이 충분히 즐거운 활동들로 채워져 있고, 매일 또는 진행 중인 스트레스의 영향에서 균형을 잡을 수 있는 대처 자원들로 채워져 있는 것이다. 스트레스가 그 사람의 대처 자원을 초과할 때, 일시적인 균형감을 회복하기 위한 시도로 중독성 행동에 의존하고 이를 정당화한다. 또한 이때 내담자가 스트레스를 감소시키는 다른 방법들을 모른다면, 그들은 더욱 중독성 행동에 빠지기 쉽다. 따라서 내담자로 하여금 균형 잡힌 생활방식에 도달하도록 돕는 것이 인지행동치료의 중요한 요소이다.

술

- 오순한 -

사는 것이 힘들어도
술이다
외롭고 고독해도
술이다
화가 나도
술이다

그런데
그 술이 같지 않다
같은 술인데
나를 따라서 변해준다
맘 편한 친구다
가장 정직한 친구다

머리꼭지까지
사랑에 취해도
받아주는 친구는
술뿐이로구나
끝내주는 친구다

『광대의 해골이 삐거덕거리는 소리 / 오순한 지음 / 극단 열린』

5 세션 Session

1) 세부목표 : 인격 성숙시키기 1

다음은 성격심리학의 창시자 가운데 한 명인 미국의 심리학자 고든 올포트(Gordon W. Allport)가 제시한 성숙한 인격을 가진 사람의 특징을 Kelland(2020)[183]가 정리한 것이다.

① 자아 감각의 확장(Extension of the Sense of Self) : 성숙한 사람은 단순한 요구나 추진력 감소 이상의 것에 집중하며, 자기 밖의 다양한 대상과 활동에 흥미와 관심을 발전시킨다. 일반적으로 자아가 미성숙한 어린 아이는 모든 것이 자기중심적이다. 그러나 자아가 발달해 감에 따라 자기 밖의 다양한 대상에 관심을 갖게 되고, 다양한 활동에 참여함으로써 자아의 영역이 확대되어 간다. 일반적으로 성숙한 사람들은 자신의 직장, 취미 활동 동아리, 가족이나 친구 관계, 투표와 같은 정치적 활동, 종교적 활동, 봉사 활동 등 조직 활동이나 사회 활동에 적극적으로 참여한다. 이와 같이 성숙한 사람은 개인적으로나 사회적으로 의미 있는 일에 깊은 관심을 갖고 적극적인 참여를 통해 자아의 영역을 확대해 나간다.

---

183) Kelland, D. Mark. 2020. Allport's Psychology of Personality. Retrieved from https://socialsci.libretexts.org/Bookshelves/Psychology/Book%3A_Personality_Theory_in_a_Cultural_Context_(Kelland)/10%3A_Trait_Theories_of_Personality/10.03%3A_Allport%27s_Psychology_of_Personality

② 자신과 다른 사람들과의 온정적인 관계(Warm Relating of Self to Others) : 성숙한 사람들은 다양한 사람들과 온정적인 관계를 유지한다. 여기서 온정적인 관계는 친밀감과 연민이라는 두 가지 요소로 구성된다. 친밀감(intimacy)이란 부모, 자식, 배우자, 친한 친구들에게 친근함을 나타내고 사랑을 표현할 줄 아는 태도를 말한다. 성숙한 사람은 친근한 사람들의 행복에 대해 지속적인 관심을 가지며 또 그들이 행복해지도록 적극적으로 돕는다. 연민(sympathy)이란 인간의 고통, 슬픔과 기쁨, 공포와 안정, 성공과 실패, 어려움 등을 이해하는 태도를 말한다. 육체적, 경제적, 환경적으로 어려운 처지에 있는 사람을 보면 측은하게 생각하고 도와주고 싶은 마음을 갖는 것이 연민이다. 성숙한 사람은 이러한 연민의 감정으로 인해 다른 사람들의 행동을 판단하거나 비방하지 않으며, 소유욕적인 관계를 피하고 관용적인 태도로 포용하게 된다. 타인을 인격체로 존중하고 관용과 소위 민주적 인격 구조를 표현한다.

③ 정서적 보안(자기 수용)(Emotional Security(Self Acceptance)) : 성숙한 사람은 정서적으로 평정함을 보여준다. 그들은 과민 반응을 피할 수 있는 능력을 갖고 있는데, Allport에 따르면 특히 중요한 것은 그들이 좌절과 실패에 대한 인내심(Frustration Tolerance)을 갖고 있다는 점이다.

④ 현실적인 인식, 기술 및 과제(Realistic Perception, Skills, and Assignments) : 성숙한 사람은 우리가 현실 세계라고 부르는 것과 밀접하게 접촉한다. 그들은 실질적인 존재로써 사람을 포함한 사물들을 본다.

⑤ 자기 객관화 – 통찰력과 유머(Self-Objectification – Insight and Humor) : 이 특성을 설명하면서 Allport는 소크라테스의 말 "너 자신을 알라."를 인용했다. Allport의 심리학 수업에 참여한 96%의 학생들은 평균 또는 그 이상 통찰력을 갖고 있다고 생각했다. 이와 같이 사람들은 자신에게 통찰력이 있다고 생각하지만 종종 그렇지 못하다. 통찰력과 유머 사이에는 높은 상관관계가 있는데, 자신을 진정으로 아는 사

람들은 객관적으로 자신을 바라볼 수 있고 자신의 실패와 실수를 비웃을 수 있다.

⑥ 통일된 삶의 철학(The Unifying Philosophy of Life) : Allport에 따르면 유머는 필수적일 수 있지만 결코 충분하지 않다. 성숙하려면 삶의 목적의식이 필요하다. 이러한 목적의식은 자신의 삶에 대한 명확한 방향, 가치에 대한 강한 지향, 종교적 정서 또는 일반적 양심을 통해 찾을 수 있다. Alllport는 많은 사람들이 사회에 봉사하고자 하는 욕망이 종교적 또는 영적 의무의 충족보다 더 중요한 일반적 동기라고 생각하는 것을 꽤 흥미롭게 여겼다. 그는 통합된 도덕적 의무감이 종교적 정서와 관련되어 있는가의 여부와 상관없이 통일된 삶의 철학을 제공할 수 있다고 결론지었다.

이상과 같이 정리한 '성숙한 인격을 가진 사람'의 특징은 보통 사람들도 갖추기 힘든 것들을 포함하고 있다. 그럼에도 성숙한 인격을 갖추면 보다 건강하게 지낼 수 있기 때문에 알코올 중독 여부를 떠나서 모든 사람들이 지향해 나갈 측면임에 틀림없다.

2) 문학작품
시 : 나를 화나게 하는 것들 – 시집 '삶이 너에게 해답을 가져다줄 것이다' 중에서 /
    김용택 엮음 / 마음의숲 / 2018

이 시는 칠레의 시인인 '테레사 드 제수스(Terese de Jesús)'가 쓴 것으로, 상대적으로 소외받거나 약자들을 볼 때 화가 난다는 심정을 담고 있다. 5세션을 위해 이 시를 선정한 이유는 참여 노인들은 언제 화가 나고, 어떨 때 스트레스를 받는지에 대한 이야기의 촉매제로 활용하기 위해서이다. 시의 전문은 〈문학작품 5-1〉에 제시했다.

3) 관련 활동

① 스트레스 관리 훈련 1 – 상황별 스트레스 지수 점검

빈도나 정도의 차이만 있을 뿐, 세상을 살아가면서 스트레스를 받지 않는 사람은 절대 없을 것이다. 이 활동은 스트레스 관리 훈련을 위한 준비 단계로 상황별 스트레스 지수를 점검해 보는데 목적이 있다. 활동지는 〈관련 활동 5-1〉에 제시했으니 활용해 보시기 바란다.

나를 화나게 하는 것들

- 테레사드 제수스 -

지저분하고, 못 먹고, 눈물 흘리는
어린 아이를 볼 때
나는 화가 납니다.

쓰레기통에 버려진 음식을 볼 때
가난한 사람이 그 음식을 골라 집어먹을 때
나는 화가 납니다.

작고 나이 든 사내가
종착역에서 잠든 것을 볼 때
나는 화가 납니다.

스물여섯 살 젊은이가
노인처럼 구부정한 몸에 초췌한 얼굴을 하고 있을 때
나는 화가 납니다.

가난한 사람들이 지난달 월급을 받기 위해
부자들의 사소한 일이 끝나기를 기다리는 것을 볼 때
나는 화가 납니다.

『삶이 너에게 해답을 가져다줄 것이다 / 김용택 엮음 / 마음의숲』

상황별 스트레스 지수 점검

여러분은 어떤 상황에서 스트레스를 받으시나요?

그런 상황과 함께 스트레스 정도를 100점 만점으로 체크해 보세요.

스트레스를 받는 상황	스트레스 지수

6 세션 Session

1) 세부목표 : 인격 성숙시키기 2

스트레스는 만병의 근원이기 때문에 가능한 받지 않는 것이 좋다고 한다. 왜냐하면 스트레스는 정신 건강, 신체 건강은 물론이고 면역 기능에도 영향을 끼치기 때문이다. 그러나 일상생활 중 스트레스를 받지 않는 사람은 없을 것이다. 따라서 가능한 적게 받거나 아니면 빨리 해소할 수 있는 방안을 모색해야 한다. 이를 스트레스 관리(stress management)라고 하는데, 정확한 개념은 다음과 같다.

스트레스 관리는 사람의 스트레스, 특히 만성 스트레스 수준을 통제하는 것을 목표로 하는 다양한 기법과 심리요법으로, 일반적인 목적은 일상 기능을 개선하는 것이다.[184]

다음은 질병관리청 국가건강정보포탈[185]에서 제공하고 있는 '지각된 스트레스 정도'를 파악해 볼 수 있는 검사지로, 점수 합계가 13점 이하인 경우는 정상, 14점 이상이면 스트레스를 받고 있는 상태로 지속될 경우 나쁜 스트레스 결과가 나타날 수 있고, 17점 이상이면 정신 질환으로까지 발전될 가능성이 높으며, 19점 이상이면 당장 전문가를 만나 도움받을 필요가 있다.

---

184) 위키백과. 2021. 출처: https://ko.wikipedia.org/wiki/%EC%8A%A4%ED%8A%B8%EB%A0%88%EC%8A%A4_%EA%B4%80%EB%A6%AC

185) 질병관리청 국가건강정보포털. 2021. 출처: https://health.kdca.go.kr/healthinfo/index.jsp

지각된 스트레스 정도

항목	전혀 없었다	거의 없었다	때때로 있었다	자주 있었다	매우 자주 있었다
1. 예상치 못했던 일 때문에 당황했던 적이 얼마나 있습니까?	0	1	2	3	4
2. 인생에서 중요한 일들을 조절할 수 없다는 느낌을 얼마나 경험하였습니까?	0	1	2	3	4
3. 신경이 예민해지고 스트레스를 받고 있다는 느낌을 얼마나 경험하였습니까?	0	1	2	3	4
4. 당신의 개인적 문제들을 다루는데 있어서 얼마나 자주 자신감을 느꼈습니까?	0	1	2	3	4
5. 일상의 일들의 당신의 생각대로 진행되고 있다는 느낌을 얼마나 경험하였습니까?	0	1	2	3	4
6. 당신이 꼭 해야 하는 일을 처리할 수 없다고 생각한 적이 얼마나 있었습니까?	0	1	2	3	4

2) 문학작품

동시 : 스트레스 – 동시집 '닳지 않는 손' 중에서 / 서정홍 동시, 윤봉선 그림 / 우리교육 / 2008

6세션을 위해 선정한 문학작품은 동시 '스트레스'로, 말도 안 되는 소리 한 마디에 크게 웃었더니 스트레스도 자연스럽게 사라졌다는 내용을 담고 있다. 따라서 실제로 모든 스트레스가 이와 같이 가볍게 해소될 수 있다면 좋겠다는 바람으로, 참여 노인들이 자신의 스트레스를 관리 할 수 있는 방안을 모색해 볼 수 있도록 돕는데 활용하고자 한다. 동시의 전문은 〈문학작품 6-1〉에 제시했다.

3) 관련 활동

① 스트레스 관리 훈련 2 – 스트레스 관리 방안 모색과 실천

어떤 상황에 대해 스트레스를 받는 것도 자기 자신이기 때문에, 그것을 조절하는 등 관리 방법을 가장 잘 아는 것도 본인이다. 즉, 어떻게 해야 기분이 좋아지고 그것을 오랜 시간 동안 유지할 수 있는지 알아야 한다는 것이다. 만약 관리 방안이 모색되면 더 중요한 것은 실천을 하는 것이므로, 반드시 자신이 좋아하면서도 쉽게 실천할 수 있는 것을 찾아 정리할 수 있도록 도울 필요가 있다. 활동지는 〈관련 활동 6-1〉에 제시되어 있다.

스트레스

- 서정홍 -

우리 고모는
전자 제품 공장에 다닙니다.
그런데 공장에만 가면
스트레스 받아 옵니다.

사장이 일 빨리빨리 하라고
만날 잔소리 해 대는 바람에
스트레스 받아서 미치겠다는데
할머니가 한마디 거듭니다.

"야야, 오데 받을 끼 없어서
스트레스를 받아 오노
일을 했으모 돈을 받아 와야지."

"어머이, 돈은
월급날이 돼야 받아 오지요."

"야야, 스트레스는 만날 받아 오면서
돈은 와 만날 못 받아 오노."

"아이고오 어머이,
말도 안 되는 소리 마이소.
아하하하 아하하하……."

말도 안 되는 할머니 말씀에
우리 고모 스트레스는
온데간데없습니다.

『닳지 않는 손 / 서정홍 동시, 윤봉선 그림 / 우리교육』

스트레스 관리 방안 모색과 실천

내 스트레스는 어떻게 해야 빠른 시간 안에 사라질까요?

여러 방안들을 모색해 보신 뒤, 실천이 가장 쉬운 것부터 순위를 매겨보세요.

스트레스 관리 방안	실천 순위

7 세션 Session

1) 세부목표 : 관계 개선하기 1

방랑생활을 하며 작품을 많이 남겨 두보와 함께 중국 최고의 고전시인으로 꼽히는 이백(자는 태백)은, 시의 소재로 주로 여행, 이별, 음주, 달빛, 신선 등을 활용했다고 한다. 다음은 그가 쓴 술에 관한 시 가운데 일부이다.

待酒不至(대주부지) 술을 기다리며

玉壺繫靑絲 (옥호계청사) 옥병에 청사 매어 술 사러 보냈건만
沽酒來何遲 (고주래하지) 술 사서 오는 걸음 왜 이토록 더딘가
山花向我笑 (산화향아소) 산마다 가득 핀 꽃 날 보고 웃어주니
正好銜杯時 (정호함배시) 바야흐로 술 마시기 정말 좋은 때
晚酌東窓下 (만작동창하) 해 진 뒤 동창 밑에서 술잔 드는데
流鶯復在玆 (유앵부재자) 꾀꼬리는 우짖으며 숲으로 드네
春風與醉客 (춘풍여취객) 향기 실은 봄바람과 술 취한 사람
今日乃相宜 (금일내상의) 오늘에야 비로소 사이 좋아지네

春日獨酌(춘일독작) 봄날 혼자 마시는 술

東風扇淑氣 (동풍선숙기) 봄바람에 훈기 돌고

水木榮春暉 (수목영춘휘) 수목은 봄빛에 무성하며

白日照綠草 (백일조록초) 환한 빛 봄 풀을 비치고

落花散且飛 (낙화산차비) 꽃은 져서 이리저리 날아다니네

孤雲還空山 (고운환공산) 조각 구름은 빈 산을 돌고

衆鳥各已歸 (중조각이귀) 새들도 저마다 집으로 돌아가네

彼物皆有託 (피물개유탁) 생겨난 모든 것 기댈 곳 있는데

吾生獨無依 (오생독무의) 나만 혼자 외롭게 의지할 곳 없네

對此石上月 (대차석상월) 돌 위에 비치는 밝은 달과 더불어

長醉歌芳菲 (장취가방비) 오래오래 술 마시며 꽃을 읊으리

對酒(대주) 술잔을 마주하고

勸君莫拒杯 (권군막거배) 권하는 술잔을 마다 말게나

春風笑人來 (춘풍소인래) 봄바람 웃으며 살랑거리잖나

桃李如舊識 (도리여구식) 복사꽃 오얏꽃도 알아보겠다는 듯

傾花向我開 (경화향아개) 우리 쪽을 향해서 피어있잖나

流鶯啼碧樹 (유앵제벽수) 앵무새 우짖으며 나무를 옮겨 다니고

明月窺金罍 (명월규금뢰) 둥근 달도 술독에 환하게 떠있잖은가

昨日朱顔子 (작일주안자) 어제는 얼굴 붉은 아이였던 우리

今日白髮催 (금일백발최) 오늘은 백발 성성한 노인 되었잖나

棘生石虎殿 (극생석호전) 석호전에는 가시밭 무성해지고

鹿走姑蘇臺 (녹주고소대) 고소대에는 사슴들이 뛰어다니잖나

自古帝王宅 (자고제왕택) 자고로 제왕의 집과 성채는

城闕閉黃埃 (성궐폐황애) 무너지고 흙먼지 내려앉잖나

君若不飮酒 (군약불음주) 그대가 몸 생각해 술 마시잖겠다 해도

昔人安在哉 (석인안재재) 살아있는 옛 사람 없다는 걸 알아야 하리

春日醉起言志 (춘일취기언지) 봄날 술 깨어

處世若大夢 (처세약대몽) 우리 삶이 한 바탕 꿈과 같거늘
胡爲勞其生 (호위노기생) 뭐하자고 그렇게 아등바등 사는가
所以終日醉 (소이종일취) 나는 오늘 진종일 술을 마셨고
頹然臥前楹 (퇴연와전영) 대청마루 기둥에 기대 잠이 들었네
覺來眄庭前 (각래면정전) 술에서 깨 문 밖을 내다봤더니
一鳥花間鳴 (일조화간명) 새 한 마리 꽃 속에서 울고 있었네
借問此何時 (차문차하시) 지금이 어느 땐가 물어보려다가
春風語流鶯 (춘풍어류앵) 봄바람과 꾀꼬리의 속삭거림 듣고 말았네
感之欲歎息 (감지욕탄식) 탄식은 참으려도 참아지지 않는 것
對酒還自傾 (대주환자경) 혼자서 술병 들어 가득 따라 마셨네
浩歌待明月 (호가대명월) 달 어서 뜨라고 큰 소리로 노래했네
曲盡已忘情 (곡진이망정) 노래 한 곡 부르고 나니 모든 게 다 잊혀졌네.

이상과 같이 살펴본 네 편의 시에는 시인의 외로움, 세월의 무상함 등이 담겨 있는데, 그 역시 관계에 대한 생각을 많이 했다는 점은 다음의 문장으로부터 확인할 수 있다.

고난과 불행이 찾아올 때 비로소 친구가 친구임을 안다. - 이태백

2) 문학작품
① 글 : 내가 만나는 사람은 - 산문집 '58년 개띠' 중에서 / 서정홍 지음 / 보리 / 2003

저자는 그들을 바보라고 통칭하고 있지만, 보다 나은 삶을 위해 노력하고 내 이익 보다는 타인을 위해 양보했던, 그래서 손해만 보고 사는 사람들에 대한 이야기이다.

사회는 곧 사람들과의 관계가 가장 중요한 곳이기 때문에, 이 글을 통해 참여 노인들이 그동안 자신이 맺었던 관계에 대해, 그리고 현재 상태에 대해, 나아가 향후 바람에 대해 이야기를 나누어 보고자 선정했다. 글의 전문은 〈문학작품 7-1〉에 제시했다.

② 시 : 너무 늦게 그에게 놀러 간다 – 시집 '어두워진다는 것' 중에서 / 나희덕 지음 / 창작과비평사 / 2001

이미 늦었다고 생각하는 지금 이 순간이 가장 빠른 때라는 말도 있지만, 때로 너무 늦었다는 생각이 드는 경우도 있다. 특히 사람은 내 마음 같지 않을 때가 많고 세월 앞에는 장사도 없기 때문에 늘 그 자리에서 기다려줄 거라 생각하는 것은 착각이다. 그러므로 이 시는 후회하기 전에 행동하라는 깨우침을 준다. 7세션을 위해 이 시를 선정한 이유는 관계 개선의 필요성을 일깨우기 위해서이다. 시의 전문은 〈문학작품 7-2〉에 제시했다.

3) 관련 활동

① 대인관계 훈련 1

사실 어떤 사람이 대인관계를 잘 못하는 편인 경우, 몇 가지의 방법을 알려주는 것만으로 해결이 될 가능성은 낮다. 왜냐하면 대인관계에도 반복되는 경향성이 나타나기 때문이다. 이는 자신을 낳고 주 양육자였던 어머니와의 관계 속에서 자신이 누구인지, 세상은 어떤 곳인지, 자신과 세상의 관계는 무엇인지를 알아가게 되고, 결국 성인이 되었을 때에도 그 내용들이 무의식에 남아 있기 때문에 대인관계에서도 반복되는 경향이 있다고 보는 대상관계와 연결되어 있기 때문이다.

대상관계는 자신과 대상이 누구인지에 대한 '자기 표상(self representation)', '대상 표상(object representation)', 그리고 이 둘을 연결하는 '정서적 관계'로 구성된다. 여기서 말하는 대상은 넓게는 세상이고 좁게는 사람을 칭하는데, 각자의 마음(무의식)에 존재하는 대상관계는 우리가 현실에서 만들어가는 대인관계의 기본 틀이 된다. 따라서 어떤 사람에게 계속 반복되는 대인관계 패턴이 있다면, 그 이유는 대상관계 때문이라고 할 수 있다. 즉, 우리가 맺고 있는 관계들은 현실로 드러나는 대상관계일 뿐인 것이다.

그렇기 때문에 각자의 대상관계를 정확히 알지 못한 채 이루어지는 대인관계 훈련은 큰 의미가 없을 수 있다. 따라서 정신분석적 측면에서 첫 기억 등 어린 시절의 이야기를 탐색하거나, 가족치료적 측면에서 가계도를 그려보는 등의 활동을 바탕으로 자기 표상과 대상 표상이 어떻게 정립되어 있는지 확인해 보는 것이 좋다.

내가 만나는 사람은

- 서정홍 -

내가 만나는 사람은 바보들이 많습니다. 똑똑하지 못하면 약삭빠르기나 하든지, 물려받은 재산이 없으면 마음이나 독하게 먹든지, 세상 살아갈 쥐뿔 하나 없는 바보들이 많습니다.

열세 평 아파트 전세금을 사기꾼에게 떼이고도 '얼마나 불쌍한 놈이었으면 내 돈 떼먹었을까' 생각하는 바보도 있고, 어린 자식놈 닦달질해 가며 애써 모은 돈을 동무에게 빌려주고 몇 해째 받지 못해도 '처지가 되면 갚겠지' 생각하는 바보도 있고, 한평생 공사장에서 남의 집을 지어주고 아직 제 집 한 채 마련하지 못해도 '내가 집 복이 없어서 그렇지' 생각하는 바보도 있고, 정리해고 구조조정 때 서로 쫓겨나가지 않으려고 윗사람에게 꼬리를 치고 다니는 동료들을 보면서 '그래, 이렇게 서로 눈치 살피느니 내가 먼저 나가지' 마음먹고 사직서를 던지고 농부가 된 진짜 바보도 있습니다.

가난한 살림살이 온 식구들 반대 무릅쓰고 노동운동 하다가 감옥에 몇 번 들락거리며 병을 얻어 일찍 죽거나 이혼을 당한 바보도 있고, 농민운동 하다가 살림살이 거덜나고 마흔이 넘도록 장가도 못간 바보도 있고, 날이 갈수록 메마른 세상에 어울리지 못해 오늘도 술에 절어 사는 바보도 있고, 평생 시를 붙들고 살면서 시집 한 권 내지 못하고 오늘도 시를 쓰는 착한 바보도 있습니다.

오늘도 우리 집을 찾아오는 사람은 바보들이 많습니다. 바보들과 부대끼며 술상 밥상 차리기에 바쁜 아내도 바보입니다. 정말 바보입니다.

『58년 개띠 / 서정홍 지음 / 보리』

너무 늦게 그에게 놀러 간다

- 나희덕 -

우리 집에 놀러와. 목련 그늘이 좋아.
꽃 지기 전에 놀러 와.
봄날 나지막한 목소리로 전화하던 그에게
나는 끝내 놀러 가지 못했다.

해 저문 겨울날
너무 늦게 그에게 놀러간다.

나 왔어.
문을 열고 들어서면
그는 못 들은 척 나오지 않고
이봐. 어서 나와.
목련이 피려면 아직 멀었잖아.
짐짓 큰소리까지 치면서 문을 두드리면
조등弔燈하나
꽃이 질 듯 꽃이 질 듯
흔들리고, 그 불빛 아래서
너무 늦게 놀러온 이들끼리 술잔을 기울이겠지
밤새 목련 지는 소리 듣고 있겠지.

너무 늦게 그에게 놀러 간다.
그가 너무 일찍 피워 올린 목련 그늘 아래로.

『어두워진다는 것 / 나희덕 지음 / 창작과비평사』

8 세션 Session

1) 세부목표 : 관계 개선하기 2

다음 글은 난소암으로 1년간 투병하다 사망한 나모 씨(78세)가 자녀들에게 남긴 유서로, 2017년 12월 27일 Newsis 기사[186]로 실린 것을 옮겨온 것이다. 어째서 내 인생이 이런 것인지, 왜 이 사람들과 가족으로 만나게 되었는지에 대해 알 수는 없지만, 그럼에도 서로가 있었기에 어려움과 아픔을 이겨낼 수 있었지 않았는가. 자식들보다 훨씬 힘든 시간을 살아냈을 어머니의 감사 인사가 가슴을 뭉클하게 하는 내용이어서, 관계 개선에 있어 필요한 것이 무엇인지 함께 생각해 봤으면 하는 마음에 소개한다.

노모의 유서

자네들이 나를 돌보아줌이 고마웠네

자네들이 세상에 태어나 나를 어미라고 불러주고
젖 물려 배부르면 나를 바라본 눈길에 참 행복했다네....
지아비 잃어 세상 무너져,
험한 세상 속을 버틸 수 있게 해줌도 자네들이었네

---

186) Newsis. 2017년 12월 27일자 기사. 출처: https://newsis.com/view/?id=NISX20171227_00001
87417&cID=10809&pID=10800

병들어 하느님 부르실 때,

곱게 갈 수 있게 곁에 있어줘서 참말로 고맙네….

자네들이 있어서 잘 살았네

자네들이 있어서 열심히 살았네….

딸아이야 맏며느리, 맏딸노릇 버거웠지?

큰애야…. 맏이노릇 하느라 힘들었지?

둘째야…. 일찍 어미곁 떠나 홀로 서느라 힘들었지?

막내야…. 어미젖이 시원치 않음에도 공부하느라 힘들었지?

고맙다 사랑한다 그리고 다음에 만나자

2017년 12월 엄마가

2) 문학작품
글 : 또 한 해가 빠져 나간다 – 산문집 '아름다운 마무리' 중에서 / 법정 지음 / 문학의숲 / 2008

한 해가 끝나갈 즈음이 되면 사람들은 자연스럽게 지난 시간들을 돌아보게 된다. 그러면서 계획했던 일에 대한 성과는 어떤지, 혹 과오를 저지른 적은 없는지 등에 대해 생각하면서, 새해에는 더 나은 삶을 살아야겠다는 다짐을 하게 된다. 그렇게 한 해를 정리하는 것이다. 그런데 이런 작업 시 가장 어려운 것은 역시 사람과의 관계에 대한 측면이다. 특히 다툼 등으로 아직 회복하지 못한 상태라면 사과를 하거나 용서를 하는 등의 시도를 해야 하는데, 그런 용기를 내는 것조차 어렵다. 따라서 앙금을 남긴 채 다음 해를 맞이하는 경우가 많은데, 그렇게 되면 과거에 얽매인 삶을 살 수밖에 없다는 깨우침을 주는 글이다. 8세션을 위해 이 글을 선정한 이유는 참여자들의 대인관계에서도 분명 그런 측면이 있을 것이기 때문에, 이 기회에 개선 혹은 회복의 여지를 만들어 보기 위해서이다. 글의 전문은 〈문학작품 8-1〉에 담겨 있다.

3) 관련 활동

① 대인관계 훈련 2

8세션에서의 대인관계 훈련은 여럿이 짝을 지어 공통의 문제를 해결하기 위해 서로 소통할 수 있는 기회를 주고자 한다. 이때 각 팀에게 주는 문제는 정답이 없는 것으로, 서로 협의하여 최상의 답을 찾아내면 될 수 있도록 한다. 짝은 처음에 두 명을, 이후 세 명을, 마지막에는 전체가 참여하면서 사람이 많아질 때마다 어떤 차이가 발생하고 그에 따른 어려움은 무엇인지 경험할 수 있도록 하자. 치료사는 이때 각 참여자들의 상호작용 행태가 어떤지 살펴본 다음 피드백을 통해 참여자 개개인이 자신을 성찰할 수 있도록 도울 필요가 있다.

또 한 해가 빠져나간다

- 법정 -

불교와 거의 같은 시기에 생긴 자이나교라는 게 있다. 그들에게는 1년에 한 번 '용서의 날'이 있다. 그 날 자이나교도들은 지난 한 해를 돌아보고 땅과 공기, 물과 불, 동물과 사람 등 모든 존재에게 해를 끼친 자신의 행동을 낱낱이 기억해 내면서 하루 동안 단식을 한다.

그들은 자신이 저지른 허물을 하나하나 상기하면서 용서를 구한다. 자신이 해를 끼쳤거나 생각과 말과 행위에 맞섰던 사람들을 찾아가 용서를 구한다.

"나는 당신을 용서했습니다. 당신에 대한 원한은 갖고 있지 않으며 내 마음속에 미움이나 불만을 품고 있지도 않습니다. 이제부터 나는 당신의 친구입니다. 내게는 어떤 적도 없습니다. 똑같은 영혼을 지닌 당신도 나를 용서하시기 바랍니다."

멀리 떨어져 찾아갈 수 없는 사람에게는 편지를 쓴다. 그런 다음에야 단식을 중단한다. 이와 같은 '용서의 날'이거나 '참회'는 묵은 허물을 훨훨 털어 버리고 새롭게 시작하려는 의지에서 생긴 신앙적인 의식이다.

자신이 범한 삶의 찌꺼기를 말끔히 청산하고 과거로부터 자유로워진 삶을 새롭게 시작하기 위해서다.

『아름다운 마무리 / 법정 지음 / 문학의숲』

9 세션 Session

1) 세부목표 : 재발 방지

2020년부터 전 세계는 코로나-19 팬데믹을 겪기 시작했으며, 그 상황은 꽤 오랜 기간 동안 지속되었다. 따라서 전 세계인들의 삶은 여러 측면에서 급격히 달라졌는데, 그 결과로 술 판매량이 급증했다고 한다.

워싱턴포스트 2021년 12월 20일 월요일자 기사[187]에 따르면, 미국 내 31개 주가 방역 조치에 따른 매장 이용 규제로 손해를 본 자영업자 등을 보호하기 위해 주점·레스토랑에서 칵테일, 맥주, 와인 등을 포장해 갈 수 있도록 하는 '칵테일 포장법'을 통과시켰다고 한다. 그 가운데 16개 주는 술 포장 판매를 영구적으로 허용했고, 15개 주는 2년에서 5년까지 임시 허용했으며, 또 최소 9개 주에서는 소비자들이 증류소, 양조장 등에서 직접 술을 집으로 배달할 수 있도록 하는 법을 통과시켰다. 그 결과 2021년 7월 미국국립보건원(NIH)이 13개 주를 대상으로 벌인 조사에 따르면, 맥주·양주·와인 판매량이 16% 이상 늘었고, 2020년 전체 술 판매량은 3년 전보다 5% 증가했다고 한다. 그러나 랜드연구소에 따르면 코로나-19 유행 첫해 남성들이 섭취한 알코올 양은 거의 변화가 없었지만 여성은 15명 중 1명꼴로 2020년부터 폭음을 시작했다고 한다. 특히 오리건주의 경우는 2020년 알코올로 인한 사망자 수가 2019년 197명에서 71%

---

187) The Washington Post. December, 20. 2021. Retrieved from. https://www.washingtonpost.com/politics/alcohol-sales-expanded-pandemic-prohibition-delivery/2021/12/17/833a9ec2-590d-11ec-9a18-a506cf3aa31d_story.html

증가한 337명에 달했다고 하며, 따라서 각 주의 사법당국은 술 판매 규제 완화가 미성년자 음주나 음주운전, 가정폭력 등을 부추길 수 있다며 우려하고 있다고 한다.

그런데 이런 현상은 우리나라에서도 비슷하게 발생하고 있다. 메디파나뉴스 2021년 12월 17일 기사[188]에 따르면 코로나-19 확산이 거세지고 새 변이인 오미크론까지 등장하면서 모임을 할 수 없게 되자 아쉬운 마음을 집에서 술을 마시며 달래는 사람들이 늘어나고 있고, 이는 알코올에 대한 내성이 생겨 뇌가 조건반사적으로 술을 찾는 의존증으로 이어질 가능성이 높다며 위험성에 대해 경고했다. 또한 2021년 10월 주류산업협회와 관세청이 발표한 자료에 따르면 위스키 수입액이 9,321만 달러(한화 약 1,100억 원)로 2020년 대비 73.1%나 증가했으며, 이와 같이 수입액이 증가한 것은 2014년 이후 7년만이라는 내용도 함께 밝히고 있다.

이와 같은 사회 분위기는 사람들로 하여금 우울과 불안이라는 감정을 유발시킨다. 따라서 그런 감정을 빨리 해소시키기 위해 술을 찾는 이유로 이어질 수 있다. 물론 어떻게든 술을 먹으려고 하는 사람들에게는 이 외에도 다양한 이유들이 있을 텐데, 이번 9세션에서는 재발 방지를 위한 교육을 실시하고, 더불어 회복일지를 쓰면서 본인 스스로 의지를 다지며 실천해 나갈 수 있는 방안을 모색 및 실천할 수 있도록 돕는데 목표가 있다.

2) 문학작품
시 : 소주 한 병이 공짜 – 시집 '소주 한 병이 공짜' 중에서 / 임희구 지음 / 문학의전당 / 2011

공짜를 좋아하면 대머리가 될 수도 있는 등 반드시 대가가 따른다고 하지만, 그럼에도 공짜라면 양잿물도 마신다고 하니 굳이 마다할 사람은 많지 않을 것 같다. 심지어

---

188) 메디파나뉴스 2021년 12월 17일. 2021. 출처: http://medipana.com/news/news_viewer.asp?NewsNum=289961&MainKind=A&NewsKind=5&vCount=12&vKind=1

술을 매우 좋아하는 사람에게 공짜 술이라니. 9세션을 위해 선정한 이 시는 술을 마시고 싶도록 만드는 주변 환경 속에서 버티는 것의 어려움을 담고 있는 내용으로, 많은 유혹이 있겠으나 재발 방지를 위한 방안 모색을 해보자는 취지로 골라봤다. 시의 전문은 〈문학작품 9-1〉에 제시되어 있다.

3) 관련 활동

① 재발방지교육, 회복일지 쓰기

알코올 중독은 치료가 되었다고 해도 재발될 가능성이 높다. 따라서 정기적으로 중독통합관리지원센터에 출석해 관련 교육을 받도록 하는 것이 좋다. 다음은 교육 내용에 포함될 수 있는 알코올 중독 재발을 막기 위한 방안들이다.

ㄱ 자신이 좋아하며 성과를 낼 수 있는 긍정적 일에 몰두한다.
ㄴ 화가 나면 술을 마셔야 하는 등의 충동을 조절한다.
ㄷ 술을 마시고 싶은 상황 자극을 피한다.
ㄹ 대처 기술 훈련을 받는다.
ㅁ 생각의 틀을 재구성한다.
ㅂ 균형 있는 생활을 계획하고 실천한다.

더불어 회복일지는 중독 치료를 받기 시작하면서부터 쓰게 하는 것이 좋은데, 만약 아직 시작을 안 했다면 이 프로그램에서 방법을 알려드리는 것도 좋다. 또한 글로 쓰는 것이 어려우면 녹음을 짧게 남기는 방법도 가능하다. 중요한 점은 기록으로 남긴 뒤 어떤 변화가 있었는가를 점검할 수 있도록 하는 것이다.

소주 한 병이 공짜

- 임희구 -

막 금주를 결심하고 나섰는데
눈앞에 보이는 것이
감자탕 드시면 소주 한 병 공짜란다
이래도 되는 것인가
삶이 이렇게 난감해도 되는 것인가
날은 또 왜 이리 꾸물거리는가
막 피어나려는 싹수를
이렇게 싹둑 베어내도 되는 것인가
짧은 순간 만상이 교차한다
술을 끊으면 술과 함께 덩달아
끊어야 할 것들이 한둘이 아니다
그 한둘이 어디 그냥 한둘인가
세상에 술을 공짜로 준다는데
모질게 끊어야 할 이유가 도대체 있는가
불혹의 뚝심이 이리도 무거워서야
나는 얇고 얇아서 금방 무너질 것이란 걸
저 감자탕집이 이 세상이
훤히 날 꿰뚫게 보여줘야 한다
가자, 호락호락하게

『소주 한 병이 공짜 / 임희구 지음 / 문학의전당』

10 세션 Session

1) 세부목표 : 역할 찾기

가화만사성(家和萬事成)이라고 했다. 즉, 집안이 화목하면 모든 일이 잘 이루어질 것이므로, 우선 가정의 화합을 위해 애쓰라는 뜻이다. 그렇다면 가정의 화합이며 화목은 어떻게 해야 가능할까? 결국 구성원 각자가 자신의 역할을 제대로 해내면 된다. 물론 집집마다 각자에게 맡겨진 역할이 다를 수 있다. 또한 성역할에 대한 고정관념도 많이 바뀌었다. 그러므로 그런 측면들을 모두 고려해 배우자이자 부모, 조부모, 친구, 이웃으로서의 역할 정립을 다시 해보자.

2) 문학작품
시 : 내가 운다 - 시집 '숙맥의 반란' 중에서 / 박정현 지음 / 시담 / 2017

시 '내가 운다'는 자식의 입장에서 바라 본, 곧 생의 마감을 앞둔 어머니에 대한 이야기이다. 노년에 건강을 잃고 죽음을 앞둔 어머니의 모습을 보는 것도 슬프지만, 내게도 곧 그런 상황이 닥칠 수 있다는 예상에 한 겹 더 슬퍼진다는 의미를 담고 있다. 10세션을 위해 이 시를 선정한 이유는 결국 누구나 나이가 들어 병을 앓거나 죽을 수밖에 없겠지만, 회한을 덜 남기기 위해서 지금 내가 할 수 있는 것을 해야 한다는 이야기를 나누기 위해서이다. 시의 전문은 〈문학작품 10-1〉에 담겨 있다.

3) 관련 활동

① 가정 및 사회에서의 역할 찾기

이 활동은 가정 및 사회에서 내가 해내야 할 역할은 무엇인지 생각해 보게 하기 위한 것으로, 활동지는 〈관련 활동 10-1〉에 있다. 알코올 중독으로 인해 제 역할을 하지 못했을 참여자들의 감정을 함께 다루면서, 여생동안 해낼 수 있는 역할을 찾을 수 있도록 도우면 좋겠다.

내가 운다

- 박정현 -

고향병원 308호실은
눈물로 축축하다
고관절 수술로
행동의 자유를 잃어버린 몸

요양원은 하늘길이라고
마음에 두지 않던 언니
사랑으로 품었던 모정의 삶
곡기 끊고 눈물만 흘린다

자식에게 행여 짐 될까
말수를 줄이다가
노년에 건강 잃음은
가족 간의 화목에 빗금을 친다

몇 년 후 내 모습을 그려본다
슬픈 두께로 다가와
벌써부터 내가 운다

『숙맥의 반란 / 박정현 지음 / 시담』

가정 및 사회에서의 역할 찾기

이건 분명 가정 및 사회에서 내가 했어야 할 역할인데, 술과의 관계 때문에 못했던 것이 있나요?

더불어 앞으로 건강한 가정 및 사회를 위해 내가 해야 할 역할은 무엇이라고 생각하나요?

술과의 관계 때문에 못했던 역할	
앞으로 해야 할 역할	

세션 Session

1) 세부목표 : 변화 느끼기

서울특별시에서부터 제주도에 이르기까지 전국에 있는 50개(2022년 1월 기준)의 중독관리통합지원센터들은 연말에 송년회 행사를 진행한다. 이 행사는 한 해 동안의 성과를 공유하고 중독 치료를 위해 열심히 노력한 회원들을 격려하기 위해 마련되는데, 그 중 수원시중독관리통합지원센터의 '아름다운 동행' 행사는 2021년 12월 3일 경기도경제과학진흥원에서 오후 2시부터 진행되었다.

행사 내용에는 알코올 중독 문제를 극복한 사람들의 '회복 경험담 동영상 상영'과 이후 회복자들이 차례대로 일어나 각자의 소감을 나누는 시간을 가졌는데, 이때 나온 내용은 다음과 같다.

"저에게 '회복'은 제2의 인생이자 지름길입니다. 알코올 중독에서 벗어난 삶은 저에게 새로운 인생을 선물했고, 다시 살아갈 수 있는 길을 안내해줬습니다." – 회복자 A씨

"나에게 회복은 나무 그늘 밑에서 만끽하는 시원한 바람으로, 알코올 중독에 빠졌을 때는 고통스러운 시간을 보냈지만 지금은 시원한 바람을 맞으며 '아 살 것 같다'며 안도하는 일상을 보내고 있다." – 회복자 B씨

"나에게 회복은 소중한 목숨을 연장하는 것으로, 죽음의 고비에서 살아남은 것 자체로 회복은 내 인생에 큰 의미를 준다." – 회복자 C씨

회복자들의 소감을 정리해 보면, '회복'은 분명 그들에게 또 다른 삶을 제공해준 것이었다. 따라서 과정은 힘들었겠으나 나와 가족, 사회를 위해 노력할 가치가 있었다는 것을 알 수 있다.

11세션의 목표는 본 프로그램에 참여한 노인들에게도 어떤 변화가 있었는지 탐색을 하는 것이다. 어느덧 종결을 앞두고 있기 때문에 그동안의 과정을 돌아보면서 작은 변화라도 찾을 수 있기를 바란다.

2) 문학작품

시 : 다섯 연으로 된 짧은 자서전 / 작자 미상 / 발행처 불명 / 발행년 불명

작자는 명확하지 않지만, 읽는 이들에게 주는 메시지는 너무나 명확한 시다. 누구나 실수 및 실패를 할 수 있고, 그것이 한 차례로 끝나지 않고 반복될 수도 있지만, 본인의 의지로 빠져 나올 수 있다는 내용을 담고 있기 때문에, 프로그램 참여자 분들도 그렇게 할 수 있다는 희망, 이미 충분히 잘 해왔다는 격려를 드리기 위해 선정했다. 시의 전문은 〈문학작품 11-1〉에 담겨 있다.

3) 관련 활동

① 단주로 인해 달라진 점 찾기

만약 알코올 중독 상태에서 단주를 실천하고 있다면 그의 삶에는 큰 변화가 있을 것이다. 또한 아직 단주는 하지 못했지만 절주를 하고 있다면 역시 변화가 있을 것이다. 이 활동은 이와 같은 절주 및 단주를 하면서 달라지게 된 점들을 종합 정리함으로써, 긍정적인 측면이 많으니 계속 실천해야겠다는 스스로의 의지를 북돋기 위한 목적이 있다.

다섯 연으로 된 짧은 자서전

- 작자 미상 -

1

난 길을 걷고 있었다.

길 한가운데 깊은 구멍이 있었다.

난 그곳에 빠졌다.

난 어떻게 할 수가 없었다.

그건 내 잘못이 아니었다.

그 구멍에서 빠져 나오는데

오랜 시간이 걸렸다.

2

난 길을 걷고 있었다.

길 한가운데 깊은 구멍이 있었다.

난 그걸 못 본 체했다.

난 다시 그곳에 빠졌다.

똑같은 장소에 또다시 빠진 것이 믿어지지 않았다.

하지만 그건 내 잘못이 아니었다.

그곳에서 빠져 나오는데

또다시 오랜 시간이 걸렸다.

3

난 길을 걷고 있었다.

길 한가운데 깊은 구멍이 있었다.

난 미리 알아차렸지만 또다시 그곳에 빠졌다.

그건 이제 하나의 습관이 되었다.

난 비로소 눈을 떴다.

난 내가 어디 있는가를 알았다.

그건 내 잘못이었다.

난 얼른 그곳에서 나왔다.

4

내가 길을 걷고 있는데

길 한가운데 깊은 구멍이 있었다.

난 그 둘레로 돌아서 지나갔다.

5

난 이제 다른 길로 가고 있다.

12 세션Session

1) 세부목표 : 단주 보상 누리기

술을 마시기 전 서로의 건강이나 행복 등을 빌면서 잔을 부딪치는 행동을 건배(乾杯)라고 한다. 또한 그때 하는 말을 건배사라고 하는데, 최근에는 다음과 같이 문장을 줄여서 재미있게 표현하는 추세라고 한다.

> 너나잘해 : 너와 나의 잘나가는 한 해를 위하여
>
> 무조건 : 무지 힘들어도 조금만 참고 우리 건승하자.
>
> 동사무소 : 동료를 사랑하는 것이 무엇보다 소중하다.
>
> 통통통 : 의사소통, 운수대통, 만사형통
>
> 변사또 : 변함없는 사랑으로 또 만납시다.
>
> 당나귀 : 당신과 나의 귀중한 시간을 위하여
>
> 마당발 : 마주 앉은 당신의 발전을 위하여

드디어 프로그램을 마무리 짓는 마지막 12세션이다. 따라서 음료수라도 준비해 그동안의 노고에 대해, 앞으로의 노력에 대해 건배를 나누는 것은 어떨까? 절주를(절대주를 찾지 않기) 위하여! 단주를(단단한 삶의 주인공들을) 위하여!

2) 문학작품

시 : 인생의 계획 – 시집 '지금 알고 있는 걸 그때도 알았더라면' 중에서 / 류시화 엮음 /
  열림원 / 1998

인생은 결코 내 계획대로 흘러가지 않는다. 그런 경험을 할 때면 누군가 더 큰 힘을
갖고 있는 이가 계신 것은 아닐까, 그 분이 나를 시험하거나 혹은 능력을 더 키워주
기 위해서 이런 상황을 만드시는 것인가 등에 대해 생각을 해보게 된다. 마지막 12세
션을 위해 이 시를 선정한 이유는, 이미 지나간 많은 시간들보다 남은 시간이 훨씬 적
겠지만, 여전히 계획한 바대로 이루어지지 않을 가능성도 있지만, 참여자들께 여생에
대한 생각을 해볼 수 있는 기회를 드리기 위해서이다. 시의 전문은 〈문학작품 12-1〉
에 제시했다.

3) 관련 활동

① 남은 인생 계획하기

거창하거나 자세하지 않아도, 나를 위한 것이든 타인을 위한 것이든, 여생 동안 하
고 싶은 것, 혹은 해야 할 것들에 대해 자유롭게 이야기 나누는 활동이다.

② 참여 소감 나누기

만약 알코올 중독 노인들이 단 한 번의 결석 없이, 단 한 명의 낙오자도 없이 프로
그램에 참여했다면, 이는 대단한 성과라고 할 수 있을 것이다. 부디 모든 분들이 열심
히 참여해서 프로그램의 종합 목표 달성은 물론이고, 개개인들이 세웠던 목표도 이루
었기를 바라는 마음이다.

인생의 계획

- 글래디 로울러 -

난 인생의 계획을 세웠다.
청춘의 희망으로 가득한 새벽빛 속에서
난 오직 행복한 시간들만을 꿈꾸었다.
내 계획서엔
화창만 날들만 있었다.
내가 바라보는 수평선엔 구름 한 점 없었으며
폭풍은 신께서 미리 알려 주시리라 믿었다.

슬픔을 위한 자리는 존재하지 않았다.
내 계획서에다
난 그런 것들을 마련해 놓지 않았다.
고통과 상실의 아픔이
길 저 아래쪽에서 기다리고 있는 걸
난 내다볼 수 없었다.

내 계획서는 오직 성공을 위한 것이었으며
어떤 수첩에도 실패를 위한 페이지는 없었다.
손실 같은 건 생각지도 않았다.
난 오직 얻을 것만 계획했다.
비록 예기치 않은 비가 뿌릴지라도
곧 무지개가 뜰 거라고 난 믿었다.

인생이 내 계획서대로 되지 않았을 때
난 전혀 이해할 수 없었다.
난 크게 실망했다.

하지만 인생은 나를 위해 또 다른 계획서를 써 놓았다.
현명하게도 그것은
나한테 자신의 존재를 알리지 않았다.
내가 경솔함을 깨닫고
더 많은 걸 배울 필요가 있을 때까지.

이제 인생의 저무는 황혼 속에 앉아
난 안다, 인생이 얼마나 지혜롭게
나를 위한 계획서를 만들었나를.
그리고 이제 난 안다.
그 또 다른 계획서가
나에게는 최상의 것이었음을.

『지금 알고 있는 걸 그때로 알았더라면 / 류시화 엮음 / 열림원』

나가기

어떤 것에든 미치지 않으면 원하는 것을 얻을 수 없다고 한다. 그런데 '미쳤다'는 것도 다른 맥락에서 보자면 '깊이 빠져 있다'는 것이므로, 결국 '중독'과 다를 바가 없다고 생각한다.

'독서'라는 분야가 재미있고 좋아서 20년 넘는 기간 동안 미친 듯이 몰입했다. 덕분에 원하는 것을 많이 얻기도 했고, 아직도 자발적으로 빠져 나오지 않은 상태이기 때문에 무엇인가를 더 기대하고 있다.

과연 이 몰입의 상태에서 언제쯤 빠져 나오게 될까? 정해진 바가 없고, 스스로 정하지도 못한 상태에서 이 책을 완성했다.

2022년 12월
필자들을 대표하여
임성관

주제별 독서치료 시리즈 5 - 중독

중독 조절을 위한 독서치료

초판인쇄 2022년 12월 07일
초판발행 2022년 12월 12일
저   자 임성관 · 김은하 · 양경미 · 이현정
발 행 인 권호순
발 행 처 시간의물레
등   록 2004년 6월 5일
주   소 경기도 파주시 숲속노을로 150, 708-701
전   화 031-945-3867
팩   스 031-945-3868
전자우편 timeofr@naver.com
블 로 그 http://blog.naver.com/mulretime
홈페이지 http://www.mulretime.com
I S B N 978-89-6511-413-0 (93020)
정   가 22,000원